Friedrich Schütze-Quest

Die Einsamkeit des Grenzlandreiters

Unterwegs als Auslandskorrespondent

mILITZKe

Bibliografische Informationen der Deutschen Nationalbibliothek
Die Deutsche Nationalbibliothek verzeichnet diese Publikation
in der Deutschen Nationalbibliografie; detaillierte bibliografische
Angaben sind im Internet über http://dnb.ddb.de abrufbar.

Der Text folgt der neuen Rechtschreibung (Stand August 2006).

Lektorat: Julia Lössl, Anna Winz
Umschlaggestaltung: Ralf Thielicke/Titelfoto: Peter Pfaffmann/pepe/Fotolia.com
Satz und Layout: Ralf Thielicke (Kartenabbildungen unter Verwendung einer
    Abbildung von photallery/Fotolia.com)
Gesetzt aus der Birka
Druck und buchbinderische Verarbeitung:
Reálszisztéma Dabas Druckerei AG, Dabas

Printed in Europe

ISBN 978-3-86189-823-8

Besuchen Sie den Militzke Verlag im Internet unter:
http://www.militzke.de

Friedrich Schütze-Quest

Die Einsamkeit des Grenzlandreiters

Inhalt

I Unbekanntes China

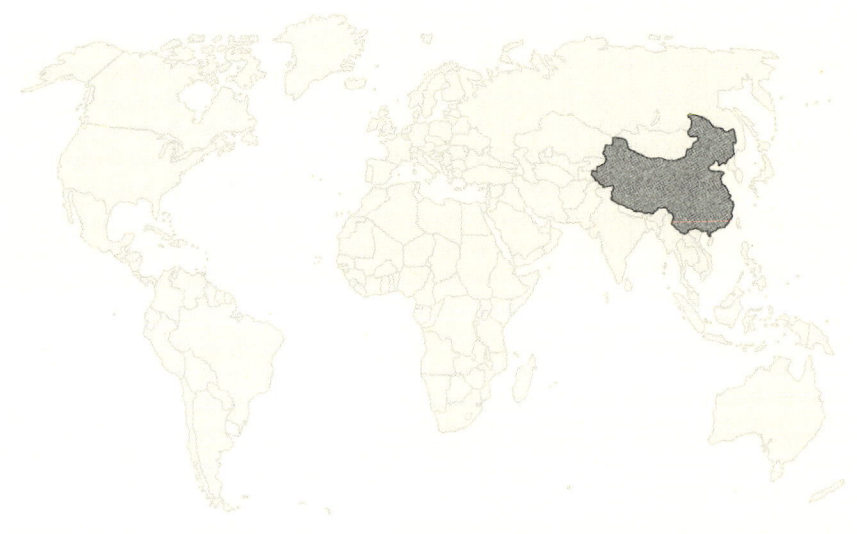

Eine Reise in die Provinz einer Weltmacht

| Hoffentlich bleibt der Mann noch ein paar Tage gesund, dachte ich, als ich erfuhr, wie ich in das Zimmer gekommen war, in dem ich aufwachte, in einem chinesischen Krankenhaus. Ein winziger Ambulanzwagen – so klein, dass ich kaum noch Platz hatte neben der Ärztin, zwei Krankenschwestern und Ming – hatte mich im Hotel abgeholt, abends, mit vierzig Grad Fieber und Atembeschwerden.

Im Krankenhaus liefen die Leute zusammen, drängten in das Behandlungszimmer, um beim Blutdruckmessen und Brustabhören zuzuschauen. Sie berührten mich am Arm, zupften mich vorsichtig am Haar und befühlten meine Pelzjacke. »Lass sie«, meinte Ming, »sie haben noch nie einen Ausländer gesehen – der Arzt lässt sie ja auch ...«

Das Bett in der Notaufnahme hatte eine Matratze und ein Kopfkissen mit Sandfüllung, aber keine Decke. Ich lag angezogen auf dem Bett, neben mir ein Eisenständer, an dem eine Infusionsflasche hing; später wurde ich noch an eine Sauerstoffflasche angeschlossen, die auf einem Handkarren hereingerollt wurde.
Auf dem anderen Bett in der Notaufnahme lag ein Mann mit blutigen Binden. Ich wusste nicht, was mit ihm los war. Als sie ihn wegholten in der Nacht, hatte ich Angst, dass er gestorben sein könnte.

Irgendwann haben sie mich umquartiert. Aufgewacht bin ich in einem Zimmer, das eine eigene Toilette und sogar eine Dusche hatte, und dort lag ich allein. Es war das Zimmer, das der Oberbürgermeister und Erste Sekretär der Kommunistischen Partei der Stadt *Yangquan* rund um die Uhr für sich reserviert hält. Hoffentlich bleibt der Mann noch ein paar Tage gesund, dachte ich ...

Aus dem Hotel hatte Ming Handtücher und Bettwäsche für mich organisiert, gegen eine Leihgebühr. Sie musste einen kleinen Elektrokocher besorgen und einen Kochtopf und einen Suppenteller kaufen, so dass wir Instant-Nudelgerichte warm machen konnten, und sie brachte Obst und Trinkwasser in die Klinik.

Für das Bett im Krankenhaus und die Arztvisite musste täglich im Voraus bezahlt werden. Auch für jede Arznei und Infusionsflasche, die der Arzt verschrieb, und für jede Röntgenaufnahme musste Ming im Krankenhaus umherlaufen, erst einmal Geld hinlegen und Stempel und Gebührenmarken besorgen – von selbst ging da gar nichts.
Unseren Kochtopf hat Ming später der Nachtschwester geschenkt. Die erhält eine Zulage von siebzig Pfennigen pro Nachtschicht und bekommt – alles in allem – hundertvierzig Mark im Monat. Der Chefarzt der Klinik verdient zweihundertvierzig Mark im Monat.

Wenn Chinesen kein Deposit hinterlegen können, kommen sie gar nicht erst ins Krankenhaus hinein. Was aber, wenn jemand eine Blinddarmentzündung hat, oder bei einem Unfall schwer verletzt wird und bettelarm ist? Über diese Frage, von Ming gedolmetscht, war der Chefarzt Ren Li Ging nicht glücklich. Er schaute weg und ließ sich Zeit mit seiner Antwort. »Es gibt die Gesetze der Volksrepublik China«, sagte er schließlich, »die müssen wir beachten ... aber eines kann ich Ihnen versichern: Erste Hilfe leisten wir immer – wie Ärzte in jedem Land.«

Jeden Tag schaute Dr. Ren, ein zurückhaltender, doch äußerst liebenswürdiger Mann, auch mal allein zu mir ins Zimmer und versuchte neugierig – so neugierig, wie ich ja auch war – ein Gespräch mit mir. Englisch sprechen konnte oder wollte er nicht; aber wenn ich ihm etwas hingeschrieben oder besser aufgemalt hatte, in englischen Großbuchstaben, konnte er es verstehen.

Die Straßen und Landkarten Chinas, die ich aus Europa mitgebracht hatte, faszinierten ihn: Welche Route wir geplant hatten, wo wir schon gewesen waren, wo wir noch hinwollten. Aber eine Weltkarte hatte ich nicht dabei. Weshalb Dr. Ren einen Apfel nahm, als Globus. An dem musste ich ihm demonstrieren, wo ich in Deutschland wohne, wo Berlin liegt, und in welchen Ländern ich schon gewesen bin.

»Ich«, verhießen seine Gestik, sein trauriger Gesichtsausdruck, »ich war noch nirgendwo ...«.

| Wir wollten nach *Jia Xian*. Dazu mussten wir erst mal nach *Yulin*. *Yulin* hat einen Flugplatz. Der wird aber nur einmal täglich angeflogen, mit einer kleinen Maschine. Fünf Plätze waren noch frei. Nicht auf der nächsten Maschine, sondern für den ganzen nächsten Monat.

In China ist jede Reise auf eigene Faust eine Aufeinanderfolge von Pannen und Zwischenfällen, ein Konkurrenzkampf mit unzähligen Chinesen, die scheinbar immer gerade dorthin unterwegs sind, wohin man selbst auch will.

Von Nord nach Süd erstreckt sich das Land über 39 Breitengrade – soweit wie von Kopenhagen bis zum Sudan in Afrika. Und wenn im Osten Chinas, am Japanischen Meer, morgens um acht die Sonne scheint, ist es im Westen des Landes, nahe Indien und Pakistan, auch acht Uhr, aber noch tief in der Nacht. Die Zeitverschiebung um vier Stunden von Ost nach West wird in China einfach ignoriert.

Unsere Flugtickets nach *Yulin* – von den fünf, die noch zu haben waren – hatten wir blind gebucht und gekauft, lange im Voraus. Am Abend vor dem Abflug war uns klar, dass wir es zum Start der Maschine am nächsten Morgen zeitlich nicht schaffen würden. Die Route ändern oder auf freie Plätze warten? Oder die Sache ganz vergessen?
Ein Büro der Fluggesellschaft lag dem Hotel gegenüber, die Rollgitter waren schon heruntergelassen. »Ich versuch's einfach mal«, meinte Ming. Sie klingelte und sprach durch das Rollgitter mit einem Mann, der herangeschlurft kam, gab ihm unsere Tickets, gab ihm etwas Geld ...
Am übernächsten Tag, morgens um acht, saßen wir in der Maschine nach *Yulin*: eine *Fokker* mit achtundvierzig Plätzen, alle belegt. Nach der Ankunft bin ich stehen geblieben, um der Maschine zuzuschauen, wie sie wieder abhob.

Wie wir zurückkommen sollten, wussten wir nicht.

| Guo Shan ist ein alter Mann. Er schlug einen Gong, um die Aufmerksamkeit der Götter auf *Xiang Lu Si* zu lenken. Zuvor hatte er Holzklötzchen geworfen, aus deren Stellung er deutete, dass die Götter uns geneigt waren und dann Räucherstäbchen angezündet, deren Rauch unsere Wünsche zum Himmel tragen sollte.

Xiang Lu Si ist ein kleiner Tao-Tempel, der wie ein Adlernest an eine Bergwand gebaut ist, hoch über dem *Huang He*, Chinas zweitgrößtem Fluss. Der Grund für unser Kommen war ein anderer Reisender, der sich hier von Guo Shan hatte wahrsagen lassen, vor mehr als fünfzig Jahren. Den Tag damals, sagt der Alte, werde er nie vergessen – als Mao Tse-tung hier war.

Guo erzählt Ming die Geschichte – aber die versteht seinen Dialekt nur schwer und er spricht kaum Mandarin. Beileibe nicht alle Chinesen können sich miteinander verständigen, manche Dialekte sind wie fremde Sprachen. Mandarin – sozusagen das chinesische Hochdeutsch – ist eine Brücke; alle unter fünfzig Jahren haben Mandarin in der Schule gelernt, viele ältere Menschen aber nicht, weshalb Yao Yao – ein kleines Mädchen – oft einspringen muss, um zwischen Ming und dem alten Mann zu dolmetschen.

August 1947: Die kommunistischen Truppen stehen westlich des *Huang He*, weit weg von Peking. Über den Fluss setzen und vorrücken? Oder eine andere Strategie wählen? Mao kam in den kleinen Tempel *Xiang Lu Si*, um sich wahrsagen zu lassen. Nur einen seiner Generäle habe Mao dabeigehabt, erzählt Guo. Und das Orakel habe gelautet: »Geh nicht über den Fluss!« Mao – sagt die Legende in China – habe sich daran gehalten.

Zwei Jahre später, 1949, war Maos Widersacher Tschiang Kaischek besiegt, im Gefolge von zwei Millionen Menschen zog er sich auf die Insel Taiwan zurück und rief dort einen eigenen Staat aus. Auf dem Festland existiert seither die Kommunistische Volksrepublik China, die das abtrünnige Taiwan zurückfordert.

Uns hat der alte Mann in dem kleinen Tempel mit einem Feuerwerkskörper, der mir beinahe das Trommelfell zerrissen hätte, verabschiedet – damit Himmel und Erde auch wirklich Bescheid wissen über unsere Reise und uns beschützen.

| Bai Yan ist vierzehn Jahre alt und geht auf die Mittelschule. Ihre Heimat ist das Lößplateau im Norden Chinas, am *Huang He*, dem *Gelben Fluss*. Aus ihrem Geburtsort *Jia Xian* ist Bai Yan noch nie weggekommen. Ihr größter Wunsch ist, einmal die frühere Hauptstadt Chinas zu sehen – oder *Peking*. Wo *Peking* ist, weiß sie nicht. *Xi'an*, die frühere Hauptstadt Chinas, ist 800 Kilometer weit entfernt im Süden – und von dort sind es noch 1.200 Kilometer bis *Peking*.

Bai Yan singt uns etwas vor. »Erinnerung an die Peng Hu Wan-Bucht, wo ich mit der Großmutter spazieren ging« heißt das Lied. Es ist ein taiwanisches Lied. Alle Kinder in China können es. Es wird ihnen beigebracht, um die Erinnerung an Taiwan wach zu halten. Wo dieses Taiwan ist, kann Bai Yan nicht sagen. Was sie vom Ausland weiß? Wir hassen die Ausländer, sie haben den Sommerpalast in *Peking* zerstört, war ihre Antwort; Bai Yan meinte den Opiumkrieg vor 140 Jahren – von dem hören die Kinder im Unterricht heute noch.

Später hat Bai Yan einen Brief an Ming in unserem Hotel abgegeben: »Ich war ganz aufgeregt«, schrieb sie, »weil ich noch nie einen Ausländer kennen gelernt habe. Alle in der Nachbarschaft beneiden mich um den fremden Onkel. Grüßen Sie ihn von mir. Und bitten Sie ihn, dass er mir eine Postkarte schickt, damit ich sehen kann, wie Deutschland aussieht.«

Das China des Wirtschaftsaufschwungs ist Lichtjahre weg vom Lößplateau. Bai Yans Vater ist Angestellter im Getreideamt und verdient 200 *Yuan* im Monat – 50 Mark, ein Durchschnittslohn. Ein Viertel des Einkommens zahlen Bai Yans Eltern für Miete und Strom. Sie haben zwei Zimmer, weil die Großmutter zum Haushalt zählt – die Mehrheit der Familien hat nur ein Zimmer. Eine Toilette hat das Haus nicht.

99 Prozent aller Wohnungen in *Jia Xian* haben keine eigene Toilette. Im Freien gibt es einen Toilettenbau für mehrere Häuser, und daneben eine öffentliche Wasserstelle. Warmwasser, um zu duschen, gibt es in der städtischen Badeanstalt, aber nur abends.

Wie eine Festung thront die Stadt hoch über dem *Huang He*, der das Lößplateau tausend Kilometer lang durchschneidet, von Nord nach Süd. Die riesigen Mengen Lehmerde, die er mitschleppt, haben ihm den Namen *Gelber Fluss* eingetragen.
Die Dörfer auf beiden Seiten halten ihre Häuser ehrfürchtig fern von ihm – zehn Monate im Jahr tränkt er die Felder, doch bei Hochwasser reißt er alle Dämme ein und verwüstet das Land.
In den Industriegebieten 800 Kilometer flussabwärts sterben die Fische aus, dort sind nicht einmal die neuen Fabriken mit Kläranlagen ausgerüstet, geschweige denn die alten ...

In *Jia Xian* wird das Trinkwasser aus dem *Huang He* gepumpt, da ist der Fluss noch relativ sauber. Aber es gibt kaum Leitungen in die Häuser. Die zahlreichen kleinen Restaurants um das Regierungshotel spülen ihr Geschirr auf der Straße und uns hat man einen großen Wasserbottich und Eimer vor die Hotelzimmer gestellt.

In der Mittelschule, anderntags, haben mich achthundert Jungen und Mädchen eingekeilt, auf dem Pausenhof, eine halbe Stunde lang: Alle wollten von dem Ausländer eine Unterschrift in ihr Schulheft, alle wollten mit aufs Bild, wenn ich ein Foto machte.
Einer der Lehrer spricht Englisch. Die Eltern, erzählt er, müssen durchschnittlich ein Viertel ihres Einkommens für das Schulgeld aufwenden. Die Gebühren sind regional unterschiedlich, aber nirgendwo gibt es kostenlosen Unterricht: »Die Schulpflicht in China«, sagt der Lehrer, »ist immer mit Geld verbunden!«

Auf dem Weg zur Schule, im dichten Menschengedränge der Stadt, hatte ich Ming ein paar Mal schützend den Arm um die Schulter gelegt. Darüber hat sich Bai Yan, die uns begleitete, später bei Ming beschwert: »Das tut man nicht!« Und immer wieder ist Ming von Leuten gefragt worden, ob sie verheiratet sei – weil sie allein mit mir unterwegs war.

| Die Landschaft ist atemberaubend, trotz ihrer Kargheit oder vielleicht gerade deswegen. Eine Landschaft, in der es keine Farben gibt. Nirgendwo Grün. Die einzigen Farbtupfer weit und breit: orangefarbene Hemden auf einer Wäscheleine an einem Berghang. Und gelbe Maiskolben, die auf Flachdächern zum Trocknen ausgelegt sind.

Auf hundert Einwohner schätze ich das Dorf *Xiejiawa*. »Tausend«, sagt Ming, »in China müssen Sie alles mal zehn nehmen.«

Nur selten und viel zu wenig hat es im letzten Jahr in *Xiejiawa* geregnet. Aus dem nahen Fluss könnte man Wasser abzweigen – wenn es eine Kanalisation gäbe. Aber dafür haben die Leute kein Geld. Am Ufer des Flusses haben sich Pappeln und alte Weiden gehalten. Sonst gibt es nirgendwo Bäume. Nur 13 Prozent Chinas sind noch bewaldet. In *Xiejiawa* und allen anderen Dörfern des Lößplateaus hat die Regierung Schilder aufstellen lassen: »Pflanzt Bäume, dann braucht ihr keine Steuern zu zahlen!« Steuern zahlen die Menschen hier nicht mit Geld, sondern mit einem Teil ihrer Getreideernte. Weizen und Mais, Hirse und Sojabohnen gedeihen auf dem fruchtbaren Lößboden, der keine Düngung benötigt; aber Löß ist in hohem Maße wasserdurchlässig, weshalb man für den Ackerbau aufwendige Bewässerungsanlagen braucht.

Zuviel Regen führt schnell zu Überschwemmungen, kein Regen bedeutet baldige Dürre – seit Menschengedenken kreist das Leben der Bauern im Lößgebiet um diesen Konflikt.

Bei Trockenheit wird der Löß zu Staub, den der Wind wie ein pulvriges Tuch kilometerweit übers Land legt; dann ist der Wind eine Plage. Zur Erntezeit ist der Wind ein Segen: Die Bauern werfen die Weizenkörner mit einer Schaufel in die Luft und der Wind weht die Spreu davon.

Im Gebiet des Lößplateaus – das sich über eine Fläche erstreckt so groß wie Frankreich – leben 100 Millionen Menschen beinah archaisch: auf den Höhenzügen entlang der Straßen Masten mit modernen Stromleitungen. Unten im Tal Transportwägelchen, vor die Maultiere gespannt und zweirädrige Handkarren mit Deichseln, an denen sich Menschen ins Geschirr legen.

Im Dorf *Xiejiawa* gibt es kaum freistehende Häuser. Die meisten Menschen wohnen in Stollen, die in die weiche Erde der Lößberge gegraben wurden. Die Zimmerdecken sind nie gerade, sondern gewölbt, sonst würden die Wohnstollen einstürzen. Die meisten haben zwei Räume: eine Küche, die zugleich Vorratskammer ist, und eine Wohnstube, die immer auch Schlafraum ist. Ein Drittel des Wohnraumes nimmt ein gemauertes Bett ein, das *Kang*, auf dem alle zusammen schlafen und auf dem man sich tagsüber niederhockt. Durch Röhren wird das *Kang* im Winter beheizt, deshalb ist es aus Ziegelsteinen gebaut.

Fünf große Vorratströge für Kürbis und Mais, und Ziegen und eine Kuh, die draußen angebunden sind, zeugen vom bescheidenen Wohlstand der Familie Wang. Und eine Nähmaschine, Marke *Sea Gull*.

Zwei Kinder, ein Mädchen und einen Jungen, haben die Wangs. Wer von beiden älter ist, brauchte ich gar nicht zu fragen: das ältere Kind ist immer die Tochter. Auf dem Land – nicht in den Städten! – dürfen alle Familien ein zweites Kind haben, wenn das erste ein Mädchen ist.

Aber dass den Töchtern noch wie früher der Ehepartner ausgesucht würde und ihre Familien hohe Mitgiftzahlungen aufbringen müssten – das, sagt Ming, ist Vergangenheit.

Drei kleinen Jungen im Dorf habe ich Kekse angeboten. Einer der Knirpse ziert sich, murmelt etwas, und Ming muss schallend lachen. Ich sehe sie fragend an. »Wo kommt denn der fremde Teufel plötzlich her«, hat er gesagt.

| Die Kohle färbt alles grau: die Häuser, die Melonenberge der Straßenhändler, die Gesichter der Leute. Zum Rauch aus Kokereien und Kraftwerken kommen die Abgaswolken von unzähligen Kohlelastern hinzu. »Ostwind« heißen die einheitlich blau lackierten Lkw – sie sind überall. Mit großen Reisigbesen versuchen Arbeiter, die ihre Gesichter mit Tüchern verhüllt haben, die Straße vom Kohlestaub zu säubern. Er fällt von Lastern, die hoffnungslos überladen sind: aus drei Transporten, für die sie bezahlt werden, machen die Fahrer regelmäßig zwei, und bessern damit ihr Einkommen auf. Den Gewinn freilich müssen sie mit Polizisten teilen, die überall Kontrollstellen haben. Das Schmiergeldverfahren ist genau austariert – denn auch die Polizisten müssen etwas abgeben, an ihre Vorgesetzten. »Graues Geld« heißt das System und ist überall in China verbreitet.

Chinas Kohlevorräte sind die größten der Erde. Eine Milliarde Tonnen werden pro Jahr in Fabriken und Kraftwerken verfeuert. Oder zu Koks veredelt und exportiert. Strom in der Volksrepublik China wird zu 75 Prozent aus Kohle gewonnen – das gibt es nirgendwo mehr auf der Erde. Und der wichtigste Lieferant dieser Kohle sind die Bergwerke der Provinz *Shanxi*.

Schon eine halbe Stunde vorher kündigt sich das Gebiet an: die Umgebung verschwimmt allmählich und mit jedem Kilometer, den wir fahren, wächst das Gefühl der Beklemmung.
Schließlich ist das Licht so fahl, die Dunstglocke so bleiern, dass man mittags – bei Sonnenschein und wolkenlosem Himmel – ein Stück voraus den Verlauf der Straße nicht mehr erkennen kann. Es ist die Staatsstraße Nummer 108, die mitten durch das Kohlerevier im Osten Chinas führt.

Wir waren in einem staatlichen Bergwerk, einem kleinen mit 100 Arbeitern, die in zwei Schichten ein- und ausfahren; das Flöz liegt in 300 Metern Tiefe. Sicherheitsvorkehrungen? In China verunglücken jedes Jahr 15.000 Bergleute tödlich. Dazu will aber niemand etwas sagen.

Fünf Kumpel teilen sich ein winziges Zimmer. Waschen müssen sie sich an einem Brunnen draußen. Mit den anderen hundert teilen sie sich eine

Gemeinschaftstoilette. 1.000 *Yuan* verdienen die Bergleute im Monat – im Hinterland Chinas ein Spitzenlohn. Den bekommt kein Arbeiter sonst wo.

Sieben der Städte mit der höchsten Luftverschmutzung der Welt liegen in China, zwei davon im Kohlegebiet von *Shanxi*, nicht weit voneinander entfernt. Was denken die Kumpel über die Luftverschmutzung? Dass es kaum Filteranlagen gibt in den Kokereien und Kraftwerken? Die Männer zucken die Schultern. »Der Himmel über China ist groß«, sagt einer, und alle lachen.

| *Dazhai*, zehn Autostunden südwestlich von Peking, am Fuß des *Taihang*-Gebirges, ist nicht irgendein Ort, sondern Chinas berühmtestes Dorf. Zumindest war es das. »In der Landwirtschaft lernen von *Dazhai*« – so stand es auf unzähligen Transparenten im ganzen Land, das sangen Millionen Kinder in der Schule. *Dazhai* war das Modell für alle Bauern Chinas: radikale Kollektivierung, keinerlei Privatbesitz – der Traum vom fast vollendeten Kommunismus. Die Zeit der Kulturrevolution.

Im Verlauf von zwölf Jahren wurden Millionen Chinesen und ungezählte Delegationen aus aller Welt nach *Dazhai* geschickt, um von der Musterkommune zu lernen. Doch nach Maos Tod und dem Beginn der Wirtschaftsreformen war es aus mit den Kollektiven: Die Bauern Chinas sollten wieder auf eigene Rechnung arbeiten. Und *Dazhai*, die Vorzeigekommune, geriet in Vergessenheit.
Die von Marmorsäulen getragenen Eingänge der großen Versammlungshalle, die 1.500 Menschen Platz bot, sind zugemauert, die Fenster zerborsten ...

Im Haus nebenan treffen wir auf ein älteres Ehepaar. In ihrem Wohnzimmer Fotos des Mannes als Soldat der Volksbefreiungsarmee während der Kulturrevolution; und Fotos der Frau als Mitglied im Dorfkomitee, mit Politgrößen aus Peking zu Besuch. Beide sind mittlerweile Großeltern und bekommen eine Rente, zusammen 100 *Yuan* im Monat. Wie sie davon leben können? Getreide, Gemüse, Schweine und Hühner haben sie ja, erklärt Ming; was sie kaufen müssen, sind Salz, Essig, Sojasoße und Speiseöl. Den notwendigsten Hausrat haben sie auch: Töpfe und Decken können sie noch 20 Jahre gebrauchen. Und die Kinder sorgen mit für die Eltern – wie überall in China.

Drei Apfelbäume stehen im Innenhof des Hauses. Dort sitzt stundenlang der Mann, teilnahmslos – er hatte einen Schlaganfall. Die ärztliche Behandlung, erzählt seine Frau, hätten sie nie bezahlen können: 10.000 *Yuan*, die Rente von Jahren. Doch die Einwohner von *Dazhai* haben die Arztkosten aufgebracht, als Solidargemeinschaft. »Wir sind ein kommunistisches Dorf«, sagt die Frau des Alten stolz.

»So etwas hören Sie nicht mehr oft in China«, meinte Ming.

Tian Ming ist verheiratet und hat eine Tochter, die studiert. Im Alter von fünfzehn Jahren kam Ming zu den Rotgardisten. »Man wurde ausgewählt«, sagt sie, »und ich war stolz darauf, dabei zu sein.« In den Anfangsjahren der Kulturrevolution arbeitete sie mit den Roten Garden auf dem Land. Später bekam sie einen Studienplatz an der Universität Peking – das Fach konnte sie sich nicht aussuchen, es wurde ihr zugewiesen: Germanistik. Sie wurde Hochschullehrerin für Deutsch. Heute ist sie Dolmetscherin in *Peking*. Ohne sie hätte ich mir die Reise nicht zugetraut.

| So wie die Leute hier konnten wir schlecht reisen. Aufrecht stehend, fahren sie mit 50 Stundenkilometern durch die Gegend, klammern sich ans Geländer oder halten sich gegenseitig fest – ein Dutzend Menschen auf der offenen Ladefläche von Kleintransportern, die drei Räder haben und 20 PS. Diese Dreiradkarren – so heißen sie auch chinesisch – sind das häufigste Transportmittel in der Provinz. Sie verkehren zu jeder Zeit, selbst in den abgelegensten Orten, und das Mitfahren kostet nicht viel.

Für uns auf weiten Strecken und mit unserem Gepäck wäre ein Leihwagen das Richtige gewesen, auch um unabhängig zu sein von Zeit und Ort. Doch Leihwagen gibt es nicht in China. Busse und Eisenbahnen, mit ihrem hoffnungslosen Gedränge und ihren starren Routen haben wir gemieden, uns stattdessen an Flugzeug und Taxi gehalten. Manchmal kam uns der Zufall zustatten, manchmal musste Ming ihm nachhelfen.

In einem Restaurant kam sie mit einem Polizisten ins Gespräch. Er könne sich frei nehmen, sagte er, und bot seinen Privatwagen an, zu einem akzeptablen Preis. Mit ihm als Fahrer, in Polizeiuniform, waren wir die nächsten vier Tage und 1.000 Kilometer unterwegs. Ein anderes Mal heuerte Ming den Chauffeur einer Regierungslimousine an, samt Fahrzeug, für eine Strecke von 400 Kilometern. Und wieder woanders fand sie einen Mann, der uns – gegen eine angemessene Summe – in seinem Geländewagen fast eine Woche durchs Land chauffierte; um seine Übernachtungen kümmerte er sich selbst.

16

Jedes Mal sicherte sich Ming durch einen Anruf mit ihrem Handy bei Bekannten im weit entfernten *Peking* ab, gab Zeit, Ort und Autonummer durch – Überfälle, erklärte sie, sind in der Provinz keine Seltenheit.

Am Wegesrand Menschen, die Briketts in der Jackentasche nach Hause tragen. Und hohe Gestänge sieht man häufig, an denen meterlange Nudeln aus Kartoffelteig aufgehängt sind, zum Trocknen; *Glasnudeln* heißen sie, wegen ihrer wässrigen Farbe.
Auf einer Fernstraße ein kilometerlanger Stau, weil sich vorne zwei Männer mit einem Handwagen, der mit schweren Eisenstangen beladen war, eine leichte Steigung hinaufquälten.
Viele Leute tragen weiße Staubschutzmasken vor dem Mund. Hilft überhaupt nichts, sagt Ming, sieht nur schick aus – und kostet einen *Yuan*.

Es gibt auch Autobahnen in China. Auf ihnen Fußgänger und Fahrradfahrer in Dreierreihen nebeneinander. Alle naselang begegnet dir ein Geisterfahrer.

Wo Dörfer sind, ist ein Stück Leitplanke herausgenommen und da biegen Laster und Dreiradkarren einfach ein, in Fahrtrichtung – oder kommen dir entgegen: im besten Fall auf der Standspur. Und wo es eine solche nicht gibt, eben auf der Überholspur. Meist nutzen die Geisterfahrer nur die Autobahn zwischen zwei Zahlstellen, um die Maut zu sparen. Die Zahlstellen liegen etwa zwanzig Kilometer auseinander.

In den Mauthäuschen der Autobahnen, gerade groß genug für die Kassiererin und vielleicht noch eine Aufsichtsperson, drängeln sich immer sehr viele Leute – und trinken Tee: Staatsbedienstete, die nichts zu tun haben, aber ihre Zeit absitzen müssen. Ming, die sich einen Spaß daraus gemacht hat, die Personen in den Kassenhäuschen zu zählen, kam regelmäßig auf sechs oder sieben, und einmal sogar auf neun.

| Den Berg rauf, mit schwerer Last auf dem Rücken, braucht er siebeneinhalb Stunden. Wieder runter, ohne Last, dauert es eineinhalb Stunden. Das macht er jeden Tag. Hinzu kommen der Anmarsch von seinem Dorf zum Fuß des Berges, in der Morgendämmerung, und der Heimweg abends: das eingerechnet, ist Herr Zhang am Tag gut zwölf Stunden unterwegs. Jeden Tag, an allen sieben Tagen der Woche.

Der Berg, auf den Herr Zhang Lasten schleppt, ist knapp 2.200 Meter hoch und heißt *Hua Shan*. Er liegt in einem Naturpark, abseits von großen Städten und Verkehrslinien, und zieht jährlich Hunderttausende Besucher an: Denn der *Hua Shan* ist einer von fünf Heiligen Bergen in China; seine schroffen Hänge und hoch aufragenden Kuppen sind als Wahrzeichen des Landes auf unzähligen Tuschezeichnungen verewigt.

Ein 15 Kilometer langer, zum Teil steiler und gefährlicher Weg aus Steintreppen windet sich hinauf durch das *Hua Shan*-Massiv, das von mehreren Gipfeln gekrönt ist: In diese Gipfelwelt verstreut sind kleine Tempel und Pagoden, in denen Tao-Priester leben. Vor nicht langer Zeit hat eine österreichische Firma eine moderne Seilbahn auf den *Hua Shan* gebaut, die täglich Hunderte Touristen nach oben trägt. Die Zufahrt durch den Naturpark zur Talstation und die Auffahrt mit der Seilbahn kosten stolze 150 *Yuan* – der Wochenlohn eines Arbeiters. Menschen aus ganz China kommen einmal im Leben hierher und leisten sich das. Die Mönche auf dem Berg aber lassen ihren Nachschub weiterhin von Trägern hinaufbringen.

Herrn Zhang haben wir oben getroffen, auf dem letzten Stück zum Gipfel. Mit aschfahlem Gesicht und abwesenden Augen lehnte er an einer Felswand. In seinem Tragekorb waren 60 Kilo Briketts. Um auszuruhen, klemmt er seinen Gehstock unter den schweren Tragekorb und kann verschnaufen, ohne die Last auf- und abstemmen zu müssen. 25 *Yuan* erhält er für seine tägliche Plackerei, den Berg rauf und runter – das sind weniger als sechs Mark. Aber diese sechs Mark am Tag sind mehr, als er in einer Fabrik verdienen würde.

Es war Winter; nachmittags um drei, und ein eisiger, schneidender Wind tat uns weh. Um sechs Uhr würde es dunkel werden; da wären wir mit der Seilbahn längst wieder unten. Herr Zhang aber wird den Fußweg nehmen, 15 Kilometer, 90.000 Stufen ...

| *Anhui* ist eine Provinz in Zentralchina, fast halb so groß wie Deutschland. Sie hat mehr als 60 Millionen Einwohner und ist eine der ärmsten Provinzen Chinas.

In einem Dorf im Flachland, mit genügend Anbauflächen und genügend Wasser, kann der Bauer Zhang Chang An bald von seinem Lehmhaus in einen Neubau aus Ziegeln umziehen, weiß verputzt, an dem er seit zwei Jahren arbeitet. Zhang Chang An besitzt Schweine und Hühner und einen Wasserbüffel für die Arbeit in den Reisfeldern. Von seinem Pachtland zweigt er 1.500 Quadratmeter für den Anbau von Gemüse ab, weil das besser zu vermarkten ist als Reis. Seine zwei Reisernten im Jahr und der Erlös aus dem Verkauf von Gemüse bringen ihm mehr, als er für die fünfköpfige Familie – Eltern, Tochter, Großeltern – braucht.

Zwei Drittel seiner Reisernte könnte Zhang veräußern. Das tut er aber lieber nicht. Sondern er entrichtet die Steuern für sein Pachtland – das dem Staat gehört, wie überall in China – mit einem Teil der überschüssigen Ernte. Und hortet den Rest. Sein Reisvorrat, mittlerweile zweitausendfünfhundert Kilo, würde seiner Familie für sieben Jahre reichen.

In den Dörfern nur 20 Autominuten entfernt, herrscht dagegen Armut. Dort geht das Flachland in Berge über: Die Anbauflächen sind zu klein und es fehlt Wasser.

Für einen Weiler mit zwei Dutzend Familien baut der Arbeiter Li Yushan gerade einen Brunnen: Einen Meter zwanzig im Durchmesser hat der Schacht oben – den er in mühsamer Handarbeit immer tiefer gräbt, ohne Bohrgerät –, unten hat er noch ganze neunzig Zentimeter. In einem einfachen Holzgestell liegt ein drehbarer Balken, mit Handgriffen links und rechts; daran wickelt sich ein dicker Hanfstrick auf, der die Verbindung nach unten bildet. Zwei Frauen bedienen den Lastenaufzug. Mehr als drei Minuten müssen sie den Balken drehen, bis ein Eimer mit Erdreich nach oben kommt.
Dreißig Meter, sagt Li Yushan, ist der Brunnen schon tief und noch immer sieht er kein Wasser; er muss noch zehn Meter tiefer, glaubt er, um an Wasser zu kommen. Er lässt sich abseilen, bringt unten Dynamit an, lässt sich hochziehen, und löst die Sprengung aus; wartet bis die Luft rein ist, wird wieder abgeseilt, holt das Erdreich raus. Fünfzig Tage wird es dauern, bis Li Yushan den Brunnen fertig hat.

Sein Lehmhaus hat drei Räume. Nur im Schlafzimmer sind Wände und Fußboden verputzt, in der Küche und im Wohnraum ist der Lehmboden mit Stroh bedeckt. Hühner wohnen mit im Haus. Die Einrichtung besteht aus einem Doppelbett, einem Kinderbett und einem uralten Sperrholzregal. Darauf eine Standuhr, die nicht funktioniert, gerahmte Fotos und ein Farbfernseher. Ein Herrenfahrrad ist im Schlafzimmer abgestellt.

Vorratsbehälter für Getreide und Gemüse stehen in der Küche und im Wohnraum. Einen Tisch gibt es nicht und auch keine Stühle. »Guck mal, was da liegt«, ruft Ming: auf das Stroh vor dem Küchenherd haben Hühner zwei frische Eier gelegt.
Stroh und Reisig dienen als Brennmaterial für den Herd. Sonst bräuchte man vier Briketts am Tag zum Kochen, und das ist zu teuer. Vier Briketts kosten fast einen *Yuan*. Gänse-, Hühner- und Entenfleisch, gesalzen und geräuchert, hängen an der Rückwand des Hauses zum Trocknen. Toiletten? »Irgendwo im Freien«, sagt Ming.

Auf der Dorfstraße, die geteert ist, spielen Kinder mit Glasmurmeln.

In einem nahen Steinbruch, der einem privaten Unternehmer gehört, finden 60 Menschen aus der Umgebung Arbeit. Frauen und Männer erhalten den gleichen Lohn: 600 *Yuan* monatlich. Die Männer brechen den Abraum heraus, die Frauen tragen ihn zu kleinen Pritschenwagen zum Abtransport. Sie tun das mit zwei Tragekörben rechts und links an einer Stange, die sie auf den Schultern balancieren, *Bian Dan* genannt – man sieht das überall in China. Jeder der beiden Körbe, den die Frauen an der Schulterstange hängen haben, fasst 50 Kilo. Stimmt das, hab' ich Ming gefragt; das sind zusammen ja 100 Kilo! »Ja«, antwortet Ming, »die haben wir in der Kulturrevolution auch geschleppt ...«.

| Dreimal auf der Reise bin ich durch *Peking* gekommen und jedes Mal ging mein erster Weg zu einem Supermarkt im Ausländerviertel. Dort gab es Nescafé zu kaufen; und Käse aus Dänemark und Corned Beef aus Argentinien, in kleine Dosen eingeschweißt – die nahm ich dutzendweise mit ins Gepäck, für mein Frühstück.

In Nordchina essen die Leute Nudelsuppe zum Frühstück, in Südchina Reis und eingelegtes salziges Gemüse. Ming, die aus dem Nordosten stammt, hielt sich morgens an Nudelsuppe. Und nahm weißen Tee dazu, den Chinesen oft und sehr gern trinken – China ist die Heimat des Tees. Doch weißer Tee ist nichts anderes als heißes Wasser ...

Ich bin für Nudelsuppe, weißen Tee und salziges Gemüse zum Frühstück nicht zu haben. Weshalb ich stets einen Zettel bei mir trug, auf dem Spiegeleier stand und Maultaschen. Maultaschen kriegt man überall, Brot hingegen nirgendwo. Und heißes Wasser stand auf dem Zettel, für meinen Nescafé.

Zuhause rühre ich Nescafé nie an. In China aber habe ich ihn wie einen Schatz gehütet.

| Auf dem *Pi*-Fluss sind Hunderte von Frachtschiffen vertäut. Über zwei schwankende Balken, vom Kai zur Reling, kommt man auf das Schiff der Zhous. Das erste, was mir dort auffiel, war die Katze: ein schönes Tier mit rotem Fell, das ganz jämmerlich miaute – die Katze war an einem fünf Meter langen Strick angebunden. Damit sie nicht wegläuft? »Nein«, lacht Frau Zhou, »weil sie den Fisch wegfressen würde: Fisch schmeckt besser als Mäuse und Ratten – deswegen ist die Katze angebunden.«

Ein kleines Beiboot mit einem Dieselmotor dient zum Fischen – nicht der Frachtkahn mit seinen fünfzig Tonnen, der ist viel zu groß. Die Fische werden gesalzen und geräuchert und auf dem Frachtkahn aufgehängt; so halten sie monatelang. Das machen sie hauptsächlich für den Eigenbedarf, der Verkauf bringt kaum etwas: zu viele Boote, zu wenig Fische, sagt Herr Zhou.

Herr Zhou ist Stahlarbeiter, nicht Fischer oder Binnenschiffer. Er war Jahrzehnte in einer Werft beschäftigt, die Frachtkähne für die Binnenschifffahrt baute, drei Kilometer flussaufwärts. 30.000 Menschen lebten von der Werft. Die Angestellten in diesem Staatsbetrieb hatten eine Werkswohnung, Krankenversicherung und Anspruch auf Rente.
Vor fünf Jahren ging die Werft pleite. Die Arbeiter konnten Boote zu einem Vorzugspreis erwerben, mit Bankkrediten – wer das Angebot annahm, verlor Krankenversicherung, Rentenanspruch und Wohnung. Am Anfang konnten sich die Zhous mit dem Transport von Salz, Kohle und Sand über Wasser halten, 150 Kilometer flussabwärts, zu einer anderen Stadt. Dann wurde eine bessere Straße dorthin gebaut, und Lkw nahmen ihnen das Geschäft weg.

Die Schiffskabine misst zwölf Quadratmeter. Im Schneidersitz kauert die Familie auf den nackten Holzplanken zum Essen – einen Tisch haben sie nicht; und so schauen sie auch Fernsehen. Ihr kleines Schwarz-Weiß-Gerät hat allein ein Fünftel dessen gekostet, was der ganze Frachtkahn der Zhous noch wert ist.

Hongmei, die Tochter, ist 21 Jahre und hatte kürzlich einen Aushilfsjob. Vom Verdienst hat sie sich ein Paar Schuhe mit hohen Plateausohlen gekauft, die sie in einer Plastiktüte unter ihrem Bett aufbewahrt. Auf dem Schiff kann sie mit den klobigen Schuhen nichts anfangen, und über die Balken hinüber zum Kai und auf der schmalen Kaimauer kann sie damit auch nicht laufen; eigentlich kann sie gar nichts mit diesen Schuhen anfangen, weil auch mit Flanieren in der Stadt nichts ist.

Doch Hongmei ist glücklich über ihre Schuhe, »die haben doch jetzt alle jungen Frauen«, sagt sie.

| Für die Naturschönheiten am Ufer rechts und links haben die chinesischen Passagiere keinen Blick. Ihr Ziel ist *Pudong*. Die Fahrt mit dem Schiff durch die drei Schluchten des *Jangtsekiang* – Chinas größtem Fluss – ist eine der Hauptattraktionen des Landes. Für eine Kabine auf dem Oberdeck zahlen ausländische Touristen 1.200 Mark.

Die Menschen, die zu Hunderten im Unterdeck – nahe dem Maschinenraum – zusammengepfercht sind, zahlen zwölf Mark. Ihr ganzer Besitz sind die Kleider, die sie am Leib haben und das wenige, was in einem Bündel verschnürt ist. Sie gehören zu dem Heer von Millionen Wanderarbeitern in China, die vom Land in die Städte drängen, in die Billiglohnfabriken und auf Baustellen in den boomenden Küstenregionen.

Die Halbinsel *Pudong* ist die größte Baustelle in *Shanghai*, und *Shanghai* – die 13-Millionen-Stadt am Mündungsdelta des *Jangtsekiang* – ist die größte Baustelle in China.

Zhu Yu Ping ist 27 Jahre alt. Seit fünf Jahren zieht sie mit ihrem Mann in *Pudong* von einer Baustelle zur anderen. Beide stammen aus einem Dorf 500 Kilometer im Westen; als Bauern hätten sie dort nicht überleben können, sagt Frau Zhu. Jetzt ist ihr Mann Vorarbeiter auf einer Baustelle im *Yangjing*-Distrikt, wo Tausende Neubauwohnungen entstehen.

Die meisten Wanderarbeiter sind ohne Familie hier. Frau Zhu zeigt uns die Unterkünfte: je sechs Bettgestelle hinter- und übereinander, in Räumen, in denen man sich kaum umdrehen kann. Kein Platz für einen Schrank. Das Allernötigste auf oder unter den Betten verstaut.

Gearbeitet wird im Akkord: zehn Stunden täglich, sieben Tage in der Woche. Der Lohn: 50 *Yuan* am Tag – 12 Mark. Keine Krankenversicherung. Ein Drittel des Verdiensts geben die Arbeiter für Unterkunft und Essen ab, den Rest schicken sie per Postanweisung an ihre Familien auf dem Land. Nur einmal im Jahr, meist zum chinesischen Neujahrsfest, fahren die Arbeiter für drei Wochen nach Hause. In dieser Zeit erhalten sie keinen Lohn ...

Die Männer arbeiten ohne Sicherheitsvorkehrungen. »Wenn etwas passiert – wer zahlt?« fragt Ming. Frau Zhu schaut sie ungläubig an. »Es passiert nichts«, antwortet sie ...

Wenn die Wohnsiedlung in *Yangjing* fertig gestellt ist, werden die Zhus entlassen und müssen sich nach einer neuen Baustelle umsehen. Sie haben keinerlei Rechte wie die Angestellten der Staatsbetriebe. Die Kommunistische Partei betrachtet das Millionenheer der Wanderarbeiter als die größte Gefahr für die innere Stabilität Chinas. Von den etablierten Arbeitern werden sie scheel angesehen, und vom städtischen Mittelstand als Lumpenproletariat verachtet.

Das *Shanghai*, das die Touristen zu Gesicht bekommen – die berühmte Uferpromenade am Bund, die Glitzerwelt der Warenhäuser in der *Nanjing Road* – ist von *Pudong* zwanzig Minuten entfernt. Ich habe dort im *Peace*-Hotel einen Cappuccino getrunken, für elf Mark, der Lohn, den ein Wanderarbeiter für zehn Stunden Akkordarbeit erhält.

Vor dem Hotel ein Bus, in den junge Mädchen einsteigen. Hat das etwas zu bedeuten, habe ich Ming gefragt, dass alle diese jungen Chinesinnen Stulpenstrümpfe tragen? Das weiß ich nicht, sagt sie – es sind gar keine Chinesinnen, es sind Japanerinnen ...

| *Tian Ya* bedeutet das Ende des Himmels und *Hai Jiao* das Ende des Ozeans. Wo Himmel und Meer aufhören, da ist die Erde zu Ende: *Tianya Haijiao* – das Ende der Welt. So heißt dieser Ort auf der Insel *Hainan*. Die Felsen in der Brandung von *Tianya Haijiao* sind der südlichste Punkt der Insel und der südlichste Punkt Chinas; und das bekannteste Fotomotiv des Landes: auf allen *Zwei-Yuan*-Geldscheinen ist dieser Küstenstreifen abgebildet.

Die Insel *Hainan* ist so groß wie *Hawaii* und liegt auf dem gleichen Breitengrad: Klima und Vegetation, Palmen und tropische Früchte hier wie dort. In idyllischer Abgeschiedenheit, eine halbe Autostunde weg von der nächsten Stadt, an einer Bucht mit traumhaft weißen Stränden, zwei Holiday-Resorts mit allem Luxus: eigener Golfplatz, Wasserski, Tennis. Reiche Chinesen

verkehren hier, die mit ihren Golfschlägern – Kindermädchen und Großeltern im Gefolge – für ein verlängertes Wochenende aus *Hongkong* und
Shenzen einfliegen, und dafür soviel bezahlen, wie die Kellner in den Restaurants in drei Jahren verdienen ...

Als das Wochenende vorüber war, blieb ich beinahe der einzige Gast in
dem riesigen Hotelkomplex mit seinen 360 Zimmern. Es regnete unaufhör-
lich und das Ende der Welt war nahe.
Im Frühstücksrestaurant sitzend, allein, gingen mir Bilder der Reise durch
den Kopf: Der weiße Tee, den Chinesen so oft trinken ... heißes Wasser ...
die Plateausohlen ... früher wurden den Mädchen in China die Füße
geschnürt – heute sieht man Millionen junger Chinesinnen auf zehn Zentimeter hohen Plateausohlen einher stolpern ... die Turmuhren ... oft pom-
pöse, weithin sichtbare Konstruktionen auf dem höchsten Gebäude der
Stadt. Doch überall, wo ich eine Turmuhr gesehen habe, ging sie entweder
falsch oder gar nicht.

Die Weltkarte in einer Schule ... darauf nimmt China die ganze Mitte ein,
Europa erscheint als winziges Gebilde am linken, Amerika am rechten
Kartenrand. Bei China steht das Zeichen für *Zhong Guo – Reich der Mitte*.
Die Kinder hier, sagte der Englischlehrer, sehen die Welt mit unseren
Augen: da liegt China eben im Zentrum – von Asien aus betrachtet. Von
Europa haben sie kaum eine Vorstellung. Aber, meinte er, was wissen Ihre
Schulkinder von China?

   | Im Kloster *Weiße Wolke* leben Mönche. Das Kloster liegt auf einem
Berg, hoch über dem Lößplateau, durch das sich der *Huang He* einen riesigen Canyon gegraben hat: In zehn Kilometer Entfernung im Norden kann
man den *Gelben Fluss* sehen und seinen Lauf noch zehn Kilometer weiter
nach Süden verfolgen – ein grandioser Anblick. Wegen dieses Naturschau-
spiels kommen die Besucher; in vielen Serpentinen führt eine Autostraße
hinauf, selbst Busse können oben parken. Das Areal des Klosters ist weit-
läufig. Große Dattelhaine gibt es dort und einen Landwirtschaftsbetrieb.

Der Tempel, in dem die Mönche beten, liegt in der Mitte des Areals. Zwei
tonnenschwere, steinerne Krieger mit Furcht erregenden Schwertern be-
wachen den Eingang. Die grinsenden Gesichter der zweieinhalb Meter
hohen Krieger konnte ich mir nicht erklären. Für die Gläubigen ist es eine
warmherzige Begrüßung, sagt Ming – und die Feinde soll das Grinsen

abschrecken. Diese martialischen Wächter, in leuchtenden Farben bemalt, findet man in beinahe jedem Tempel im Gebiet des Lößplateaus. Mehr als 1.000 Jahre sollen sie alt sein ...

Das würde ich noch heute glauben, wenn wir nicht zufällig Wu Hai Wei getroffen hätten. Ein paar Tage später war das, und 400 Kilometer weiter südlich: Dort, am Portal eines anderen Tempels, standen Skelette von Kriegerfiguren, an denen ein Mann arbeitete. Ich dachte, es handle sich um eine Renovierung dieser tausend Jahre alten Figuren, und wollte ein Foto machen. Sofort waren Wärter da, scheuchten mich weg: Fotografieren verboten!

Wir gingen weiter, die Wärter waren beruhigt und verschwanden; nach einer Weile kehrten wir um, und Ming sprach den Mann an, der an den Figuren arbeitete. Er war völlig ungezwungen und gab bereitwillig Auskunft. Nein, sagte Wu Hai Wei, er renoviere die Krieger nicht, er baue sie zusammen: aus einem Holzgerüst, an das Lehm kommt und Heu und Eisendraht und Stahlwolle. Das muss vier Monate trocknen; Kitt, Glasur und Farbe kommen danach. Vom Großvater hat er das Handwerk erlernt, viele hundert Figuren hat er bisher erschaffen. Auftraggeber ist die Staatliche Verwaltung der Klöster. Für die reist er von Tempel zu Tempel.

Der Lehm für die Figuren muss vom *Gelben Fluss* sein, sonst taugt er nichts, sagt Wu Hai Wei. Den Extrakt für die Farbe, mit der er die Krieger bemalt, holt er aus einem Steinbruch. Die beiden Wächter, die wir im Kloster *Weiße Wolke* bestaunt hatten, hat er vor zehn Jahren gemacht.

Aber die Farbe, sagt er, die Farbe hält tausend Jahre!

—

Erstsendung im Jahr 2000.
Von 1982 bis 2007 war Friedrich Schütze-Quest achtmal zu langen
Aufenthalten in Hongkong, Taiwan und China.

I Nie wieder Indien?

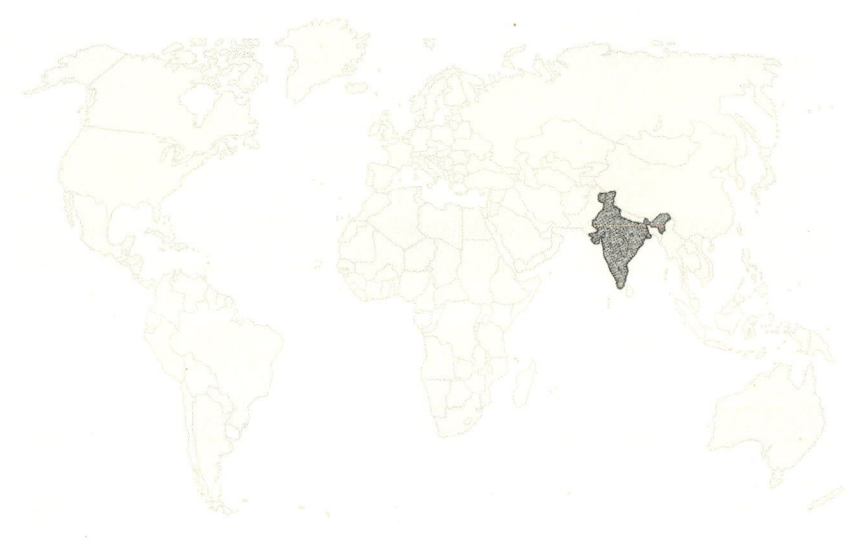

| Wenn die Straßen von Kalkutta gedampft haben in der Sommerhitze, wenn es dort nicht mehr auszuhalten war in der Stadt am *Ganges*-Delta, damaliger Sitz der britischen Kolonialverwaltung in Indien, dann gab es für viele Briten nur eins: Kalkutta den Rücken kehren und schnurstracks nach Norden, nach *Siliguri*. *Siliguri*, am Fuß des Himalaya, war Ausgangspunkt einer Schmalspurbahn, die die Briten aus der feuchtheißen bengalischen Ebene in ihre kühle Sommerresidenz *Darjeeling* brachte. 1880 wurde die Strecke eröffnet. Die britische Kolonialherrschaft ist längst Vergangenheit, doch die mehr als 100 Jahre alte Dampfeisenbahn verkehrt noch immer.

Siliguri liegt auf Meereshöhe, *Darjeeling* 2.200 Meter über dem Meeresspiegel. Acht Stunden braucht die Bahn für die 80 Kilometer. Acht Stunden durch Hunderte von Kurven und Schleifen und Spiralen, in denen sich die Bahn nach oben schraubt oder hinunter. Hinunter dauert es länger – die Bremsen würden sonst zu heiß. Längst machen Busse und Sammeltaxis der Bahn Konkurrenz. Sie sind schneller, weil die Passstraße kürzer ist als die Bahnlinie und sie sind billiger. Zigmal kreuzen die Schienen die enge Passstraße, mal ist die Bahn, mal die Straße direkt am Abgrund. Keine Leitplanken, keine Schranken. Wo immer andere ihr in die Quere kommen, hat die Bahn Vorfahrt. Ihre Dampfpfeife hört man in den Bergen kilometerweit. Die Menschen, die mit schweren Lasten auf dem Rücken in den Schienen laufen, treten beim Herannahen des Zuges einfach zur Seite – in den Schienen zu laufen ist weniger gefährlich als auf der Straße.

Wenn das Wetter gut ist, kann man in *Darjeeling* den *Mount Everest* sehen und den *Kanchenjunga*, zwei der höchsten Gipfel der Erde. Und Dörfer am Horizont, die schon zu *Nepal* und *Bhutan* und *Sikkim* gehören.
Die hohen Bäume haben mir gefallen, entlang der Passstraße und an den steilen Hügeln, auf denen sich *Darjeeling* ausbreitet. Sie heißen *Dhupi* und sehen wie Tannen aus, aber majestätischer und viel, viel höher. Wo kein Haus ist und kein Baum, ziehen sich kniehohe Teesträucher durch

Berg und Tal, soweit das Auge reicht. Hier wächst der beste – oder jedenfalls der teuerste – Tee der Welt.

In einer Ecke sitzen Männer auf der Straße, lange Bretter neben sich an die Wand gestellt. Die Männer ruhen sich aus. Die Bretter schleppen sie zu Baustellen – bergauf, bergab, kilometerweit. Wie schwer die Bretter sind? »Ein *Quintel*«, sagt man mir, das alte englische Maß für 100 Kilo. Fast waagerecht vornüber gebeugt balancieren die Kulis die schwere Last auf dem Rücken. »In alten Tagen«, sagt mein Begleiter, »haben unsere Leute für die Briten ein Piano durch die Berge geschleppt.«

Wenn es abends dunkel wird, leuchten Tausende flackernde Lichter auf den Hügeln und Abhängen der Stadt: Es sind kleine Feuer, an denen Menschen hocken, um sich zu wärmen. Die meisten Häuser haben keine Heizung. Der elektrische Heizstrahler in meinem Zimmer ging nur mit halber Kraft, weil die Stromspannung zu gering war. Das Hotel hatte Satellitenfernsehen mit Live-Programmen aus Amerika. Doch ein simples Ortsgespräch zum Büro der Fluggesellschaft in *Darjeeling*, einen Kilometer vom Hotel entfernt, kam in den maroden, jahrzehntealten Telefonleitungen nicht zustande.

| Indien hat eines der modernsten Kampfflugzeuge der Welt entwickelt, es besitzt Atomwaffen und Raketen, um Satelliten ins All zu schießen. Von den legendären Software-Ingenieuren gar nicht zu reden. Doch die Mehrheit der Inder kann weder lesen noch schreiben. Die Hälfte aller Analphabeten der Erde lebt in Indien. Jede dritte Familie in Indien muss mit etwa zwei Mark am Tag auskommen – das sind mehr Menschen in Armut, als ganz Afrika überhaupt Einwohner hat.

Dass es keine gemeinsame Sprache gibt, ist vielleicht das größte Problem Indiens, sagt mir eine Lehrerin. »Fünfzehn Sprachen, die nichts miteinander zu tun haben, aber ein Land.« Im nationalen Parlament in der Hauptstadt *Neu Delhi* tragen die Abgeordneten Kopfhörer – sie brauchen Dolmetscher, um einander zu verstehen. Auch ich brauchte Dolmetscher, wo immer ich hinkam: für *Bihari* und *Bengali* und *Urdu*. Jede dieser Sprachen wird von mehr Menschen gesprochen als Deutsch oder Französisch bei uns. Englisch ist die Sprache der Gebildeten, der Justiz und der Zentralregierung. *Hindi* wird in der Hauptstadt *Neu Delhi* gesprochen und in den bevölkerungsreichen Regionen des Nordens. Ansonsten ist *Hindi* überall die erste Fremdsprache in der Schule, danach kommt Englisch.

In *Madurai*, einer Großstadt in Südindien, war ich im Unterricht für tamilische Kinder. Sie kommen aus Familien der Mittel- und Oberschicht. Es gibt Schiefertafeln und Lesebücher, Schreibpulte und Sitzbänke. Die Schule gehört zu den besten des Landes. Sie wird privat finanziert, von den Eltern. Nach europäischen Maßstäben wirkt sie eher armselig. Doch in Indien hat vielleicht eines von 100 Kindern die Chance, auf eine solche Schule zu kommen. Kinder, die mittags ein Schulessen erhalten und von denen viele nach dem Unterricht mit Privatwagen abgeholt werden.

Im Landesinneren habe ich Schulen gesehen, zu denen die Kinder von weither laufen – Schulen, in denen sie auf dem nackten Fußboden sitzen. Aber sie hatten ein Dach über dem Kopf und für jede Klasse gab es eine Lehrkraft. Das ist nicht die Regel. Ich habe auch Dörfer gesehen mit Schulunterricht in Strohhütten oder im Freien, wo ein einziger Lehrer mit dem Fahrrad mehrere Schulen abklappert, für ein paar Stunden jeweils, wenn das Wetter gut ist. Wenn es schlecht ist, kommt er gar nicht.

| Das Haus von Frau Yadav hat keine Fenster. Im größten Raum steht das Bett, in dem Frau Yadav mit ihrer Tochter Nittu schläft; daneben ist eine Vorratskammer mit einer Feuerstelle. Im dritten Raum liegt Stroh auf dem Boden: dort schlafen im Winter die beiden Büffel. Frau Yadav hat kein Geld, um den Tieren einen Stall zu bauen. Eine Außentreppe führt auf das Flachdach des Hauses. Dort ist ein kleiner Anbau mit vielen quadratischen Öffnungen: immer wenn es unten zu heiß ist, schlafen Mutter und Tochter oben im Anbau, wo es kühler ist – durch die Öffnungen in der Mauer kann die Luft zirkulieren. Das machen die anderen Leute im Dorf auch so.

300 Bewohner oder – wie hier gezählt wird – 40 Haushalte hat das Dorf *Dhani*. Meine Anwesenheit hat sich schnell herumgesprochen. Am Garten von Frau Yadavs Haus, in dem ich im Schatten unter einem Maulbeerbaum saß, fanden sich neugierig Kinder und Erwachsene ein. Ich war der erste Ausländer, den die Menschen zu Gesicht bekamen.

Frau Yadav hat keine Toilette im Haus. Keiner im Dorf hat eine Toilette. Wasser holen die Leute am Brunnen; Strom gibt es nur abends für zwei Stunden; im Sommer haben sie Strom nur jeden zweiten Tag, sagt die Lehrerin, die mir als Dolmetscherin hilft. Kaum jemand im Dorf besitzt eine Armbanduhr. Einige haben eine Wanduhr zu Hause, die mit Batterien läuft. Nicht die Uhrzeit bestimmt den Tagesrhythmus, sondern der Stand der Sonne und die Jahreszeit – das gilt überall auf dem Land.

Ein fliegender Händler kommt regelmäßig mit dem Fahrrad durchs Dorf. In Körben vorn und an der Seite des Fahrrads hat er Tomaten, Mohrrüben, Kartoffeln, Chili, Blumenkohl und Spinat. An der Stange ist ein Wiegegerät befestigt und eine Schale mit Weizen. Wenn die Leute kein Geld haben, nimmt er Weizen in Zahlung und gibt ihnen dafür Gemüse.
Das Durchschnittseinkommen hier, sagt die Lehrerin, sind 800 Rupien im Monat – 40 Mark.
Feuerholz gibt es in der Gegend schon lange nicht mehr und Kerosin oder Gas zum Kochen können sich nur ganz wenige leisten. Stroh und getrockneter Kuhdung dienen als Brennmaterial. Mit bloßen Händen klatschen Frauen und Kinder ihn zum Trocknen an die Hauswände. Danach werden die Fladen in Strohhütten am Rand des Dorfes gelagert, zum Schutz vor Regen. Mit Kuhdung werden auch die Lehmböden und Wände verputzt – dann kann die Radioaktivität von Atombomben nicht mehr durch, glauben die Menschen überall auf dem Land. Das haben sie von Politikern gehört, auf Wahlversammlungen.

Eineinhalb *acres* Ackerland – 6.000 Quadratmeter – gehören Frau Yadav. Was immer sie anbauen, verbrauchen sie und ihre Tochter selbst. Die beiden Büffel hält sie nur wegen der Milch: Büffelmilch ist doppelt so stark wie Kuhmilch und begehrt, drei Mark am Tag kann Frau Yadav damit erwirtschaften. Nittu, die Tochter, kann gut stricken. Die Leute aus der ganzen Gegend bringen ihr Wolle, um Pullover stricken zu lassen. Büffelmilch und Nittus Pullover bringen 100 Mark im Monat. »We are not starving«, übersetzt meine Begleiterin Frau Yadavs Worte – »Wir hungern nicht. Aber es bleibt nichts übrig.« Was sie sich am meisten wünscht? Meine Tochter verheiraten zu können, war die Antwort. Nittu, die Tochter, ist sechzehn.

Frau Yadav ist Mitte dreißig und Witwe. Sie wurde in der Pubertät mit einem Mann verheiratet, der dreimal so alt war wie sie. Das ist in Indien noch vielfach üblich. Wenn der Ehemann gestorben ist, kann die Witwe allenfalls einen noch ledigen Schwager heiraten. Oder sie muss für den Rest ihres Lebens allein bleiben. »Why should the familiy split, why should the property split«, hatte mir Dr. Panwar erklärt, der Rektor des *Dyal Singh College* der Universität von *Delhi*. »Die Familie und der Besitz sollen zusammenbleiben. Liebe ist nicht ausschlaggebend für eine Ehe. Wichtig ist, dass zwei Familien sich zusammenfinden.«
Zehn Prozent aller jungen Frauen im heutigen Indien sind modern eingestellt, meinte Dr. Panwar, aber nur eine unter 100 sucht sich ihren Partner selbst. Die Regel ist, dass die Eltern des Mädchens die Tochter anbieten.

Und da kommt *dowry* ins Spiel. *Dowry* ist eine Mitgift, die die Eltern des Mädchens aufbringen müssen, in Bargeld und Sachwerten. Es ist üblich, dass die Familie des Bräutigams noch lange nach der Hochzeit immer weitere Mitgiftzahlungen fordert, weshalb sich die Eltern der Braut oft lebenslang verschulden müssen. *Dowry* ist der erste Grund für die Armut auf dem Land, hörte ich von Dr. Panwar. Und von allen anderen Menschen, mit denen ich sprach.

Das Merkwürdige ist: *dowry* ist in Indien gesetzlich verboten.

| Erst mit Einbruch der Dunkelheit, wenn Pilger überall am Fluss die Göttin *Ganga* preisen, verliert sich das Gespenstische der Stadt etwas. Die Scheiterhaufen brennen zwar weiter, sie lodern Tag und Nacht; aber die Leichen, die Tierkadaver und Fäkalien im Fluss sieht man nicht mehr. Öllichter auf grünen Blättern in kleinen Tonschalen, die abends ins Wasser gelegt werden und langsam flussabwärts treiben, vermitteln etwas Versöhnliches.

Mehr als 80 Prozent der indischen Bevölkerung sind Hindus. Für sie ist eine Stadt am Mittellauf des *Ganges* der heiligste Ort: *Varanasi*, das frühere *Benares*. Wenigstens einmal im Leben sollte jeder Hindu hier gewesen sein. 60.000 reisen jeden Tag an, aus allen Teilen des Subkontinents.

In *Varanasi* gibt es zehntausende Webereien und Färbereien, aber nicht genügend Klärwerke. Die Hälfte der Abwässer der Millionenstadt werden ungereinigt direkt in den *Ganges* geleitet. Wasserproben, die einige Kilometer stromaufwärts von *Varanasi* genommen wurden, zeigten keine Auffälligkeit. Stromabwärts, wo der Fluss die Stadt hinter sich lässt, war der Anteil von Kolibakterien im Wasser 3.000 Mal höher als der von der indischen Regierung festgesetzte Höchstwert für Gebiete, in denen gebadet werden darf. 60.000 Pilger nehmen täglich ein Bad im *Ganges* – die Frauen im Sari, die Männer nur mit einem Lendenschurz bekleidet oder nackt. Einmal untertauchen wäscht alle Sünden ab, und aus dem *Ganges* trinken hilft gegen Gebrechen.

Ein paar Meter von den Badenden entfernt verrichten Bettler und Obdachlose ihre Notdurft, wird die Asche von Verstorbenen in den Fluss gestreut, waschen Frauen ihre Milchkannen am Ufer aus, treiben verendete Kühe im Fluss. *Gangajal*, das heilige Wasser, reinigt alles, glauben Hindus, deshalb kann es selbst nicht schmutzig sein. In Flaschen und Krügen wird Wasser aus dem Fluss abgefüllt, die Pilger nehmen es mit in ihre Heimatdörfer.

In den engen Gassen der Stadt ist ein Vorwärtskommen kaum möglich. Deshalb habe ich mich morgens mit einem Boot flussabwärts treiben lassen. Der Bootsmann hatte glasige Augen und rot verschmierte Zähne vom Betelkauen. Nach einer Stunde wurde ihm schlecht und er übergab sich ins Wasser.

Große Lastkähne mit riesigen Mengen Holz aus den Wäldern am Oberlauf des *Ganges* haben an den Ufern festgemacht. Sechs Zentner Holz braucht man für einen Scheiterhaufen – sie kosten einfache Leute das Einkommen eines ganzen Jahres. An der *Manikarnika-Treppe* lodern Dutzende Scheiterhaufen gleichzeitig, rund um die Uhr. Es ist die größte Verbrennungsstätte in Indien. Auch von den anderen Gebetstreppen sind die ganze Nacht Totentrommeln zu hören.

In *Varanasi*, sagt man, gibt es keine Nacht, denn die Toten kennen keine Zeit. Hindus glauben, dass jeder, der in *Varanasi* stirbt, sogleich *moksha* erlangt: die Erlösung aus dem Kreislauf von Wiedergeburt und Tod. 70.000 Leichen werden hier jedes Jahr verbrannt.

Nur wer binnen 24 Stunden nach seinem Ableben eingeäschert wird, erlangt Erlösung. Deshalb gibt es Sterbehäuser in *Varanasi*, in denen Menschen oft Wochen und Monate dahinsiechen, ohne jede Anteilnahme. Wenn der Tod eingetreten ist, tragen Verwandte den Leichnam auf Bahren zum Fluss. Dort übernehmen ihn die *doms*, die Hüter der Verbrennungsstätten. Je nachdem, wie sie die Zahlungsfähigkeit der Familie einschätzen, legen sie den Preis für die Einäscherung fest, die vier Stunden dauert, in aller Öffentlichkeit. Den *doms* steht auch das Gold von Ringen und Zähnen zu, das nach der Verbrennung übrig bleibt – ihre Kinder sind ständig damit beschäftigt, die Asche der Scheiterhaufen zu durchwühlen. Wenn die Schädel der Toten bersten – wobei oft mit einem Knüppel nachgeholfen wird –, ist die Sache vorbei. Die Asche wird eingesammelt und in den *Ganges* gekippt.

Die Leichname von Hindupriestern und die von Kindern werden nicht verbrannt. Sie werden direkt in den Fluss geworfen.

Im Flugzeug nach *Varanasi* habe ich Lali Singhania kennen gelernt, eine blendend aussehende Inderin, die auf mich wie Mitte zwanzig wirkte. Sie ist Mitte dreißig und mit einem sehr reichen Fabrikanten verheiratet. Sie wohnen außerhalb von *Delhi*, haben zwei Kinder, zwei Autos und zwei Dienstboten. Lali ist weit gereist, war mehrfach auch in Deutschland. Während des Fluges fragte sie mich um Rat, denn ihr Ehemann wollte ihr einen Sportwagen schenken – sie schwankte zwischen einem BMW und einem

Mercedes SLK. In Indien kostet so ein Auto zehn Jahresgehälter eines Universitätsprofessors.

Nach *Varanasi* flog sie, weil ihr *sadhu* – ein religiöser Berater, den sie bezahlen muss – ihr den Zeitpunkt für die Pilgerreise anhand ihres Horoskops vorgegeben hatte. Das ist alltäglich in Indien. Geschäfte werden nur abgeschlossen oder Reisen erst dann begonnen, wenn das Horoskop nichts dagegen hat. Minister und hohe Beamte im ganzen Land erscheinen erst zum Dienst, wenn *rahu kalam*, ihre ungünstige Stunde, vorüber ist, oder sie verlassen abrupt jede Konferenz, wenn ihr Wahrsager sie sehen will.

| Robert de Costa ist Agraringenieur. Er stammt aus *Goa*, wo einst die portugiesischen Entdecker Indiens siedelten – seine Vorfahren. In Südindien, wo er in einem Entwicklungsprojekt arbeitet, hat er mich eine Zeit lang begleitet, hat mir Land und Leute erklärt und gedolmetscht.

An einer Dorfstraße standen vor jedem Haus ziegelrote Töpfe zum Verkauf, in denen Wasser aufbewahrt werden kann. Die werden nur von den Leuten auf der einen Seite der Dorfstraße gemacht, sagte Robert. Die auf der andern Seite dürfen diese Tonkrüge nicht herstellen, denn sie gehören zu einer anderen Kaste. Bestimmen die Kastenregeln noch immer, was man essen, trinken und anziehen darf? Welchen Beruf man ausüben, wen man heiraten, wo man wohnen darf? »Stimmt«, hatte ich von Dr. Panwar in *Delhi* gehört, »ausgenommen in der hochgebildeten und aufgeklärten Schicht, aber das sind nicht einmal zehn Prozent der Inder.«

700 Millionen Menschen – 70 Prozent der indischen Bevölkerung – leben abgeschieden auf dem Lande. Was weiß die politische Elite vom Leben auf den Dörfern?, wollte ich von Dr. Panwar wissen. »Nichts«, sagte er.

Es gibt eine englische Redewendung in Indien: »biggest democracy, biggest hypocrisy« – die größte Demokratie der Welt, wie Indien gern genannt wird, ist nichts als Heuchelei, nur ein hauchdünner Zuckerguss.

Die zentrale Figur in allen indischen Dörfern ist der *sarpanch*, der Dorfvorsteher. Parteien und Abgeordnete handeln mit ihm aus, wie viel die Wählerstimmen kosten: alle Stimmen einer Kaste, alle 1.000 oder 2.000 Stimmen des ganzen Dorfes. Die Stärke einer Partei, eines Abgeordneten hängt davon ab, wie viele *sarpanchs* sie im Wahlkreis auf ihrer Seite haben. Im Gegenzug empfängt der *sarpanch* Fördermittel der jeweiligen Landesregierung – der

30 Unionsstaaten Indiens – oder der Zentralregierung in *Delhi*. Dabei ist die Regel, dass der *sarpanch* beispielsweise unterschreibt, dass eine Straße neu geteert wurde. »Sie ist aber noch nicht mal repariert – wofür der *sarpanch* natürlich auch Geld bekommen hat –, geschweige denn geteert«, erklärt mir Robert.

Für die Menschen in den Dörfern sind Wahlen ein Fest. Geld, Lebensmittel, Süßigkeiten und Alkohol müssen die Parteien dann für die Dorfbewohner aufbieten. Das Erscheinen der Wahlkreiskandidaten wird mit Plakaten angekündigt, auf denen eine Hand oder ein Mann am Pflug oder eine Lotusblume abgebildet ist. Die Symbole kennzeichnen, auch auf den Wahlzetteln, die einzelnen Parteien, da die meisten Menschen nicht lesen können.

100 Rupien, sagt Robert de Costa, ist die *common rate*, der übliche Preis für eine Wählerstimme. Die muss der Kandidat dem *sarpanch* vor der Wahl aushändigen. Ein geschickter *sarpanch* kann den Betrag verdoppeln oder verdreifachen, wenn er bei den Parteien mit den Wählerstimmen seines Dorfes pokert.

Eine Frau in einem Haus deutet lachend auf eine neue Nähmaschine der Marke *Shanti*: »Die kostet mehr als zwei Monatseinkommen«, sagt Robert. Als die Frau auf ihn einredet, muss auch er lachen: »In den letzten Jahren kam es alle paar Monate zu Neuwahlen«, erzählt ihm die Frau, »und von dem Geld der Kandidaten, das Eltern und Großeltern beiseite gelegt haben, konnte ich mir dann die Nähmaschine leisten«.

| In *Delhi*, das indische Zeitungen »das schwarze Loch Asiens« nennen, gibt es keinen öffentlichen Schienentransport, keine U-Bahn. Der ganze Verkehr spielt sich auf der Straße ab. Abends und morgens stehen Teile der Stadt in einer wabernden Dunstschicht, drei Meter hoch. In einer Zeitung wird der leitende Chirurg eines Herzzentrums in *Neu Delhi* mit den Worten zitiert: »Bei gesunden Menschen ist die Farbe der Lunge rosa. In *Delhi* ist sie schwarz.« Ein Drittel aller Kinder, die in *Delhi* aufwachsen, leiden an Asthma oder allergischer Bronchitis, denen mit Hustensäften nicht mehr beizukommen ist.

Als in *Delhi* 1.800 uralte Dieselbusse gegen Busse mit Erdgasmotoren ausgetauscht werden sollten, hat sich erst einmal der Verkehrsminister bedient, mit Schmiergeld in Höhe eines Monatsgehalts für jeden einzelnen Bus, wie ihm indische Zeitungen vorhielten – 90 Millionen Rupien Schmiergeld.

The Western Court ist für mich eines der schönsten Hotels in *Delhi*. Für

Ausländer 500 Mark pro Nacht. Inder zahlen lächerliche zwei Mark fünfzig für eine Übernachtung. Nicht irgendwelche Inder freilich, sondern die Abgeordneten des Parlaments – den Rest zahlt die Staatskasse.

Ich war bei einer Hochzeit dabei, für die der Brautvater ein Zelt errichten ließ, um 500 Gäste bewirten zu können. Weil es keinen Strom gab, wurde ein Benzingenerator gemietet. Ein Dutzend Kinder dienten als lebende Stehlampen: Auf der Schulter Holzkisten mit Neonröhren. Ein Stromkabel führte von den Holzkisten zum Generator. Die Hochzeit kostete umgerechnet 8.000 Mark. Die Stehlampen-Kinder bekamen 50 Pfennig.

Die Zahl der Bettler und Krüppel auf den Straßen der Metropolen ist Legende, doch für jeden Zentimeter, den die Bettler am *Victoria Terminal* in *Bombay* oder am *Connaught Place* in *Delhi* beanspruchen, muss eine Platzgebühr bezahlt werden, an Mafia und Polizei. Ausländer sind gerührt von verdreckten, barfüßigen Kindern, die statt Geld lieber Sandalen haben wollen – die ein paar Pfennige kosten – oder eine Packung Milchpulver. Die Sandalen oder das Milchpulver geben die Kinder dann für Bargeld schnurstracks an den Händler zurück, kaum dass die Ausländer um die Ecke sind.

In ganz Indien gibt es nicht einen einzigen Wasserhahn, aus dem man unbesorgt trinken könnte – auch nicht in einem Fünf-Sterne-Hotel. Reiche Inder kochen ab und filtern oder kaufen Mineralwasser. Ein Aufdruck auf den Plastikflaschen warnt, dass man sie nicht wegwerfen, sondern zerstören soll – damit sie am nächsten Tag nicht einfach mit schmutzigem Leitungswasser wieder in den Handel kommen. Für Trinkwasser und eine Tüte Orangensaft habe ich jeden Tag in Indien mehr als den Tageslohn eines Arbeiters ausgegeben.

In einem Universitätscollege Berge von Müll im Hof. In den Hörsälen Nr. 26 und Nr. 29 baumeln Lichtschalter an unverputzten Leitungen, einige Fensterscheiben fehlen. Die Kreidetafel an der Stirnseite hat große Sprünge. Nebenan, im Physiklabor, sah es aus wie in einer Rumpelkammer. Beim Hinausgehen sah ich, wie zwei Studentinnen ein Poster am Schwarzen Brett anhefteten.
Neugierig ging ich hin. Ein junges Mädchen mit einem Laptop war darauf gezeichnet, das den Betrachter anstrahlt und mit dem Zeigefinger auf ihn deutet. Darunter, mit aufgeklebten, farbigen Buchstaben: *Hold me today – I will hold you tomorrow,* Sorg Du heute für mich, dann sorge ich morgen für Dich.

Morgens um sieben wird der *Shatabdi* bereitgestellt. Im *Shatabdi-Express* von *Delhi* nach *Amritsar* kommt man ohne Reservierung nicht mit. Nur Geschäftsreisende und Besserverdienende können sich die Fahrt in den Sesselwagen leisten, die komfortabler als ein Flugzeug sind. Einen Flug nach *Amritsar* gab es ohnehin nicht.

Von Zeit zu Zeit saust der *Shatabdi*, Indiens schnellster Zug, mit 140 Stundenkilometern durch die Gegend, was beim Zustand der Wagen und Gleisanlagen tollkühn anmutet. Über die Distanz von knapp 500 Kilometern hält der Zug nur ein halbes Dutzend Mal. In *Amritsar* war Endstation. Von dort ist die Grenze 40 Kilometer entfernt. Die bin ich mit einem Taxi gefahren. Die Schilder an der Straße konnte ich nicht lesen und mit dem Fahrer konnte ich nicht reden. Aber die Sonne stand vor uns, im Westen, also stimmte die Richtung. Im Westen ist Pakistan – und da musste auch *Wagha* sein.

Indien und Pakistan sind sich spinnefeind, seit einem halben Jahrhundert. Mehr als 2.000 Kilometer lang ist die Grenze zwischen beiden Ländern, doch erst seit kurzem gibt es eine Straßenverbindung – eine einzige.

In *Wagha* ist der Übergang: nahe *Amritsar* auf indischer und *Lahore* auf pakistanischer Seite. Jeden Abend treten in *Wagha* Soldaten zum Fahnenappell an. In Paradeuniform mit weißen Gamaschen und eisenbeschlagenen Stiefeln vollführen Inder und Pakistani ein kurzes Zeremoniell auf jeweils ihrer Seite. Im Stechschritt. Schaulustige auf beiden Seiten beklatschen den Auftritt ihrer Landsleute. Sie wurden in Bussen hergebracht und in gehörigem Abstand hinter den jeweiligen Grenztoren postiert, auf Tuchfühlung miteinander sollen sie nicht kommen. Tagsüber ist nicht viel los am Grenzübergang. Privatautos dürfen nicht hinüber, und auch keine Lkw. Nur ein Linienbus wird täglich abgefertigt.

Drei Kriege, mit Hunderttausenden von Opfern, haben Indien und Pakistan gegeneinander geführt, in ihrem Streit um das Gebiet von *Kaschmir*, hoch im Norden, an den Gebirgsketten des *Karakorum* und des *Himalaya*. Nicht ein Tag vergeht, an dem *Kaschmir* nicht ein Thema wäre in den Zeitungen beider Länder. Auf den Landkarten ist vom Gebiet des jeweils anderen nur in Anführungszeichen die Rede, wie es bei uns war mit der DDR.

In den Grenzdörfern auf indischer Seite gibt es nachts keinen Strom. In der Großstadt *Amritsar*, nicht weit von *Wagha*, hat mein Hotel für Strom nach zehn Uhr abends einen Aufschlag verlangt. Die Kraftwerke hätten nicht genügend Kapazität, hieß es. Doch auf Hunderte Kilometer haben die Inder

aberwitzige Grenzbeleuchtungen installiert. Sie brennen die ganze Nacht und noch vom Flugzeug, aus 39.000 Fuß Höhe, sieht man sie.
Als der Fahnen-Appell in *Wagha* zu Ende ist und die Inder ihre Grenztore geschlossen haben, kommen auf der pakistanischen Seite Sprechchöre auf: *Asadi* – Freiheit für *Kaschmir*.

| Am 5. Januar 2001 übertrafen sich alle indischen Zeitungen mit der gleichen Aufmachung: Die erfolgreiche Erprobung eines neuen Kampfflugzeuges – eines der modernsten der Welt – dessen Entwicklung eineinhalb Milliarden Mark gekostet hat. Indien ist endgültig in den Kreis der Supermächte aufgerückt, lauteten die Schlagzeilen. Minister und Generäle ließen sich stolz neben dem Kampfflugzeug abbilden.

In *Mehakari*, einem Dorf in Südwestindien, war ich am Nachmittag dieses Tages in einem winzigen staatlichen Frauenkrankenhaus. Es hat nur vier Betten, aber weil oft sieben oder acht Frauen aufgenommen werden, erzählt die Krankenschwester Tanuja, müssen sich zwei Patientinnen ein Bett teilen. Im Einzugsgebiet des kleinen Spitals leben rund 25.000 Einwohner in zwei Dutzend Dörfern, von denen einige stundenlange Fußmärsche von der Distrikthauptstraße entfernt liegen – nur dort gibt es eine Buslinie.

Bei meinem Besuch waren nur zwei Patientinnen da, weil es keine Medikamente mehr gab. Die Lieferung war seit zehn Tagen überfällig.
Hauptsächlich Sterilisationen werden in dem kleinen Hospital vorgenommen. Zwei Drittel aller Frauen in Indien sind über Verhütungsmittel entweder gar nicht aufgeklärt oder nehmen keine. Geburtenkontrolle ist kein Thema, sagt Tanuja. Alle fünf Jahre wächst Indiens Bevölkerung um soviel Menschen, wie Deutschland überhaupt Einwohner hat. Sind die Kinder in den Dörfern geimpft?, erkundige ich mich. »Alle«, antwortet die Krankenschwester. Woran hapert es am meisten? »Medikamente und Ausstattung«, sagt sie. »Schauen Sie sich um. Wir haben sechs Ampullen hier und keine einzige Einwegnadel.«
24 Stunden vor einem Eingriff muss Schwester Tanuja den kleinen Behandlungsraum erst mal desinfizieren. Nur eine Pritsche mit einer Plastikplane ist darin, ein Apparat zum Sterilisieren, eine Sauerstoff-Flasche, eine Babywaage von UNICEF, Herstellungsjahr 1972. Die Moskitonetze in den Fenstern sind kaputt. Wasser holt die Schwester aus einem Brunnen vor dem Krankenhaus. Die Büsche hinter dem Hospital dienen als Toilette.

| Freitags und samstags sieht man auf dem Land beiderseits der Straße lange Menschenschlangen, die von einem Ort zum nächsten marschieren: Dort ist ein Kino, und ein Kinobesuch – die Eintrittskarte zum halben Tageslohn – ist für Millionen der einzige Zeitvertreib, einmal in der Woche. Meist sind es Seifenopern, die in der indischen Filmmetropole *Bombay* produziert werden: Bollywood. Doch jeder weltweite Kassenknüller Hollywoods muss sich vor indischen Produktionen verstecken, was die Zuschauerzahl angeht. Mit der Realität der Menschen auf dem Land haben diese Filme nichts zu tun. Und mit den Realitäten außerhalb Indiens schon gar nichts.

Mit der in aller Welt so viel beschworenen Globalisierung können nicht einmal die größten Tageszeitungen Indiens etwas anfangen, ihre gesamte internationale Berichterstattung beschränkt sich auf zwei oder drei Spalten im hinteren Teil. Über Deutschland habe ich einmal sechs Wochen lang nicht eine Zeile gefunden. Und in der *Economic Times New Delhi*, der größten Wirtschaftszeitung, fehlt jeder Hinweis auf die Börsen in Amerika oder Europa – als gäbe es die gar nicht.

Unterwegs im Landesinneren habe ich mich immer wieder gefragt, was passieren würde, wenn etwas passiert. Ich konnte es ja schlecht so machen wie ein Arzt, den ich in *Delhi* kenne: Der setzt sich in seinem Kleinwagen grundsätzlich einen Sturzhelm auf, wenn er aufs Land fährt.

In ganz Indien gibt es nicht einen Kilometer Autobahn. Entfernungen auf dem Land, auf schlaglochübersäten Straßen, werden in Fahrstunden gemessen, nicht in Kilometern. Die Außenspiegel der Autos sind oft angeklappt, um im Verkehr enger manövrieren zu können, und die Gurte der Beifahrer sind stets zu Halteschlaufen geknotet, so kann sich auch der Passagier auf dem Rücksitz daran festhalten, für den es nie einen Gurt gibt.

Als wären sie noch in der Zeit der Briten gebaut worden, vor sechzig Jahren, so alt schauen viele Fahrzeuge aus, Lkw vor allem. Und doch haben sie den ganzen Subkontinent unter den Rädern. Lastwagen mit 20 Tonnen grüner Bananen: Die Fahrer sind damit, ohne Pause, drei bis vier Tage unterwegs, und wenn sie ankommen, sind die Bananen reif.

Die Fußgänger in langen weißen Gewändern, Frauen wie Männer, die man oft entlang der Straßen sieht, sind Angehörige der *Jain*, einer religiösen Sekte, die keine Transportmittel benutzt, nie. Nicht einmal ein Fahrrad.

Hohe, mächtige Bäume sieht man, mit vielen Stämmen, bei denen alles verkehrt herum ist, weil unendlich viele Wurzeln wie Stricke von den Ästen in den Boden wachsen. *Banyan* heißen sie. Buddha soll unter einem solchen Baum seine Erleuchtung gehabt haben.

Dann Bäume, an deren Ästen leuchtend rote Knospen wachsen – *flame of forest* werden sie genannt, *Flamme des Waldes*. Das Holz dieser Bäume wird, weil es sehr weich ist, auch für die Herstellung von Zündhölzern benutzt. Das geschieht in Handarbeit von Kindern, in der Gegend um *Sivakasi*, wo 80 Prozent aller in Indien verbrauchten Zündhölzer angefertigt werden – 50 Millionen Schachteln am Tag.

Sivakasi, im südlichen Bundesland *Tamil Nadu*, ist die Region mit der höchsten Kinderarbeit in Indien: 100.000 Jungen und Mädchen im Alter von acht bis vierzehn Jahren arbeiten in den Zündholzfabriken von sechs Uhr morgens bis sechs Uhr abends. Sie bekommen 60 Pfennig am Tag.

Die Verfassung Indiens und ein Gesetz in *Tamil Nadu* verbieten, dass Kinder unter vierzehn Jahren zur Arbeit herangezogen werden. Doch *Tamil Nadu* ist arm, und die Kinderarbeit oder besser die Steuer auf jede Zündholzschachtel erbringt einen beträchtlichen Teil des Landeshaushalts. Fünf Pfennig kostet eine Zündholzschachtel, vier Pfennig davon sind Steuern. Vier Pfennig multipliziert mit 20 Milliarden Zündholzschachteln im Jahr…

Frau Kanak Tyagi stammt aus *Uttar Pradesh* im Nordosten Indiens. Von dort ist die Dreißigjährige mit dem Zug jeden Morgen zweieinhalb Stunden zur Arbeit nach *Delhi* gefahren und spätabends zweieinhalb Stunden wieder zurück. Das ging ein halbes Jahr so. Jetzt hat sie sich ein Zimmer in *Delhi* genommen.

Dr. Tyagi ist Augenärztin. Seit einem Jahr arbeitet sie für das *Venu Eye Institute*, ihre erste Stelle. *Venu* ist eine private indische Hilfsorganisation, die Augenkliniken und mobile Behandlungsstätten in *Delhi* und den ländlichen Gebieten ringsum unterhält. Sie wird von der deutschen *Christoffel-Blindenmission* unterstützt.

In *Najafgarh*, eine Autostunde außerhalb der Hauptstadt, halten Dr. Tyagi und ihre Mitarbeiter eine öffentliche Sprechstunde ab. Ihre Geräte – mitgebracht in einem kleinen Transporter – haben sie in der Vorhalle eines Tempels aufgebaut. Wartende Patienten sitzen draußen auf dem Bürgersteig. In einem Mauerverschlag vor dem Tempel ist ein Plumpsklo, das man bis zum Behandlungstisch der Ärztin riechen kann.

Die Behandlung bei *Venu* ist kostenlos. Die meisten der Patienten, die Frau Tyagi untersucht, hatten noch nie Zugang zu einem Augenarzt. Sie werden über Vorbeugemaßnahmen aufgeklärt, erhalten Brillen, Antibiotika und Augentropfen. Patienten mit Grauem Star erfahren zum ersten Mal, dass sie durch eine einfache Operation ihr Augenlicht zurückerhalten können.

Örtliche Honoratioren und Helfer in *Najafgarh* haben *Venu* Räume in einem öffentlichen Gebäude angeboten, die provisorisch zu einem *surgical camp* hergerichtet werden sollen, einem Krankenhaus auf Zeit. Frau Tyagi und ihr Team haben sich die Räume angesehen. 100 Patienten könnten dort operiert werden und für eine Woche Aufnahme finden. Länger dauert es nicht. Zur Nachbehandlung käme ein Team von *Venu* später wieder.

Das Monatsgehalt der Augenärztin beträgt 700 Mark. Später einmal möchte sich Frau Tyagi mit einer eigenen Praxis niederlassen. Dafür braucht sie Berufserfahrung und Kapital. Die Erfahrung verschafft ihr die Arbeit bei *Venu*. Und das Kapital für eine eigene Praxis hofft sie mit ihrem Mann in einigen Jahren ansparen zu können. Ihr Mann, auch Arzt, hat eine gute Stelle in *Almaty*, in Kasachstan gefunden. Nur zweimal haben sie sich letztes Jahr sehen können.

Venu wurde 1980 von einem wohlhabenden indischen Augenarzt als Stiftung gegründet. Mit deren Mitteln und den Spenden aus Deutschland sind Hunderttausende, um die sich der indische Staat nicht im Geringsten kümmert, vor Blindheit bewahrt worden.

| Der *postmaster* Padwe Mahadev Bhaw hält seine Stellung seit 25 Jahren. Kein Schild weist auf sein *office* hin. Als wir nach dem Weg fragen, müssen die meisten Leute passen. Viele Leute im Dorf haben noch nie einen Brief geschrieben, geschweige denn Post bekommen.

Man muss den Kopf einziehen, um durch die niedrige Tür in das *post office* zu kommen, in dem es keinen Schalter gibt und keinen Stuhl, weshalb der Postamtsvorsteher Bhaw im Schneidersitz auf dem Boden hockt. Auf einer Hartgummiplatte vor sich hat er drei Stempel und eine alte Briefwaage mit Gewichten. Neben dem Dolmetscher und mir hätte kein Kunde mehr Platz, so klein ist der Raum.

Zehn Jahre mag es her sein, erinnert sich Bhaw, da hat er ein paar mal Post aus dem Ausland in der Hand gehabt, »aus einem arabischen Land. Ein Sohn, der dort Arbeit gefunden hatte, schrieb seinem Vater. Und der Vater bat mich dann, ihm einen Antwortbrief aufzusetzen. Und ein paar Männer aus den umliegenden Dörfern sind beim Militär«, erzählt er weiter, »in anderen Landesteilen Indiens. Da fällt auch manchmal Post an.« Ob er selbst schon aus seinem Dorf herausgekommen ist? »Nur einmal nach

Bombay mit dem Bus, zehn Stunden.« Da haben seine Frau und er den Sohn besucht, der dort als Rikschafahrer arbeitet. Der *postmaster* hat auch zwei Töchter, beide verheiratet. Für die *dowry* – die Mitgift – musste er sich Geld leihen. »Mehr als ein *lakh*«, sagt er. Ein *lakh* sind 100.000 Rupien. Wie lang er noch abbezahlen muss? »Bis an mein Lebensende«, meint der Fünfzigjährige.

Die Öffnungszeiten des *post office*: acht bis zwölf vormittags und nachmittags von vier bis fünf. Weil die Menschen aus sechs anderen Dörfern, die zu Bhaws Bezirk gehören, stundenlang zu seinem Postamt laufen müssen und dann nicht vor geschlossener Tür stehen sollen. »Doch es kommt fast niemand um diese Zeit«, sagt der *postmaster*, »weil ich dann aber hier sitzen muss, kann ich mich nachmittags nicht um meine Feldarbeit kümmern. Denn zu meinem Feld muss ich auch eine Stunde hin und eine Stunde zurück laufen. Und um vier ja wieder hier sein.«

| Internet, Software-Ingenieure, indisches *silicon valley*: mit diesen Schlagworten ist die Großstadt *Bangalore* in Südindien bekannt geworden. Als Präsident Clinton im Frühjahr 2000 zu einem Staatsbesuch nach Indien kam und auch die Zentren der Informationstechnologie sehen wollte, hatte die *Times of India*, die renommierteste Zeitung des Landes, eine Karikatur auf der Titelseite: Ein alter Mann in Lumpen hockt vor seiner Hütte, schaut verständnislos auf den Bildschirm eines Laptop. »Behalt' den Computer noch eine Weile«, sagt ihm ein Politiker, »bis Clinton vorbeikommt. Dann kannst du das Ding wegschmeißen!«

Die 8-Millionen-Stadt *Bangalore* unterscheidet sich in nichts von anderen indischen Metropolen: hoffnungslos übervölkert, kein sauberes Trinkwasser, dauernd Stromausfall. Heilige Kühe auf den Straßen. Die Neuzeit spielt weit draußen vor den Toren der Stadt: im *International Technology Park White Field*. Um dahin zu kommen, fährt man eine Stunde auf schlaglochübersäten Straßen, an Slums und Kloaken vorbei. Dann plötzlich eine Trabantensiedlung mit riesigen Hochhaustürmen buchstäblich auf der grünen Wiese: eigenes Kraftwerk, eigene Wasseraufbereitung, eigene Krankenstation und 6.000 Computerarbeitsplätze. Ein Raumschiff, das die Software-Ingenieure morgens betreten und abends wieder verlassen.

Wenige Kilometer entfernt davon ist das Informationszeitalter kaum mehr als ein Gerücht und eine Schreibmaschine eine Kostbarkeit. »Die Sache mit den Software-Ingenieuren wird überschätzt«, sagt der Manager eines Weltkonzerns mit einer großen Niederlassung in *Bangalore*. »Zwar ist die Informationstechnologie der am schnellsten wachsende Zweig der indischen Wirtschaft, aber in absoluten Zahlen ist der Anteil noch verschwindend gering. Vor allem aber kommt es dem Land nicht zugute. Das Internet braucht keine Verbesserungen der allgemeinen Infrastruktur: Straßen, Wasser, Gesundheitswesen. Und deswegen hat Indien – das Land als Ganzes – kaum etwas davon.«

Zuckerrohr: von Januar bis März ist Ernte. Mit der Machete durch vier Meter hohe Stauden. Ein Knochenjob. Die Leute, die hier arbeiten, sind nicht von hier. Ihr Heimatdorf ist 180 Kilometer entfernt. Erst in drei oder vier Monaten werden sie zurückkehren. Es sind *seasonal migrants*: Wanderarbeiter auf Zeit.
Ganze Dörfer sind in der ersten Jahreshälfte – überall in Südindien – unterwegs. In endlosen Kolonnen, mit Frauen und Kindern und der notwendigsten Habe auf Ochsenkarren. 40 Kilometer trotten die Bullen bei Tageslicht, nachts schlafen die Menschen auf ihren Karren am Wegrand. In Ziegelbrennereien und im Straßenbau und auf den Zuckerrohrfeldern suchen sie vorübergehend Arbeit.

Morgens um 6.30 Uhr fangen sie an, nachmittags um halb vier ist das Feld abgeerntet. Aber damit ist ihr Tag nicht zu Ende. Drei Tonnen Zuckerrohr türmen sich auf den Ochsenkarren, obenauf steht ein Treiber, ein zweiter hält die Zugtiere im Geschirr. Die beiden Bullen im Gespann dürfen sie nicht überfordern denn sie sind ihr wertvollster Besitz. Es dauert drei Stunden, bis die schwer beladenen Karren in der Zuckerrohrfabrik ankommen. Die ist rund um die Uhr in Betrieb. Aus allen Richtungen, im Umkreis von zwanzig Kilometern, bewegen sich die *bullcarts* auf die Fabrik zu. Bis abgeladen ist, kann es Mitternacht werden.

Am nächsten Morgen um 6.30 Uhr heißt es dann für die Menschen wieder draußen sein, auf einem anderen Zuckerrohrfeld. Sechs Mark am Tag zahlen die Besitzer der Plantagen den Wanderarbeitern – das Ochsengespann inklusive. Der Grund für die Familien, ihre Dörfer zu verlassen, ist überall der gleiche: Auf die einzige Ernte nach dem Monsun folgt dann monatelang Trockenheit und Hunger.

| Lediglich 20 Prozent Indiens können durch Dämme und Kanäle bewässert werden. 80 Prozent sind von Regen abhängig. Wassermangel durch falschen Umgang mit Wasser ist das Problem, sagt Robert de Costa. Er hat mich nach *Darewadi* gebracht, einem Ort, der entlegener nicht sein könnte: Stunden entfernt von der nächsten Stadt, kein Bus; kein Postamt, kein Telefon, kein Fernsehen. Berge ringsherum. 600 Meter hoch liegt das Dorf, 900 Meter hoch sind die Berge. An den Berghängen und im Tal, das zwölf Quadratkilometer misst, überall Grün. Zwei, manchmal drei Ernten im Jahr haben die Menschen.

Robert zeigt mir ein paar Fotos. »Anfang 1996 gab es hier nicht einen Grashalm, nicht einen Baum. Ein einziger Trinkwasserbrunnen, der ausgetrocknet war, der Grundwasserspiegel war auf 300 Fuß abgesunken.« Heute liegt er bei 30 Fuß; es gibt neue Brunnen und Wasser das ganze Jahr über.
Es ist das Werk von *Watershed Organization Trust*, einer Hilfsorganisation mit ausschließlich indischen Fachleuten, deren Projekte von der Bundesrepublik Deutschland finanziell gefördert werden. Ackerland, von dem mehr als 100.000 Menschen leben, wurde von *Watershed* bisher saniert. Wo in weitgehend kahlen Gebieten der Regen vorher ungebremst und ungenutzt abfloss, wird er heute von Gräben, Terrassen, kleinen Dämmen und Becken aufgefangen und kann langsam versickern.

»Den Dorfbewohnern wurde bewusst, dass Dürre und Überschwemmungen nicht unabänderliche Schicksalsschläge sind«, sagt Robert. Freiwillige und unbezahlte Arbeitseinsätze der Dorfbewohner sollten zur Motivierung und Mitverantwortung ebenso beitragen wie die Gründung von Selbsthilfegruppen. Robert erzählt: »Eine Frau mit einer Mandelentzündung musste zur Operation in die Stadt. Kostenpunkt: 2.000 Rupien. Niemand in den Dörfern hat eine Krankenversicherung. Der Ehemann wollte einen Mangobaum fällen – das Holz bringt ihm 6.000 Rupien. ›Soll meine Frau sterben oder soll der Baum sterben?‹, fragte der Bauer. Und da kommen die Selbsthilfegruppen ins Spiel«, erklärt Robert.
In den 80 Dörfern des Projekts wurden die Frauen angehalten, monatlich einen kleinen Betrag zu sparen. 11.000 Frauen beteiligten sich. In zwei Jahren kamen fünf Millionen Rupien zusammen, die von Dorfkomitees verwaltet werden. Wer in Not gerät, kann sich bei den Komitees Geld leihen, gegen Zinsen. So konnte der Bauer die Operation seiner Frau bezahlen.

»Das Holz seines Baumes hätte ihm nur einmal Geld gebracht, die Mangoernte bringt ihm jedes Jahr etwas. Und jeder Baum verbessert den Wasserhaushalt des ganzen Tales. Ein solches Gemeinschaftsbewusstsein zu schaffen, ein Wir-Gefühl: Diese Überzeugungsarbeit ist das Schwierigste«, sagt Robert. »Doch aus Dörfern der ganzen Region kommen jetzt Menschen zu uns und fragen: Warum habt ihr zwei Ernten im Jahr und wir nur eine? Könnt ihr nicht auch zu uns kommen?«

| 1991 war ich zum ersten Mal in Indien und wollte nie wieder hin. Nie wieder, sagte eine innere Stimme. Stell dich der Herausforderung, sagte eine andere. Mit dem Erfolg, dass ich über die Jahre immer wieder nach Indien kam, immer erwartungsvoll, wenn ich hinkam; und immer froh, wenn ich das Land wieder verließ. War das jetzt die letzte Reise?

An *Darjeeling* allerdings, am Rand des Himalaya, erinnere ich mich gern: Die einzige Stadt in Indien, in der ich das Gefühl hatte, frei atmen zu können. Wo ich nachts nichts gehört habe, außer gelegentlichem Hundegebell. Und wäre ganz Indien wie die Teeplantagen in *Darjeeling*, wäre das Land 50 Jahre weiter. Die Teepflückerinnen erhalten überdurchschnittlichen Lohn, freies Wohnen für ihre Familien, ärztliche Betreuung und Mutterschaftsurlaub. Ihre Kinder gehen in die Schule. Ein Stück Land stellen die Plantagenbesitzer jeder Familie für Tierhaltung und Gemüseanbau zur Verfügung. Die Frauen erhalten drei Wochen bezahlten Urlaub und mit 58 Jahren eine Altersrente.

Rätselhaft ist nur: Vierzig Millionen Kilogramm *Darjeeling Tea* werden alljährlich in der Welt verkauft, ein großer Teil davon in Deutschland. Vierzig Millionen Kilo. Aber nur neun Millionen Kilo werden pro Jahr in *Darjeeling* überhaupt geerntet ...

—

Erstsendung im Jahr 2001.
Von 1991 bis 2000 war Friedrich Schütze-Quest viermal in Indien, jeweils mehrere Monate.

I So ist Afghanistan

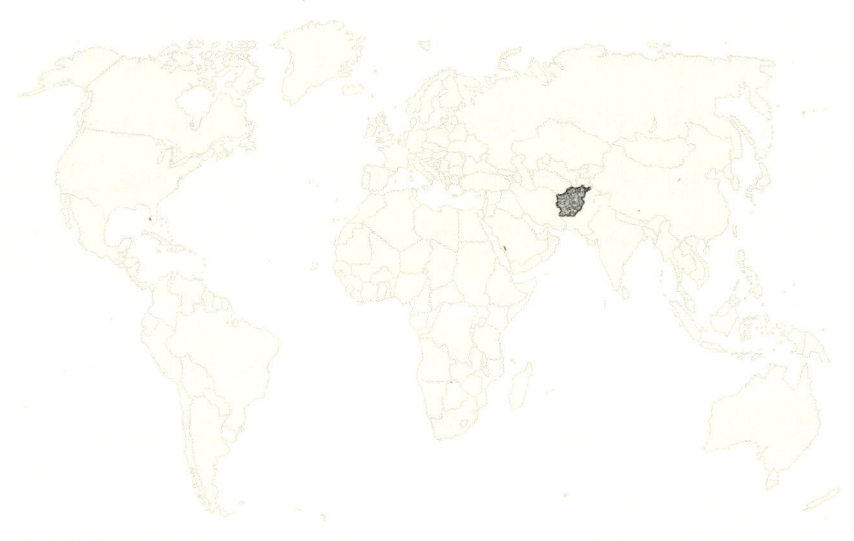

| Nur das Schild war da. Ein großes blaues Schild, nicht zu übersehen an der Schotterstraße auf der Hochebene, 200 Kilometer westlich von *Kabul*.

Hier sollten Unterkünfte für mehr als 1.000 obdachlose Menschen entstanden sein. Baubeginn und Bauende waren säuberlich auf dem Schild vermerkt. Darunter stand: »Eine Spende des Flüchtlingshilfswerks der *Vereinten Nationen*.«

Der Fertigstellungstermin war verstrichen, doch von einer neuen Siedlung weit und breit keine Spur, nicht ein einziges Haus – nur das Schild war da.

Wir waren über den *Onoy*-Pass gekommen, 3.400 Meter hoch. Über eine Sandpiste mit Schlaglöchern und Furchen so tief, dass man manchmal nur im Schritttempo weiterkam. Nakib, der Fahrer, redete ununterbrochen. Nicht mit mir, sondern mit dem Dolmetscher – in *Dari*, das dem Persischen verwandt ist. Ich verstand kein Wort, aber das war mir egal. Solange Nakib redete, war er wach und konzentriert – darauf kam es an.

Um sechs Uhr morgens waren wir aufgebrochen und spät am Vormittag fanden wir uns erstmal in der Mitte von Nirgendwo: Nakib hatte die falsche Route gewählt. Bauern sagten uns, dass wir eine Stunde vorher eine andere Abzweigung hätten nehmen müssen. Wir fuhren zurück, konnten die Abzweigung aber nicht finden.

Die Straßenkarte Afghanistans, die wir hatten – die einzige, die erhältlich war –, half gar nichts. Doch wir hatten ein Funkgerät. Nakib erreichte die Basis-Station von *Cordaid*, einer holländischen Hilfsorganisation, von der wir das Fahrzeug hatten. Wir bekamen ein paar Hinweise: Immer nach Westen halten, vorbei an den Dörfern *Besood 1* und *Besood 2*, bis *Bandesoy*. Dort rechts ab, tiefer in die Berge.

Eine braune, baumlose Hochebene ... am Rande der erreichbaren Welt ... 50 Lastwagen und Sammeltaxis, erfuhren wir, kommen am Tag über den Pass, in jeder Richtung. Hin und wieder passierten wir einsame Arbeiter, die Sandverwehungen wegschaufelten. Die Fahrer der Trucks und der Sammeltaxis warfen ihnen, ohne anzuhalten, Geldscheine hinaus; die Arbeiter liefen ihnen im Wind hinterher: ein oder auch fünf *Afghani* – zwei Cent, zehn Cent ...

Wir müssen uns an einer Stelle vorbeibugsieren, an der ein Lkw und ein Mini-Van seitlich aneinandergeschrammt sind; dem Van ist eine Tür halb weggerissen. Erregte Debatten unter den Beteiligten, fast Handgreiflichkeiten. »Wer den Schaden bezahlt, müssen sie unter sich ausmachen«, erklärt der Dolmetscher. »Polizei finden Sie hier keine, Versicherungen gibt es nicht.« Was, wenn jemand verletzt wäre? »Dann wird er mit irgendeinem Fahrzeug transportiert. Oder auf einem Eselsrücken«, sagt der Dolmetscher. »In ganz Afghanistan gibt es keinen Krankenwagen ...«.

Wir hatten auch ein Satellitentelefon dabei, für alle Fälle. Doch wo oder wen hätten wir anrufen sollen? Das nächste Krankenhaus lag vier Autostunden hinter uns ... Nur um das Tanken brauchte ich mir keine Gedanken zu machen. Wir hatten 160 Liter Diesel dabei, genug für eine Woche. Mehr als 200 Kilometer schafft man nicht am Tag.
Jungen am Straßenrand, die Körbe oder Eimer schleppen, aufgehängt an einer Stange über ihrer Schulter. *Banghi* heißt so eine Stange. Dann ein Schild *Food Distribution Point* – da werden Lebensmittel verteilt, kostenlos, von Hilfsorganisationen.
In der Nähe von Dörfern, auf freiem Feld, ragen lange dünne Äste aus dem Boden, mit zerrissenen Wimpeln daran: Friedhöfe. Wenn die Wimpel grün sind, liegen da *Shehidan* begraben, Märtyrer: Männer, die im Kampf getötet wurden – egal in welchem Krieg, egal von wem.

Es wurde beinahe dunkel, als wir den Ort *Bandesoy* erreichten, und da ging die Straße ab, von der Francois Large mir in Kabul erzählt hatte. Large, ein Deutsch-Franzose, ist Programmkoordinator von *Caritas International*. In der Mitte des *Hasarajat*, hoch in den Bergen, gibt es ein Dorf, das *Sanginargh* heißt, und als ich zum ersten Mal abends dort ankam, am Ende eines zwölf Kilometer langen Canyons, sah ich einen *Hasara*, einen landlosen Bauer, der Nahrungssäcke bekommen hatte. Die Verteilung hatte sieben Tage zuvor stattgefunden, und ich wunderte mich: Was macht er jetzt immer noch hier?
Er sagte mir: »Ich habe keinen Esel. Ich weiß nicht, wie ich diese Hilfe zu meiner Familie da oben im Berg bringen kann ...

Sie müssen sich vorstellen, der Bau einer Straße nach *Sanginargh* bedeutet, dass fünftausend Menschen sie mit Schaufeln und Hacke in den Felsen hauen, Erde und Steine mit Schutt nivellieren, so dass eine Piste gebaut werden kann, die für Kleinbusse befahrbar ist ...«

Erst hat mich der Hahn geweckt, dann der Esel. Wenn ich mich dann auf den kilometerlangen Fußmarsch zu den Toiletten machte, waren die Leute schon auf den Feldern. Häuser und Felder liegen weit verstreut, zu beiden Seiten eines Flusses. Von fern klang das Gezänk der Esel und Reiter kamen mir entgegen, auf kleinen Pferden.

Die Gemeinschaftstoiletten am Ende des Ortes sind die einzige Errungenschaft der Neuzeit für die *Hasara* – gebaut mit deutscher Entwicklungshilfe: vier Plumpsklos in einem soliden Steinbau. Nebenan ist ein Becken mit einem Wasserhahn, da konnte ich mir die Zähne putzen und mich waschen – »Katzenwäsche«. Mehr war nicht drin in der Morgenkühle, das Dorf liegt 2.800 Meter hoch!

Übernachtet habe ich in einem Zelt auf dem Dach eines Lehmhauses, unter fünf Wolldecken. Im Raum unter mir schlief die zehnköpfige Bauernfamilie auf Matratzen, die entlang der Wände ausgebreitet werden – tagsüber ist es der Wohnraum. Darunter liegt der Kuhstall: von ihm steigt die Wärme nach oben.
Die Kühe unten im Haus, die Menschen darüber – so halten es alle 2.000 Einwohner im Dorf. Im Winter – wenn es zu kalt wird – schlafen die Kinder in der Küche, und wenn noch Platz bleibt, auch Erwachsene. »Aber erst kommen die Kinder dran«, sagt der Bauer.
Der Herd in der Küche wird mit Holz und getrockneten Kuhfladen beheizt. Meterhoch sind sie außen am Haus gestapelt. Licht kommt von Kerzen oder Petroleumlampen. Keines der Bergdörfer der drei Millionen *Hasara* – eine ethnische Minderheit in Afghanistan und Nachfahren der Mongolentruppen Dschingis Khans – hat Strom.
Vor der Kälte in den Bergen schützen sich die Menschen mit einem wollenen Tuch, das sie um Kopf und Oberkörper wickeln – *Patou* heißt es, und sieht aus wie ein Poncho aus Südamerika.
Die Tiere der Bergbauern sind mit langen Leinen an einen Pflock gebunden: Wenn sie sich beim Weiden im Kreis bewegen, wird jeder Grashalm genutzt – und weglaufen können sie auch nicht.
In dieser Höhe ist nur Getreideanbau möglich – für Obst ist es zu kalt. Als

Dreschflegel dienen die Vierbeiner: Bullen und Kühe trampeln über die ausgebreitete Ernte, damit die Weizenkörner herausfallen und ihr Futter – das zurückbleibende Stroh – weicher wird. Mit einer Schaufel werfen die Bauern die Weizenkörner dann einfach in die Luft – und der Wind trennt die Spreu vom Weizen.

Im nächsten Tal gibt es neuerdings eine Schule: 20 Jungen aus *Sanginargh* marschieren täglich eineinhalb Stunden hin und eineinhalb Stunden wieder zurück. Aber nur die Jungen. Wenn die Schule näher läge, würden sie auch ihre Töchter hinschicken, sagen die Bauern. Von den Erwachsenen im Dorf kann niemand lesen oder schreiben.
Seit es die Straße gibt, hat sich ein zaghafter Personen- und Güterverkehr entwickelt: Der nächste Laden ist eine Autostunde von *Sanginargh* weg. Aber ein Krankenhaus in erreichbarer Nähe gibt es noch nicht. Zwei von zehn Frauen, die zu Hause entbinden, sterben bei der Geburt.
Ein kleines Mädchen, das an mir vorbeilief, trug eine Jacke, an die ein schönes buntes Tuch angenäht war. Ich habe den Dolmetscher gefragt, ob das eine Art Tracht ist. »Nein«, lachte er, »das Tuch ist zum Naseputzen. Und es ist angenäht, damit sie es nicht verliert.«

| *Istalif*, die Kleinstadt in der Amid zu Hause ist, liegt in der *Shamani*-Ebene, zwei Autostunden nördlich von *Kabul*. Dort wächst und gedeiht alles, weshalb die *Shamani*-Ebene auch der »Speckgürtel« der afghanischen Hauptstadt genannt wurde. Aber das ist Jahre her.
Durch diesen »Garten« Afghanistans lief lange Zeit die Hauptkampflinie in Krieg und Bürgerkrieg. Die kämpfenden Parteien haben Plantagen abgeholzt und Bewässerungskanäle zerstört, verbrannte Erde hinterlassen. Auch in *Istalif* blieb kaum ein Stein auf dem anderen.

Amid hatte früher ein Haus, Schafe und Ziegen und Obstbäume. Trotz seiner Verletzungen, sagt er, kamen er und seine Familie gut über die Runden. Die linke Hand von Amid ist amputiert und seine linke Gesichtshälfte gelähmt. Die Verletzungen stammen von Granatsplittern einer russischen Granate. Das war im letzten Jahr des ersten Krieges, erzählt er, und muss nachrechnen: 1367 war es, ja, Ende 1367.
Das Jahr 1367, nach islamischer Zeitrechnung, war 1988 – das Jahr, bevor die Sowjets aus Afghanistan abzogen. Danach kam der Bürgerkrieg rivalisierender Stämme, der zur Machtübernahme der Tadschiken aus dem Norden führte. Dann kamen die Taliban – die sich aus der Bevölkerungs-

mehrheit der Paschtunen im Süden und Osten rekrutierten – und verjagten die Regierung, bis schließlich die Amerikaner die Taliban vertrieben. Das hat 23 Jahre gedauert.

In diesen 23 Jahren Krieg und innerer Unruhen haben mehr als fünf Millionen Afghanen ihre Heimat verlassen – eine Flüchtlingswelle wie in Europa am Ende des Zweiten Weltkrieges.

In der Zeit der Taliban ist Amid mit seiner Familie – und der Familie des Bruders – nach Pakistan geflüchtet. Eineinhalb Jahre haben sie dort in Zeltlagern gehaust. Mit Versprechungen der *Vereinten Nationen* im Gepäck kehrten sie heim, nachdem die Amerikaner die Taliban weggebombt hatten. 50 Dollar Starthilfe hatten sie vom *UN*-Flüchtlingshilfswerk erhalten und drei Säcke Weizen.
Das Haus, in dem die Brüder mit ihren Familien gewohnt hatten, stand nur noch zur Hälfte – die Taliban hatten es niedergebrannt. Schafe und Ziegen weg, die Obstbäume verwildert. Eine amerikanische Hilfsorganisation überließ Amid zwei Fenster, zwei Türen und 24 Balken. Mehr hat Amid von den Milliarden Wiederaufbauhilfe für Afghanistan nicht gesehen.
Das Haus ist notdürftig repariert. Aber ein Kamin fehlt und eine Nähmaschine – Amids Frau kann gut nähen: Es könnte helfen, die Familie durchzubringen. Doch einen Kamin einzubauen kostet 30 Dollar und eine Nähmaschine 40 Dollar.

Wir hockten vor seinem Lehmhaus auf dem Erdboden: Amid, der Dolmetscher und ich. Der Bruder war nicht da, er hat sich als Tagelöhner in Kabul verdingt. Die Kinder der beiden haben mich wie im Zoo angestarrt, meine Lederschuhe bewundert. Sie selbst waren barfuss. Später kamen zwei völlig verschleierte Frauen hinzu, die Ehefrauen der Brüder, setzten sich auf einen Baumstamm und fragten den Dolmetscher, ob ich von den dreihundert Dollar wisse.

Aus *Kabul* waren Beamte vom »Ministerium für Märtyrer und Behinderte« gekommen. Sie gingen von Haus zu Haus, versprachen Bedürftigen einen Kredit aus internationalen Geldern: 300 Dollar. Keine Zinsen, Rückzahlung erst nach einer Wartezeit und dann in kleinen Raten, verteilt auf achtzehn Monate.
300 Dollar, sagt eine der Frauen: davon hätten wir die Nähmaschine und den Kamin bezahlen können. Und noch vieles mehr. Die Regierungsleute haben Namen und Adressen gesammelt, sich Fingerabdrücke geben lassen;

und der Imam hat ihnen die Ortsansässigkeit der potentiellen Empfänger bescheinigt.

Das war vor einem Jahr, erzählen die Frauen. Aber die Regierungsleute sind nicht wieder gekommen. Von dem Geld haben wir nichts gesehen ...

Später, im Auto, fragt mich der Dolmetscher: »Wie heißt das noch mal, diese Operation der Amerikaner in Afghanistan?« *Enduring Freedom* – dauerhafte Freiheit, sage ich. »Und was hat das gekostet?« Bis heute 45 Milliarden Dollar, antworte ich. Und zehn Milliarden in jedem weiteren Jahr. Nur für den militärischen Teil. »Fünf-und-vierzig Milliarden US-Dollar«, murmelt der Dolmetscher. Da sind 40 Dollar für eine Nähmaschine natürlich nicht drin, sage ich ...

| »Ein Viertel der Kinder in Afghanistan wird nicht einmal fünf Jahre alt«, sagt mir der Arzt Dr. Khushal Tasal. »In Ihrem Teil der Welt kommt ein Arzt auf 400 Einwohner – hier einer auf 100.000. Wie soll man da ein Land wieder aufbauen?«

Die *Mother and Child Health Clinic* in *Jallalabad* im Osten des Landes wird von einer afghanisch-deutschen Ärztevereinigung finanziert. Es ist kein Krankenhaus im herkömmlichen Sinn, es hat nur drei Betten für Notfälle und die stehen im ersten Stock auf einer Veranda, die kein Geländer hat. Zwei Dutzend Frauen und Kinder drängen sich im Treppenhaus, 100 warten draußen im Hof. Sie bekommen Vorsorgeuntersuchungen und Medikamente. Und gute Ratschläge – »das ist das Wichtigste«, sagt Dr. Tasal, »zum Beispiel wie man Krankheiten durch richtige Ernährung, Sauberkeit, Hygiene vorbeugt. 98 Prozent unserer Bevölkerung haben davon keine Ahnung.«

Zwei Ärzte, drei Krankenschwestern, ein Gesundheitserzieher und ein Apotheker – sieben Personen behandeln 28.000 Frauen und Kinder im Jahr. Mit einem Budget von etwas mehr als einem Euro pro Patient. Als Behandlungsgebühr müssen die Frauen zwei Cent beisteuern.

»Es kommt vor«, erzählt der Arzt, »dass Frauen sich von mir, einem Mann, nicht untersuchen lassen. Und es kommt häufig vor, dass Patientinnen von Nachbarinnen und Töchtern erzählen, die gar nicht erst zu uns kommen dürfen, weil es die Ehemänner oder Väter nicht erlauben.«

»Schlimm«, erzählt eine Krankenschwester, »schlimm sind die Hebammen in den Dörfern, die mit Aberglauben und Hokuspokus Mutter und Kind in

Lebensgefahr bringen: Viele bestehen zum Beispiel darauf, das Neugeborene zum Test in einen Kübel voll Schmutz zu legen; wenn dann Tetanus auftritt, sei das Baby von Dämonen besessen.« Als Heilmittel werden Amulette empfohlen, die der örtliche Mullah mit hohem Profit verkauft.

»In den ländlichen Kliniken sind teure medizinische Geräte nicht erste Priorität«, sagt Francois Large von *Caritas International*. »Es gibt sowieso keinen Strom. Wichtiger sind Basisausrüstung und Geld für Prävention. Zur Behandlung braucht man lediglich 30 oder 40 Medikamente, deren Anwendung verstanden und kontrolliert werden muss.«

In einem Dorf zwei Autostunden nördlich von *Jallalabad* verweist ein Schild auf ein kleines Regierungskrankenhaus, das ich mir ansehen wollte. »Sie brauchen gar nicht reinzugehen«, sagte der *Malik*, der Ortsvorsteher, »da ist nichts drin – keine Ärzte, keinerlei Einrichtung, keine Patienten. Es existiert nur auf dem Papier, bei der Regierung in *Kabul* – hier ist nichts angekommen ...«

Das *Wazir Akbar Khan* ist ein großes, sechsstöckiges Regierungskrankenhaus in der afghanischen Hauptstadt. Chirurgie, Orthopädie, Innere Medizin. »Etwa die Hälfte aller Krankenhausbetten Afghanistans stehen in *Kabul*«, sagt der Arzt Dr. Naseri. »Aber nehmen Sie das *Akbar Khan* als Beispiel, was es damit auf sich hat ...«

Sechs- und Zwölfbettzimmer habe ich gesehen, mit kaputten Waschbecken. Krankenbetten ohne Räder, schmutzige Bettwäsche, Küche und Toiletten in einem niederschmetternden Zustand.

»Wir haben ein EKG, aber ein Blutbild können wir nicht machen – kein Labor. Was wir bräuchten, ist eine Laborausrüstung von A bis Z und moderne Radiologie«, sagt der Arzt, während er mich herumführt.

Dr. Mohammad Wali Naseri hat sieben Jahre studiert, ist Internist, Anfang dreißig. Sein Gehalt am *Wazir Akbar Khan* beträgt 1.700 *Afghani*, knapp 40 Dollar. Jede Krankenschwester, jeder Angestellte bis hin zum Pförtner erhalten genauso viel wie der Arzt – das Gesetz stammt noch aus kommunistischer Zeit. Ein Teil des Personals steht nur auf dem Stellenplan, erscheint aber gar nicht zum Dienst, sagt Dr. Naseri und macht eine weitausholende Armbewegung: »Dieses Krankenhaus existiert seit fünfzig Jahren – und seit fünfzig Jahren wurde hier kein Handschlag getan.«

Neben dem *Akbar Khan* steht ein Militärhospital, von den Sowjets erbaut. Für beide Kliniken war ein Wasserreservoir vorgesehen, auf einem Berg direkt hinter dem *Akbar Khan*. Wohl mit den Wassertanks vor Augen bauten die russischen Besatzer gleich noch ein kolossales 50-Meter-Schwimmbad auf den Berg, mit einem Zehn-Meter-Sprungturm. Es wurde nie in Gebrauch genommen, steht einsam und verlassen da oben.

Ich bin mit dem Dolmetscher hinaufgeklettert. Drei Soldaten der neuen afghanischen Armee schieben Wache auf dem Berg. Sie hausen in einem Unterstand neben zerbombten Artilleriegeschützen und einem abgewrackten Panzer – wie der da rauf kam, ist mir schleierhaft.

Vier Wochen, erzählen sie, müssen sie da oben bleiben – sich dabei selbst versorgen –, dann haben sie fünf Tage frei. Ihren Sold hätten sie seit acht Monaten nicht bekommen. »Nein, deshalb sind wir der Armee nicht gram, deshalb legen wir die Waffen nicht nieder«, sagen sie. »Vielleicht brauchen wir sie ja mal, wenn die Ausländer unser Land nicht verlassen.«

»Welche Ausländer meint ihr?«, fragt der Dolmetscher. »Die Amerikaner«, antworten sie.

| »Wenn ihr eine Wiese seht, mit schönem grünen Gras, dürft ihr auf keinen Fall dort spielen«, schärft man den Kindern in Afghanistan ein.

Eine grüne Wiese bedeutet: Da haben keine Ziegen gegrast, weil dort Minen liegen. »Eine Mine kann so aussehen. Oder so. Oder auch so ...« Anhand von Schautafeln lernen Kinder in den Schulen überlebenswichtige Verhaltensregeln. »Und wenn ihr eine Mine entdeckt – auf keinen Fall anfassen!« hören sie wieder und wieder.

Fatima lebt mit ihrer Familie im Westen des Landes, bei *Herat*, im Grenzgebiet zum Iran. Sie war noch ein Baby, als ihr älterer Bruder durch eine Landmine getötet wurde. Als sie zehn war und mit anderen Kindern auf einem Feld hinter dem Elternhaus spielte, trat sie selbst auf eine Mine. Im örtlichen Hospital konnte sie nur notdürftig verbunden werden; drei Stunden fuhr man sie zu einem Krankenhaus der Stadt *Herat*. Dort musste ihr der rechte Arm amputiert werden und der linke Unterschenkel; sie überlebte. Hunderttausend andere wurden durch Minen getötet – oder verkrüppelt, wie Fatima.

»Afghanistan ist das größte Minenfeld der Erde«, sagt Mario Boehr. »Acker- und Weideflächen können nicht genutzt werden, Vieh wird getötet, die Suche nach Wasser und Brennholz ist oft lebensgefährlich. Das Problem ist, dass man nicht weiß, wo man suchen soll.«

Bei ihrem Abzug aus Afghanistan übergaben die Sowjets den *Vereinten Na-*

tionen Karten, wo sie Minen verlegt hatten. Aber ungleich viel mehr Minen als in der Zeit der russischen Besatzung wurden von den Kontrahenten im afghanischen Bürgerkrieg vergraben – ohne Aufzeichnungen und Pläne.

Mario Boehr war Offizier in einer Spezialeinheit der DDR. 1998 entsandte ihn die Bundesrepublik nach Afghanistan. »Ich fürchte«, meint er, »dass man sich im Westen nicht klar ist über die Dimensionen des Problems. Afghanistan ist zweimal so groß wie Deutschland und leider müssen wir überall in diesem riesigen Land mit der Gefahr von Minen rechnen. Jeden Tag erfahren wir von zwölf bis fünfzehn neuen Opfern.
Die *Vereinten Nationen* sind schon Anfang der neunziger Jahre von etwa zehn Millionen Landminen ausgegangen, die in Afghanistan vergraben sind. Seitdem haben wir circa 300.000 Minen und andere Explosivstoffe unschädlich machen können. Wir, das sind über 7.000 afghanische Mitarbeiter und eine Handvoll internationaler Experten. Ich bin der einzige Deutsche unter ihnen«, erzählte Boehr.

»Zur Minenbeseitigung haben wir 60 Millionen Dollar im Jahr zur Verfügung. Eine einfache Mine – unheimlich simpel in der Herstellung – kostet ungefähr zwei Dollar. Aber um nur eine einzige von ihnen zu beseitigen, braucht es 2.000 Dollar! Wenn wir nicht einen riesigen Schub an Mitarbeitern und Geldern bekommen, wird man in Afghanistan mit der Minenbeseitigung noch einige hundert Jahre zu tun haben.«

| 23 Mädchen hat Rohina vor sich: die Jüngste ist sieben, die Älteste fünfzehn. »Ich helfe ihnen, einen Text erstmal lesen zu lernen und dann den Zusammenhang zu verstehen«, sagt sie. Rohina, Tochter von Abdul Rachman, ist 35 und hat einen Universitätsabschluss als Lehrerin. Lange konnte sie damit nichts anfangen – an einer Mädchenschule in *Paghman* hat sie ihre erste richtige Stelle; ihr Gehalt bezahlt eine kanadische Hilfsorganisation, nicht der afghanische Staat.
Rohina und die Mädchen wissen, dass es ihre Schule und den Unterricht nicht gäbe ohne die Hartnäckigkeit der kanadischen Hilfsorganisation: Die meisten Väter in *Paghman* waren dagegen. Sie wollten die Töchter nicht aus dem Haus lassen und schon gar nicht in eine Schule mit Jungen. Die Kanadier redeten mit dem Dorfältesten, sagten, sie würden für ein separates Gebäude mit sanitären Einrichtungen aufkommen, für Lehrmaterial und einen Schulbus. Der Dorfälteste ging von Haus zu Haus und warb für die Offerte. Den Kanadiern kam zugute, dass sie in der Zeit der Taliban – als

Schulunterricht für Mädchen allgemein tabu war – selbst von Haus zu Haus gezogen waren und Mädchen heimlich Privatunterricht anboten. Bei diesem Untergrundprojekt war Rohina seinerzeit auch dabei.

Im August 2002 konnten die Kanadier ihre Schule eröffnen. 600 Mädchen waren angemeldet, nur etwas mehr als die Hälfte davon – 350 – kamen tatsächlich. Lesen, Schreiben, Rechnen und Religion stehen auf ihrem Stundenplan. »Und Malen – das machen sie am liebsten«, sagt Rohina.

Benascha, ein zierliches Mädchen mit langen schwarzen Haaren, ist mit ihren sieben Jahren die Jüngste. Sie ist stolz, dass sie zur Schule gehen darf und weil es ihr so gut gefällt, bleibt sie – wenn ihre Klasse endet, und eine höhere Klasse weitermacht – einfach im Schulzimmer sitzen und macht den Unterricht mit den Älteren mit.

Rohina ist Mutter von fünf Kindern. *Canada for Women* zahlt ihr 100 Dollar im Monat, zweieinhalbmal so viel wie ihr Ehemann – auch Lehrer von Beruf – im Staatsdienst erhält. Damit kommen sie gerade so über die Runden. Eine siebenköpfige Familie – der Durchschnitt in Afghanistan – braucht im Monat mindestens 120 Dollar. 120 Dollar für sieben Personen ...

»Wir alle möchten, dass die Schule weiter besteht«, sagt Nahida, die Älteste im Klassenzimmer, als der Dolmetscher und ich uns verabschieden. Und alle Mitschülerinnen applaudieren ihr.

| Die *Laghmani High School* in der Provinz *Parvan* ist in vier großen Zelten untergebracht, auf freiem Feld. *UNICEF* hat sie gestiftet. Auf einfachen Bänken auf der nackten Erde sitzen Hunderte junger Männer im Alter zwischen 14 und 18 Jahren. Als Trennwände zwischen den einzelnen Klassen dienen alte Armeedecken, die an Seilen aufgespannt sind. Kinder spielen um die Schulzelte herum Verstecken. Und von der Überlandstraße, 50 Meter weg, hört man Lkw-Verkehr.

Seit Herbst 2002 gibt es den Unterricht in Zelten. Mit Geldern der deutschen *Caritas* soll bald ein festes Gebäude für diese Höhere Schule entstehen. Eine Heizung wird es nicht geben – zu teuer. So, wie es bei uns im Sommer Schulferien gibt, weil es heiß ist, so gibt es in den Bergregionen Afghanistans im Winter drei Monate Schulferien, weil es kalt ist.

Francois Large von *Caritas International* ist mitgekommen. In *Dari* und Englisch nehmen er und ein Dolmetscher am Unterricht teil. Deutschland ist so reich, sagen die jungen Männer: »Können Sie uns nicht nach Deutschland bringen, dass wir dort zur Schule gehen?«

»Einen Lehrer aus Deutschland nach Afghanistan zu fliegen«, antwortet Francois Large, »kostet 1.000 Dollar. Dieser eine Mann kann 50 Lehrer ausbilden, und jeder Lehrer 50 Schüler. Macht 2.500 Schüler. Deutschland hat so zweieinhalb Millionen Dollar Reisekosten gespart ... Eine Brücke in den Bergen kostet 300.000 Dollar. Wie viele Brücken können wir von dem ersparten Geld bauen?« »Acht«, antwortet einer der High School-Absolventen. »Sehen Sie«, sagt Large ... »Und noch etwas: Kritzeln Sie nicht auf die Schultische! Ein Tisch kostet 35 Dollar. Gehen Sie lieber zu *UNICEF* und lassen Sie sich neue Schulhefte geben!«

Auf einem Schild draußen vor der Zeltschule lese ich, dass die Lehrer zur Aufbesserung ihres Gehalts Lebensmittel von der Welthungerhilfe bekommen. Über den Daumen rechnen die internationalen Hilfsorganisationen mit drei Dollar im Monat, die der Unterricht für ein Kind kostet, 40 Dollar im Jahr. Wenn man das, was die USA und die *NATO* für ihre militärische Präsenz in Afghanistan aufwenden, umlegt, wird für einen einzigen Soldaten im Jahr soviel Geld ausgegeben, wie notwendig wäre, um 20.000 Kinder zu unterrichten.

1 Soldat – 20.000 Schulkinder ...

| Gul Mohammad, Sohn des Bauern Habib in *Kundus*, kann weder lesen noch schreiben – Schule ist außerhalb seiner Vorstellungswelt. Er muss für seine Familie sorgen. Dabei ist er erst dreizehn oder vierzehn, sein genaues Alter kennt er nicht. Ich hielt den lang aufgeschossenen, schlaksigen Jungen für zwanzig, zweiundzwanzig ...

Gul ist Wanderarbeiter. Ein Lkw nahm ihn in *Kundus* mit, zwei Tagesreisen entfernt. Im Dorf *Benesar*, drei Stunden südlich der Zeltschule, setzte er ihn ab. In der Umgebung fragte Gul nach Arbeit und wurde in einer Ziegelbrennerei angenommen, als *Galai*, als Flammen-Kontrolleur – ein Knochenjob, den man nicht lange aushält. Dafür gibt es 100 Dollar im Monat.

In einem Bündel mit einer zusammengerollten Schaumstoffmatratze hat Gul einen *shalwar kamiz* zum Wechseln mitgebracht – Pluderhosen und ein knielanges Hemd; und einen *patou*, der wollene, wärmende Umhang, der auch als Gebetsteppich dient. Das, und was er am Körper trägt, ist sein ganzer Besitz.

Gearbeitet wird in Sechsstundenschichten – das Feuer in der Ziegelbrennerei darf nie ausgehen ... Arbeiten, Schlafen, Arbeiten, Schlafen: Zwei Monate wolle er das durchhalten, hat Gul sich vorgenommen. Dann wäre es an der Zeit, nach *Kundus* zurückzukehren, um dort der Familie in der Landwirtschaft zu helfen. Mehr als 8.000 *Afghani*, 160 Dollar, will er sich zusammensparen. Sein Vater und ein älterer Bruder sind auch Wanderarbeiter. Wenn sie ebensoviel nach Hause bringen, kann die siebenköpfige Familie ein halbes Jahr davon leben – dann geht die Wanderschaft wieder los ...

Seit an Wiederaufbau zu denken ist, schießen Ziegelbrennereien in Afghanistan wie Pilze aus dem Boden. 1.000 Ziegel kosten 30 Dollar – für Afghanen. Den ausländischen Hilfsorganisationen wird das Doppelte berechnet.

| *Maschallah Kamar* ist mein Lieblingscafé im Osten Afghanistans. Auch, weil es kein anderes gibt, es ist das einzige im Umkreis von 200 Kilometern. Außerdem ist es gar kein Café.

In ganz Afghanistan gibt es nur eine Handvoll Fernstraßen, die geteert sind – teilweise. Das ist ungefähr so, als gäbe es ein Stück Teerstraße zwischen Dänemark und Berlin, ein weiteres auf der Route Berlin – München und eins von München nach Paris. Ende. Alles andere sind Schotter- oder Sandstraßen. Die Hauptverkehrsader von *Kabul* nach Osten, nach Pakistan, ist größtenteils nicht geteert. Alle Warentransporte erfolgen über diese Straße, in Lastwagen – eine Eisenbahn gibt es nicht. Und die Tausende und Abertausende Lastwagen sind derart klapprig, dass kaum einer von ihnen bei uns durch den TÜV käme.
Nur die Passüberquerung auf dem letzten Stück vor *Kabul* ist geteert. In haarsträubenden Serpentinen windet sich die zweispurige Trasse auf 2.500 Meter. Und wenn man da endlich drüber ist und wieder herunter fährt, ist man beileibe nicht unten, sondern immer noch oben: *Kabul* liegt 1.800 Meter hoch. *Jallalabad* wiederum, in entgegengesetzter Richtung, ist subtropisches Tiefland, mit schweißtreibendem Klima fast das ganze Jahr hindurch.

Am *Maschallah Kamar* mit seinen eingefallenen Mauern und blinden Fensterhöhlen weist kein Reklameschild, keine Zapfsäule darauf hin, dass dies eine Raststätte ist. Man muss von der Straße runter und zur Rückseite des Gebäudes fahren: Unter Bäumen – im Freien – stehen Bettgestelle mit Hanfbespannung, auf denen man Platz nehmen und rasten kann. Cola, Kekse, Süßigkeiten gibt es an einer Bude. Grüner Tee und gekochte Speisen werden aus der Küche ins Freie getragen. Auf die streunenden Hunde muss man aufpassen.

Viermal war ich dort – und jedes Mal wollte ich in den breiten Fluss springen, der 30 Meter hinter dem Rastplatz vorbeirauscht, mich in dem glasklaren Wasser ein Stück treiben lassen und dann zurückmarschieren. Wegen der Minengefahr hab ich es nicht getan. Überall, zu beiden Seiten der Straße, warnen rot bemalte Steine davor, ins Gelände zu laufen. Also kein erfrischendes Bad, nur zwei Gläser grünen Tee. Und zurück auf die staubige Piste ...

Dass in Afghanistan Rechtsverkehr herrscht, muss einem nicht gleich auffallen. Erstens fährt sowieso jeder, wie er will, und zweitens haben fast alle Fahrzeuge das Lenkrad nicht auf der linken, sondern auf der rechten Seite. Sie wurden aus Ländern mit Linksverkehr importiert – aus Pakistan, den Golfstaaten.

Auch Dr. Tasals Fahrer saß auf der »falschen« Seite in dem kleinen Toyota, in dem wir unterwegs waren. Mit dem Arzt und seinem Fahrer bin ich weit herumgekommen. Ich brauchte keinen Dolmetscher, Dr. Tasal kann Englisch. Und es war unverfänglicher als mit einem Auto der internationalen Hilfsorganisationen – deren teure Geländewagen fallen sofort auf.

Und immer wieder Wegezoll: 250 *Afghani*, fünf Dollar, an jeder Sperre, von denen wir am Tag ein Dutzend passiert haben – ohne zu bezahlen! Dr. Tasal hat sich als Arzt ausgewiesen, das wird respektiert, und mich als Kollegen bezeichnet, zu Besuch aus Deutschland. Arzt und Deutschland: zwei große Pluspunkte ...

Anfeindungen und Übergriffe, vor denen man als Ausländer nirgendwo sicher ist – am wenigsten im Süden und Osten des Landes –, müssen keinen politischen Hintergrund haben. Das Problem ist, dass man alles Geld, das man vom ersten bis zum letzten Tag braucht, bar bei sich haben muss – es gibt keine Banken, keine *traveller's cheques*, keine Kreditkarten. Bis sechzehn Uhr sind wir sicher, sagte der Arzt. Danach sind nur noch Diebe unterwegs.

An einer strategisch günstigen Stelle sitzen drei Männer auf der Straße – eine lange Steigung, an der die schwer beladenen Laster nicht stoppen können, weil sie kaum wieder loskämen. Erst im letzten Augenblick, wenn ihnen ein Geldschein rausgeworfen wird, machen die Männer Platz, springen zur Seite.

Nur eine Stunde im Auto über Land – und die ausgebrannten Panzer, die zerschossenen Armeelaster, all das Kriegsgerät am Wegrand kann man nicht mehr zählen. Kaputte Dörfer überall. Nur ein oder zwei der Häuser sind vielleicht noch bewohnbar – alle anderen zerstört. Und man weiß nicht, ob das jetzt im russischen Krieg gewesen ist, oder im Bürgerkrieg, oder im Krieg gegen die Taliban – jedenfalls sind sie kaputt …

Wo das Gelände unvermint ist, sieht man *Kuchi* – Nomaden mit Zelten und Kamelen. Und Schafherden, deren Fell blau und rot und schwarz gefärbt ist: Dann hat die Herde mehrere Besitzer und durch die Farbe werden die Tiere auseinander gehalten. Zwei Schäferinnen sah ich, verhüllt und mit Gesichtsschleier, selbst in der Abgeschiedenheit einer Einöde – wo weit und breit kein Haus und keine Siedlung war.

| Muslime sind sie alle – eine Nation sind die Afghanen nur auf dem Papier. Ihre Präsidenten der letzten 50 Jahre wurden sämtlich mit Gewalt aus dem Amt entfernt. In der Regierung sitzen jetzt Männer, die sich persönlich spinnefeind sind, die Privatarmeen zur Verteidigung ihrer Pfründe unterhalten, ihre eigenen Interessen über das Wohl des Landes stellen. »Allahu Akbar – Gott ist groß« tönt es von den Moscheen und »Führe uns den rechten Weg« betet ein jeder Afghane fünfmal am Tag. Den sucht das Land bislang vergeblich.

Der Präsident in *Kabul* – Hamid Karzai – ist ein Kaiser ohne Kleider: Sein Einfluss reicht kaum über die Vororte der Hauptstadt hinaus. Seine Gegner halten den Präsidenten für eine Marionette der Amerikaner. Seine eigenen Leute wiederum – die Paschtunen – argwöhnen, er werde den ethnischen Minderheiten, Tadschiken und Usbeken, zu weit entgegenkommen. Diese kleinen Völker nördlich des Hindukusch wollen nicht vom »Herrenvolk« der Paschtunen aus dem Süden dominiert werden.

Und dann sind da noch die Taliban. Sie sind zwar von der Bildfläche verschwunden, aber ihr Geist spukt durch die Gotteshäuser, spukt in den Köpfen der Mullahs, die das Denken in den Dorfgemeinschaften bestimmen, wo neun von zehn Menschen nicht lesen können.
»Für Frauen auf dem Land hat sich seit dem Sturz der Taliban nicht viel

geändert«, sagt Dr. Sima Samar. Die verheiratete Ärztin war die erste Frau im Kabinett Karzai und Vizepräsidentin Afghanistans. Nach nur sechs Monaten musste sie ihren Abschied nehmen. »Der Präsident hat mich gefragt, ob ich nicht einen größeren Schal tragen könne, alle Minister bestünden darauf«, erzählt sie. »Glauben Sie wirklich, dass ein größerer Schal das Land hundert Jahre weiterbringt?« habe ihre Antwort gelautet. Der Präsident gab dem Druck der Konservativen nach und entließ seine Ministerin. Woraufhin die *Vereinten Nationen* sie zur »Beauftragten für Menschenrechte« machten.

»Aus Flugzeugen kann man Bomben und Lebensmittel abwerfen, aber nicht Demokratie und Stabilität«, sagt Frau Dr. Samar. Unter vier Augen haben wir uns lange unterhalten.
Die Konvention zu den Frauenrechten, die der Sicherheitsrat der *Vereinten Nationen* einstimmig beschloss, hat Afghanistan ratifiziert. Wird sie eingehalten? »Nein«, antwortet Frau Samar. »Wir haben eine neue Verfassung, aber keine neue Mentalität. In den Dörfern geht es, wie es immer war. Ohne Erlaubnis der Ehemänner oder Väter dürfen Frauen nicht an Wahlen teilnehmen und nicht zum Arzt gehen. Frauen müssen Zwangsehen erdulden und sexuelle Gewalt; das durchschnittliche Heiratsalter der Mädchen liegt bei 15 Jahren. Bei uns sitzen Frauen im Gefängnis, weil sie eine Vergewaltigung angezeigt haben – die Opfer, nicht die Täter werden verfolgt ... Ich weiß es, weil ich in den Frauengefängnissen war – zu denen Sie nie Zutritt bekämen«, sagt mir Sima Samar. »Offiziell dürfen Mädchen zwar wieder zur Schule, aber nur 30 Prozent von ihnen machen davon Gebrauch. Die internationale Gemeinschaft fördert Prestigeprojekte in unserer Hauptstadt, um aber in der Universität separate Frauentoiletten zu bauen, fehlt das Geld.«
»*Kabul* hat die Aufmerksamkeit des Westens. Aber *Kabul* ist eine Insel in Afghanistan – ein Bahnhof, von dem kein Gleis irgendwo hinführt«, sagt Frau Samar zum Schluss. »Die internationale Gemeinschaft kann nicht einfach Wahlen verordnen und sich dann verabschieden. Die Soldaten aus dem Westen, aus Deutschland, werden noch zehn Jahre in Afghanistan gebraucht, nicht nur ein paar Monate.«

| *Bagram:* Baracken, Zelte, Container – unter Tarnnetzen in die Wüste gebaut. Bunker und Stacheldraht. Im Zickzack geht es um Betonsperren, vorbei an einem halben Dutzend schwer bewaffneter Posten. Hoch in der Luft ein Fesselballon, der das Gelände elektronisch überwacht.

Bagram war eine sowjetische Luftwaffenbasis und ist heute der größte Militärstützpunkt der Amerikaner. Selbst auf dem Weg zur Toilette tragen die Soldaten ihr Sturmgewehr und die kugelsichere Weste. Nur gegen den feinen, weißen Wüstenstaub gibt es keinen Schutz.

Als sie hören, dass ich Journalist bin und aus Deutschland komme, wollen drei GIs, die früher in Hanau stationiert waren, ein Foto mit mir. »Sagen Sie den Leuten in Hanau, dass wir jetzt in Afghanistan sind.«

Anders, als etwa die Soldaten der Bundeswehr, halten die Amerikaner kaum Kontakt zur Bevölkerung – das macht sie unbeliebt. Sie patrouillieren selten zu Fuß durch die Dörfer, sagt man mir, kommen immer nur in gepanzerten Fahrzeugen oder Hubschraubern. »So haben es die *Schurawi* – die Sowjets – auch gemacht.«

Die US-Streitkräfte und die internationale Schutztruppe – zu der die Deutschen gehören – muss man auseinander halten. Die Amerikaner führen Krieg gegen versprengte Anhänger des Taliban-Regimes, die Europäer, unter dem Kommando der *NATO* und im Auftrag der *UN*, sollen die Sicherheit in der Hauptstadt *Kabul* gewährleisten. Nun ist dieses Mandat auf andere Landesteile ausgeweitet worden; so wird die Bundeswehr auch in der nord-afghanischen Stadt *Kundus* eingesetzt. Was genau sie dort tun werden, dürfte selbst den Beteiligten nicht restlos klar sein ...

»In einer in *Kabul* verbreiteten Mitteilung rief der afghanische Präsident sein Volk dazu auf, den wieder erstarkten Taliban entgegenzutreten.« – diesen Satz hörte und las man bei uns in Deutschland in allen Medien. Rief dazu auf – wie denn? Es gibt keine Zeitungen außerhalb der Hauptstadt, kein Telefon, kein Fernsehen. Afghanisches Fernsehen ist allenfalls im Umkreis von fünfzehn Kilometern um *Kabul* zu empfangen – wenn man Strom hat.

Kabul ist eine Zweiklassengesellschaft. Da ist das Heer der internationalen Helfer und Diplomaten, die sich einen Generator leisten können und da sind all die anderen in der 3-Millionen-Stadt, die auf die öffentliche Stromversorgung angewiesen sind. Sie haben nur abends und morgens ein paar Stunden Strom und auch das nicht immer.

Mittlerweile gibt es so viele Hilfsorganisationen in *Kabul*, dass sie sich gegenseitig auf die Füße treten. Ein Gutteil der internationalen Gelder verbleibt deshalb auch erst einmal in deren Reihen – bei Gehältern, die hundertmal höher sind als die der afghanischen Angestellten.

Dennoch: in Kambodscha, Ost-Timor oder Bosnien wandten die Geberländer ungleich höhere Summen pro Kopf der Bevölkerung auf als jetzt in Afghanistan – vom Irak nicht zu reden ...

Langzeitprojekte werden in Afghanistan gebraucht, »Hilfe zur Selbsthilfe«, sagt Francois Large von *Caritas International*, »nicht Nothilfe!«

| Commander Azim Zmaray ist ein gebildeter Mann. An der Universität von *Kabul* hat er Englische Literatur studiert. Und er ist ein Veteran, der an allen Kriegen teilgenommen hat. Der Commander gehört zum Stamm der *Pashai*, wie die Familie des Arztes Dr. Tasal. So kam der Kontakt zustande, in einer Provinz ganz im Osten. Ich wollte Opiumfelder sehen.

Bevor wir losfuhren, holte der Commander eine Kalaschnikow aus dem Kofferraum, legte sie zwischen sich und mich. »Baujahr 1975«, sagte er, »unverwüstlich.« Ein Reservemagazin mit dreißig Schuss trug er am Gürtel. Ich hab mir die Waffe angesehen: Fabrikationsnummer 133 036. Wie viele solcher Waffen gibt es noch in Afghanistan? »So viele, dass sie keiner zählen kann«, antwortete der Commander. Kann die afghanische Armee, die im Aufbau ist, das Land befrieden? Da lacht er nur. »6.000 Soldaten, die kaum eine Uniform haben, geschweige denn ausgebildet sind. Aber 35 Generäle haben sie – einen General auf zwei Kompanien. Und der Oberkommandierende lässt sich als Marschall titulieren. Die Privatarmee, die er unterhält, ist dreimal größer als die afghanische...«
Ob die Amerikaner die *warlords* nicht einfach einsperren und ihre Privatarmeen entwaffnen sollten? Da wurde der Commander schmallippig – ich bekam keine Antwort.

Hanffelder tauchen auf, zu beiden Seiten der Straße. Sattgrün, mit mannshohen Büschen, soweit das Auge reicht. Haschisch wird daraus. »In der einen Hälfte des Jahres wird Hanf geerntet, in der anderen Schlafmohn«, erklärt der Commander. »Im Mai sehen Sie überall Mohnblüten.« Wirklich überall? »Ich kann Ihnen die Provinzen nennen, in denen Sie nicht ein Feld finden, wo nicht Mohn angebaut wird«, lautet die Antwort. Aus Mohn wird Rohopium gewonnen. In einfachen Labors, die keinen großen Aufwand brauchen, wird es dann zu Heroin verfeinert.

Unter den armen Ländern der Welt ist Afghanistan eines der ärmsten. Unter den Herkunftsländern von Opium gehört es zur Spitzengruppe in der Welt. »Ein kleiner Bauer, der einen Hektar Land hat, kann mit Weizen 700 Dollar im Jahr verdienen – mit Opium 14.000 Dollar ... – Was wollen Sie da tun?«, sagt der Commander.

In endlosen Kolonnen kamen uns Lastwagen entgegen, mit Stühlen, Tischen und Hausrat beladen, obenauf Kinder und Erwachsene – Flüchtlinge, die aus Pakistan heimkehrten. Ein großes Schild an der Straße verhieß: »Das Volk von Bangladesh hilft dem Not leidenden Volk von Afghanistan« – da haben sich zwei gefunden, dachte ich. Kinder, die mich im Auto erspähten, riefen *Amricai* – ein Amerikaner. Alle naselang hielt der Commander an, um Leute seines Clans zu begrüßen. Sie würden es nicht verstehen, wenn ich einfach vorbeiführe, sagt er. Sie kennen mein Auto.

Halb sechs. Durch einen Schleier von Staub, der das ganze Land bedeckt, ist die untergehende Sonne nur fahl zu sehen. Der Commander steigt aus dem Wagen, geht an den Wegrand, um zu beten. Seine Kalaschnikow ließ er im Auto; sie lag neben mir...

—

Erstsendung im Jahr 2004.
Schon 1992 war Friedrich Schütze-Quest im Grenzgebiet Pakistan/Afghanistan.

Den Frieden mit Gewalt verhindern

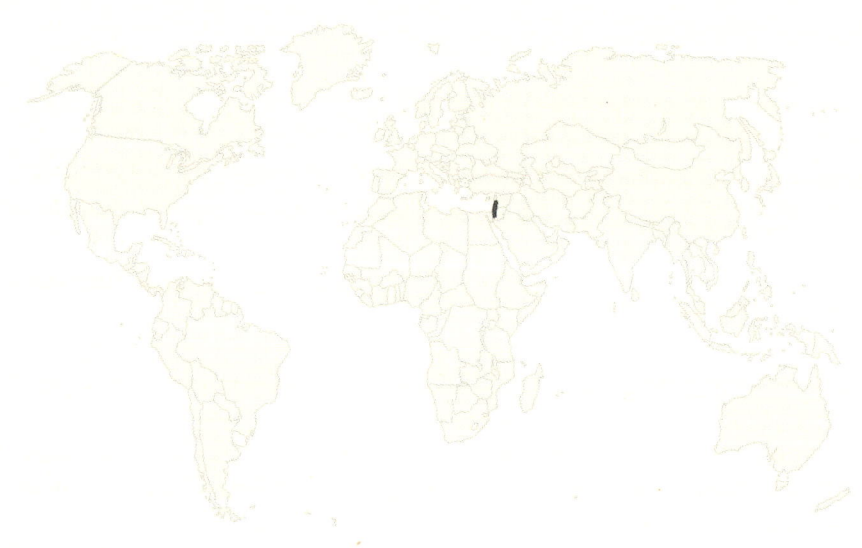

Unterwegs im Nahen Osten

| 18 Namen standen damals auf der Gedenktafel in *Givat Haim* – die Namen von Gefallenen. Unter ihnen die Söhne von Ilse und Ferry Bronner. »Mir ist fast das Herz geplatzt, als die drei Männer vor der Tür standen«, erzählte Ilse. »Ich dachte nur: Wie sage ich's meinem Mann?« Ferry, von Beruf Tierarzt, war nicht zu Hause, als die drei Männer kamen. Die Hinterbliebenen eines Gefallenen werden nicht durch einen Brief oder ein Telegramm benachrichtigt. Die israelische Armee schickt drei Männer aus – einen Offizier, einen Arzt und einen Geistlichen –, um die Todesnachricht zu überbringen. Wo immer eine solche Gruppe auftaucht in einer Straße, in einem Dorf, wissen die Leute Bescheid.

Zu den Bronners kamen sie zum zweiten Mal.

Ilse und Ferry Bronner waren emigriert – sie 1934 aus Deutschland, er 1940 aus der Slowakei, nachdem seine Eltern nach Auschwitz deportiert worden waren. In Israel lernten sie sich kennen und heirateten. Drei Söhne hatten sie – nur einer war ihnen geblieben: Joseph, »Joppi« genannt, der Vater der kleinen Gali.

Gali war vier Jahre alt, als ich sie zum ersten Mal sah. Das war um die Jahreswende 1973/74. Sie saß auf dem Schoß ihrer Großmutter und weinte, weil die Oma ihr nicht schnell genug die Zöpfe band, so wie bei Pippi Langstrumpf. Dass in der Familie großes Unglück herrschte, dass ihre beiden Onkel tot waren, konnte Gali damals noch nicht verstehen.
Als ich jetzt wieder nach *Givat Haim* kam, waren auf der Gedenktafel acht Namen hinzu gekommen – 26 Gefallene insgesamt. Jeder vierte der wehrpflichtigen Männer. *Givat Haim* – Berg des Lebens – hat nur 900 Einwohner.

»Die Kinder des Winters '73« lautet der Titel eines Liedes, das in Israel sehr populär ist.

> *Ihr habt den Krieg überlebt – wir sind eure Kinder.*
> *Ihr habt uns Blumensträuße gegeben, habt uns träumen gelehrt*
> *Und Frieden versprochen.*
> *Und ihr habt uns versprochen, dieses Versprechen zu halten:*
> *Frieden …*

Gali hatte mich auf das Lied aufmerksam gemacht.

> *Ihr habt uns Frieden versprochen, als wir Kinder waren …*
> *Doch wieder müssen wir Brüder und Schwestern begraben.*

»Als ich in der Pubertät war«, erzählt Gali, »bin ich nicht mehr auf den Friedhof – ich wollte nichts von Krieg und Gedenkfeiern wissen.« Nach dem Abitur leistete sie zwei Jahre Militärdienst. »Danach bin ich wieder auf den Friedhof gegangen.« Gali ist eine bildhübsche Frau mit langen braunen Haaren; mittlerweile Mutter von drei Kindern, alle noch klein.

In *Givat Haim* gab es eine Pferdezucht, damals. Gali wuchs mit ihren Eltern in einem anderen Kibbuz auf, kam nach *Givat Haim* nur, um die Großmutter zu besuchen. Und wegen der Pferde. Erst wollte sie Tierärztin werden, wie der Großvater. Dann änderte sie ihr Berufsziel und wurde Lehrerin. Heute unterrichtet sie in *Givat Haim* und wohnt mit ihrer Familie dort, wo ich sie zum ersten Mal traf.
Ferry, ihr Großvater, ist Ende der achtziger Jahre gestorben. Ilse, die Großmutter ist inzwischen weit über 90. »Ich war ihre Lieblingsenkelin«, sagt Gali. »Sie wohnt nebenan. Aber seit vier Jahren erkennt sie mich nicht mehr – und würde auch Sie nicht erkennen: Sie ist körperlich gesund, aber geistig lebt sie in einer anderen Welt …«

Givat Haim ist wie eine friedliche Oase – ein Kibbuz der alten Sorte, aus der Gründerzeit Israels. Jeder bringt ein, was er kann und bekommt, was er braucht. Ein gewähltes Sekretariat verwaltet die Kommune, in der für vier Generationen gesorgt ist: Kindergarten und Kinderfarm, Schule, Krankenstation, Altenheim. Eine Wäscherei für alle gibt es, Essen in einer Gemeinschaftskantine, kleine Einkaufsläden. Alles noch so, wie es bei meinen Besuchen vor 30 und 20 Jahren war. Obstanbau, Rinderzucht, eine Geflügelfarm, eine Molkerei, eine Fabrik für Obstsäfte. Kleingewerbe. Neu ist, dass viele Kibbuznik ihren Berufen jetzt außerhalb nachgehen: Ärzte, Lehrer, Wissenschaftler, Ingenieure, Computertechniker.

Givat Haim ist nicht wirklich eine Oase, es ist nicht aus der Welt – das scheint nur so. Denn Israel ist klein, die Städte mit den Bombenanschlägen sind gleich um die Ecke, und die Palästinensergebiete auch. Zur Waffenstillstandslinie von 1967 sind es ganze zwölf Kilometer.

| Im Jahr 2000 begann die zweite *Intifada*, der Aufstand der Palästinenser. Bisher 4.800 Tote auf beiden Seiten. Drei oder fünf Tote am Tag. Das ist, gemessen an der Bevölkerungszahl, als hätten wir 70 oder 50 Terroropfer in Deutschland. Jeden Tag.

Das Gebiet, in dem Israelis und Palästinenser friedlich miteinander leben könnten, aber nicht friedlich miteinander leben, ist 200 Kilometer lang und 100 Kilometer breit. Halb so groß wie die Schweiz. Sechs Millionen Israelis und vier Millionen Palästinenser. Die Palästinenser verteilt auf den winzigen *Gazastreifen* und das wesentlich größere *Westjordanland*. Der *Gazastreifen* liegt am Mittelmeer, das *Westjordanland* erstreckt sich auf der gegenüberliegenden Seite, im Osten. Es heißt so, weil es westlich des Jordans liegt: 150 Kilometer lang und 40 Kilometer breit. Der *Gazastreifen* und das *Westjordanland*, verbunden durch einen Korridor, sollten den unabhängigen Palästinenser-Staat bilden – mit der Waffenstillstandslinie von 1967 als Grenze.

Um diese Grenzlinie geht es.

Israel ist nie der Aufforderung der *Vereinten Nationen* nachgekommen, sich aus Siedlungen östlich dieser Linie zurückzuziehen – das Land wollte zu seinem Schutz gegenüber Jordanien und Syrien eine Art Wehrdörfer im Osten behalten, weil der jüdische Staat vor 1967 an der schmalsten Stelle nur 20 Kilometer maß. Doch mit den Jahren trat der strategische Aspekt in den Hintergrund und ein anderer in den Vordergrund: »Eretz Israel«, Groß-Israel – heiliger Boden. Keine Handbreit davon freigeben, sagen die religiös motivierten Siedler. Sie sind eine Minderheit. Die Mehrheit der insgesamt 200.000 Siedler hat mit Religion nichts am Hut. Sie sind aus ganz praktischen Gründen – Steuervergünstigungen und niedrige Mieten – ins *Westjordanland* gezogen, wohnen nur dort und pendeln zur Arbeit ins Kernland Israel. Gegen Entschädigung wären sie bereit, die Siedlungen zu räumen. Die Zahl der Hardliner, die keine der Siedlungen preisgeben wollen und einem Ausgleich im Wege stehen, wird auf 50.000 geschätzt – weniger als ein Prozent der israelischen Bevölkerung. Der palästinensische Staat im *Westjordanland*, wie ihn 1993 das Friedensabkommen von Oslo vorsah – das wegen des ungeklärten Status *Jerusalems* nie in Kraft trat –, wäre, wenn sich die Israelis nicht zurückziehen, durch die jüdischen Siedlungen zersplittert.

In dieser Frage drehen sich die Parteien schon seit Jahrzehnten im Kreis, und das ermüdet die Welt. Ich könnte an manche meiner früheren Berichte anknüpfen, als wäre nicht ein Tag ins Land gegangen ...

Im *Westjordanland*, nördlich von *Jerusalem*: ein Räumbagger inmitten einer Geröllwüste zertrümmert Felsbrocken. Anschließend soll das Gelände für die Verlängerung des israelischen Sicherheitszaunes planiert werden, der sich wie ein Bandwurm durch das palästinensische *Westjordanland* schlängelt.

Zwei kleine Orte, *Rash el Tira* und *Rash el Tiara*, bildeten dort eine Gemeinde. Beide sind jetzt durch den Sicherheitszaun voneinander getrennt. Und von ihrem Hinterland abgeschnitten. Man muss runter von der Asphaltstraße, die zu ihnen hinführte, auf Sand- und Schotterstraßen ausweichen, lange Umwege fahren. Die Araber müssen die Umwege fahren, nicht die Israelis. Deren Siedlung liegt auf einem Hügel, ein paar Kilometer entfernt. Den israelischen Ort einzugrenzen bedeutet, die umliegenden arabischen Dörfer auszugrenzen.

Der Sicherheitszaun soll palästinensische Terroristen und Selbstmordattentäter daran hindern, nach Israel zu gelangen – sagen die Israelis. Gäbe es die israelischen Siedlungen nicht, tief im arabischen Gebiet, dann gäbe es keine Freiheitskämpfer, dann bräuchte es keinen Zaun – sagen die Palästinenser.

Zwei Zaunreihen mit Stacheldraht und Überwachungskameras. 40 Meter Sandstreifen dazwischen. Fußspuren im Sand würden sofort entdeckt – israelische Fahrzeuge patrouillieren ständig auf und ab. Auf Hebräisch, Arabisch und Englisch warnt ein rotes Schild am Zaun: »Militärgebiet! Jeder, der den Zaun unbefugt passiert oder beschädigt, riskiert sein Leben.« Darunter die Zeiten, an denen ein Tor im Zaun geöffnet wird: Früh, mittags und abends je 75 Minuten. Für den Durchlass braucht man einen Passierschein. Der muss in einer israelischen Garnison ganz woanders beantragt und abgeholt werden.

Die Grundschule ist in einem der beiden Dörfer, die weiterführende Schule im anderen, jenseits des Zaunes. An die Außenmauer der Grundschule haben Kinder in grüner Farbe gepinselt: »*Lasst uns friedlich lernen.*« Darunter in blauer Farbe: »*Hört auf, Olivenbäume zu fällen.*« Bis zu 1.000 Jahre alt können Olivenbäume werden – Zehntausende mussten dem Sperrzaun bisher weichen. Die Ländereien um *Rash el Tira* sind nicht groß genug, um die 200 Familien des Dorfes zu ernähren. Deshalb haben viele Männer als Bauarbeiter in Israel Geld verdient.

Seit der Sperrzaun steht, geht das nicht mehr. Auch Fajek Mara'beh war Bauarbeiter in Israel und sitzt jetzt untätig zu Hause rum, so wie vier seiner Brüder. Alle haben Familie. Fajek ist 35 und mit einer arabischen Israelin verheiratet. Sie heißt Nevin. Nevin versorgt die Familie mit ihrer Arbeit als Lehrerin in *Jaljulya. Jaljulya* liegt in Israel, mit dem Auto 15 Minuten entfernt. Täglich hin und her kann die Lehrerin wegen des Zaunes jetzt nicht mehr – sie bleibt die Woche über in *Jaljulya.* Wenn sie am Wochenende ihren Mann und die Kinder sehen will, braucht auch sie – die Israelin – einen Passierschein.

| In *Kafr Thulth*, zwanzig Fahrminuten östlich, sind die Ländereien größer, für viele war die Landwirtschaft Haupterwerb, nicht nur Nebeneinkommen.

Vier Männer sitzen auf der Veranda vor der Apotheke. Sie laden den Dolmetscher und mich zum Kaffee ein. Seit es den Zaun gibt, können die Leute ihr Land nicht mehr bewirtschaften, erzählen sie. Die Böden liegen nur 800 Meter weg. Aber um dort hinzukommen, müssen die Bauern zu einer weit entfernten Übergangstelle im Zaun – hin und zurück mehr als zehn Kilometer. Und ihre Esel, die die Lasten tragen, dürfen nicht mit hinüber.

Wie hoch das Durchschnittseinkommen sei, wollte ich wissen. Wir haben kein Durchschnittseinkommen, antworten die Männer: 50 Prozent sind auf der Gehaltsliste der palästinensischen Autonomiebehörde. Die anderen 50 Prozent sind arbeitslos.

Gehälter sind der größte Ausgabenposten der palästinensischen Regierung: Jeder versucht, eine Stelle in der Verwaltung oder bei den miteinander rivalisierenden Polizei- und Sicherheitsdiensten zu ergattern. Doch trotz der enormen Patronage genießt die Führungsschicht kein Ansehen bei den vier Millionen Palästinensern. In den Dörfern sprechen sie von einer »Autonomie der Reichen und Privilegierten«.

In einem Bericht des *Internationalen Währungsfonds* heißt es, die palästinensische Führungsschicht habe von den Aufbauhilfen der Geberländer nahezu 900 Millionen US-Dollar auf ausländische Bankkonten transferiert. Die *Europäische Union*, die im Jahr 120 Millionen Euro für Straßenausbau, Wasserversorgung und medizinische Projekte in den Palästinensergebieten aufwendet, hat eine offizielle Untersuchung über den Verbleib von Hilfsgeldern eingeleitet.

Ich habe in einem Dutzend Dörfern, die ich besuchte, von Aufbauhilfe nichts gesehen, nicht einmal ansatzweise ... Ausnehmen muss ich hierbei die Hauptzufahrtsstraße nach *Bethlehem*: Sie wurde mit Geldern der EU-Kommission instand gesetzt, wie auf einem Schild zu lesen ist, fein säuberlich mit Angabe einer zwölfstelligen Projektnummer. Nur – diese Hilfe ist nutzlos, weil Israel die Straße hermetisch abgeriegelt hat ...

| In der israelischen Politik sind religiös-fanatische Parteien mit einer Handvoll Abgeordneter seit jeher das Zünglein an der Waage – und das lassen sie sich, von welcher Regierung auch immer, mit Millionen von Staatsgeldern bezahlen. Die Ultra-Orthodoxen lehnen Fernsehen und Radio ab, gehen nicht ins Kino, lesen keine Zeitungen. In der Öffentlichkeit sprechen sie andere Menschen nicht an. Ihre Töchter sollen im Alter von 18 Jahren verheiratet sein; die Ehepartner finden sich nicht durch Liebe, sondern der Rabbi sucht sie aus. Auf Hochzeiten sitzen Männer und Frauen separat, Männer tanzen nur mit Männern, Frauen nur mit Frauen.

Alle Lasten in diesen Familien obliegen den Frauen und Töchtern. Die Väter und Söhne arbeiten nicht und leisten auch keinen Wehrdienst: Ihr Lebtag lang studieren sie die heiligen Schriften. Für die Jungen gibt es Religionsschulen, die der Staat mit einem Vielfachen dessen subventioniert, was er für andere Schulen ausgibt.

Über die Ultra-Orthodoxen sagt einer ihrer schärfsten Kritiker, der Vorsitzende der säkularen *Shinui*-Partei, Josef Lapid: »Sie interessieren sich nur für Geld und Gott ist ihr Schatzmeister.«

| Jeder fünfte Einwohner Israels ist arabischer Abstammung. Bei Fahrzeugkontrollen durch Polizei und Armee im *Westjordanland*, aber auch im Kernland Israel, wurden meine arabischen Begleiter – trotz ihres israelischen Personalausweises – immer wieder aus dem Auto geholt, befragt, durchsucht und oft zurückgewiesen. Ich solle allein weiterfahren, hieß es. Erst wenn ich – der Ausländer – protestierte, ließ man auch meine Begleiter durch.

Die Dolmetscherin Nidal wurde in *Haifa* geboren und wuchs dort auf, der Dolmetscher Fuad in *Jerusalem*. Beide sagten mir, als arabische Israelis fühlten sie sich in ihrem eigenen Land, ihrer eigenen Stadt nicht zu Hause. Auch meine jüdische Begleiterin Sharona beklagte – aus umgekehrter Sicht – das gespannte Verhältnis zwischen den beiden Bevölkerungsgruppen. »Vor dem Herbst 2000 war es gang und gäbe, dass Juden in die arabischen Viertel ihrer Städte zum Einkaufen gingen und in die Restaurants zum Essen«, erzählt Sharona. »Dann eskalierte der Konflikt mit den Palästinensern. Ihre Selbstmordattentäter kamen von außerhalb, aber sie zerstörten auch unsere Gemeinschaft im Inneren … Heute geht kaum noch einer von uns in die arabischen Nachbarviertel.«

Wirtschaftlich trennt ein tiefer Graben die beiden Bevölkerungsgruppen: Von allen Städten und Gemeinden Israels sind die 28 ärmsten Kommunen mehrheitlich arabisch geprägt. Doch auch Israel ist wirtschaftlich auf Talfahrt. »Ein Viertel aller Israelis lebt unterhalb der Armutsgrenze«, sagt der Knesset-Abgeordnete Michael Melchior: »Seit mehr als dreißig Jahren steckt der Staat Milliarden in den Bau und Unterhalt von Siedlungen in den besetzten Gebieten – Geld, das für Bedürftige fehlt: Schüler, allein erziehende Mütter, Rentner, Behinderte …«

Als Beispiel nennt er das *feeding law*. Dieses Gesetz – vom Parlament verabschiedet – soll sicherstellen, dass bedürftige Schulkinder einmal am Tag eine warme Mahlzeit erhalten. »Finanziert wird das nicht vom Staat, weil der nichts hat«, sagt der Abgeordnete, »sondern Spenden von gemeinnützigen Organisationen sollen – so heißt es im Gesetz, ob Sie das glauben oder nicht, – für die Finanzierung der Schulspeisung herangezogen werden …«

| In der englischen Ausgabe von *Ha'aretz*, einer der angesehensten israelischen Tageszeitungen, bin ich auf eine Meldung gestoßen: »Holocaust-Hinterbliebene verklagt Israel« … Verklagt Israel? Der israelische Staat

weigere sich, das Eigentum von Holocaust-Opfern anzuerkennen, lautete der Tenor des Berichts, der auch einen Anwalt erwähnte: Uri Huppert.
Ich rief ihn an. Huppert, so stellte sich heraus, ist Notar und Seniorchef einer großen Anwaltskanzlei in *Jerusalem*. Er empfing mich und erzählte mir eine erstaunliche Geschichte: Der jüdische Bankier Mauricio Tempelhoff, der in Polen lebte, kaufte vor Beginn des Zweiten Weltkriegs ein großes Grundstück nahe der Stadt *Haifa* im damaligen britischen Mandatsgebiet Palästina. Doch Tempelhoff, seiner Frau und zweien seiner Kinder gelang die Flucht nach Palästina nicht – sie wurden in ein Konzentrationslager gebracht und ermordet. Eine Tochter überlebte. Sie blieb in Polen und starb 1956. Da sie kinderlos war, machte sie ein Testament zugunsten ihrer einzigen Großnichte – »über alles, was ich besitze.« Das Grundstück in *Haifa* war darin nicht ausdrücklich erwähnt.

Die Erbin – eine junge Frau, die Studentin ist und noch immer in Polen lebt – wusste von dem Grundstück in *Haifa* also nichts. Bis sie einen Telefonanruf aus Israel bekam: Wenn sie eine Verzichtserklärung unterschriebe, bekäme sie sofort 10.000 Dollar – in Polen eine Menge Geld. Die junge Frau ließ sich nicht darauf ein. Sie wandte sich an einen Anwalt in Polen und der beauftragte einen israelischen Kollegen – Uri Huppert. Huppert vertritt mittlerweile sechsundvierzig Gruppen von jüdischen Holocaust-Überlebenden in ähnlichen Fällen.
Über den an die junge Polin vermachten Grundbesitz gibt es in Israel eine amtliche Akte. Aber wer über das Grundstück heute verfügt – der Staat, eine Bank oder ein Privatunternehmen –, darüber geben die israelischen Behörden keine Auskunft. Der Anwalt Huppert klagt dagegen vor dem Obersten Gerichtshof des Landes. »Über die Ignoranz und Apathie derer, die die Akteneinsicht verweigern, stehen mir die Haare zu Berge«, sagt er. »Deutschland hat seine Verpflichtungen erfüllt und die Schweizer Banken haben es auch getan … Der Staat Israel fordert Geld von jedermann, der ihm etwas schuldet. Warum dann nicht auch denen etwas zurückgeben, denen Israel etwas schuldet?« fragt Huppert. Und gibt gleich selbst die Antwort: »Engherzigkeit … Ich glaube da hilft nur öffentlicher Druck.«

| Sieben Kinder hat die Familie Yari im palästinensischen Flüchtlingslager *Akbat Jabar* nahe der Stadt *Jericho*. Sieben Kinder. Wovon träumen sie? Was wünschen sie sich? Träumen? Betretenes Schweigen. Sieben Kinder starren mich an.

74

Schließlich traut sich die Älteste: Eine Toilette, sagt sie. Wenn sie einen Wunsch frei hätte, dann eine Toilette. Wenn sie zwei Wünsche frei hätte auch ein Spülbecken für die Küche. Alle nicken. Und wohin würden sie gern einmal reisen? Die Kinder überlegen und überlegen. Und nennen dann *Amman* – die Hauptstadt Jordaniens, eine halbe Autostunde entfernt. Keines der Kinder war je weg aus diesem Lager. Von *aircondition* haben sie gehört – aber in einem Zimmer mit Klimaanlage waren sie noch nie. Und auch noch nie in einem Kino ...

Die vierzehnjährige Palästinenserin Sawsan Abu Turki musste weinen, sagt sie, als sie einmal Bilder von einem Selbstmordanschlag in Israel sah. »Ich bin gegen das Töten. Meine Eltern und unser ganzes Volk müssen es ausbaden ...«
Kinder bekommen zwei Dollar fünfzig, wenn sie Sprengstoff an den israelischen Posten vorbeischmuggeln. »Das will ich nicht«, sagt Sawsan. »Aber ich will auch nicht die Soldaten und die israelischen Siedler, die auf uns schießen ... Die Kinder der Siedler, die Hunde auf uns hetzen und uns bespucken ... Was sind das für Menschen? Aus welcher Gesellschaft kommen die? Tag um Tag geht mir das nicht aus dem Kopf.«

Einer Umfrage zufolge, die in der größten Zeitung erschien, haben 70 Prozent aller jungen Israelis noch nie mit einem ihrer Altersgenossen auf palästinensischer Seite Kontakt gehabt. Die Mehrheit der Israelis hat nie eine der Siedlungen in den besetzten Gebieten besucht. Schon eine Fahrt nach *Jerusalem* gilt ihnen als gefährlich.

Sharona, meine israelische Begleiterin, hatte einen auf vier Jahre verlängerten Wehrdienst geleistet, schied mit dem Dienstgrad eines Offiziers aus – und hatte immer Angst, mich auf der Fahrt nach *Jerusalem* oder ins *Westjordanland* zu begleiten.

| *Ariel*, die größte israelische Siedlung im *Westjordanland*: Schmucke Einfamilienhäuser neben grauen Beton-Schlafburgen. Einkaufscenter, Kinos, Cafés. Auf ein Hochplateau gebaut, das in alle Blickrichtungen arabische Dörfer überragt. 20.000 Einwohner. Die Hälfte von ihnen Emigranten aus der ehemaligen Sowjetunion – »die keine Juden sind und sich auch mit der hebräischen Sprache nicht anfreunden wollen. Doch ohne die russischen Zuwanderer gäbe es diesen Ort nicht«, sagt der Bürgermeister.

Die Mieten in *Ariel* sind nur halb so hoch wie in *Tel Aviv*, das mit dem Auto in einer Dreiviertelstunde zu erreichen ist. Ein eigener Highway – 20 Kilometer lang – verbindet *Ariel* mit dem Kernland Israel. Diese Zufahrtsstraße ist wie ein Finger, der tief in palästinensisches Gebiet reicht. Für Palästinenser ist die Straße gesperrt. »Man sieht keine Araber – und vergisst deshalb die Araber«, sagen die Leute in *Ariel*.

In einem Friedensabkommen zwischen Israel und den Palästinensern würden einige große Siedlungen, wie *Ariel*, bestehen bleiben können – alles andere wäre realitätsfern, hat der amerikanische Präsident den Israelis versichert. Gleichzeitig dringt Washington darauf, dass keine neuen Siedlungen mehr gebaut und alle ungenehmigten Siedlungen geräumt werden.

Aber genau da liegt der Hase im Pfeffer. Die ungenehmigten Siedlungen in den besetzten Gebieten sind Außenposten, die oft nur aus Wohncontainern, einem Wasserturm und einer Funkantenne bestehen. Nicht nur nach dem Völkerrecht, sondern auch nach israelischem Gesetz sind sie illegal. Über 100 solcher Siedlungen gibt es im *Westjordanland*. Wenn die israelische Armee oder Polizei einen solchen Außenposten räumt, wird er über Nacht wieder aufgebaut, einen Hügel weiter – die Siedler spielen mit dem Staat Katz und Maus.

Die israelische Bürgerbewegung *Peace now* sagt rundheraus, den militanten Landnehmern gehe es gar nicht mehr um Israel. »Für sie zählen nur ihre Siedlungen im *Westjordanland*, bei den biblischen Orten von *Hebron* bis *Nablus*, als Stammzellen des Gottesstaates ohne Demokratie, aber mit der *halacha*, dem jüdischen Religionsgesetz.«

Es sind diese Fanatiker, die sagen: Den Frieden mit Gewalt verhindern! Jugendliche tun sich dabei besonders hervor – Muslime zählen nicht und Christen sind für sie »Götzenanbeter«. Sie fühlen sich allen anderen Religionen überlegen, sagen sie in Interviews. Auf ihren Autos haben sie Sticker aufgeklebt: »Für immer und ewig.«

| Es gibt keine Schilder, die anzeigen wo Israel aufhört und das *Westjordanland* anfängt. Auch in israelischen Autokarten ist kein Grenzverlauf markiert. Und die arabischen Karten zeigen das Territorium von 1948, vor der Gründung Israels.

Immer wenn ich an eine Ortschaft kam, habe ich nach einem Minarett Ausschau gehalten – da waren dann keine Israelis. Und wenn ich Männer mit der *kipa* sah, der traditionellen Kopfbedeckung der orthodoxen Juden, waren da keine Araber. *Settler's roads*, Siedlerstraßen, heißen die gut ausgebauten Verbindungen im Westjordanland – auf denen Autos mit palästinensischen Nummernschildern nicht fahren dürfen. Die Siedler sind da meist mit höllischem Tempo unterwegs.

Warum rasen die so, wollte ich wissen. »Weil sie Angst haben, dass Palästinenser auf sie schießen«, sagt Fuad, mein englisch sprechender Dolmetscher und Begleiter. Soll ich ein Schild *Kein Siedler* ins Auto stellen, frage ich ihn. »Dann schießen nicht die Palästinenser auf Sie, sondern die Siedler!«

Wir kommen durch ein Tal mit hohen Bergrücken beiderseits – *Valley of Thieves*, Tal der Diebe, sagt Fuad. Er deutet nach links. »Auf dem Hang dort hatte sich ein Scharfschütze postiert, mit einem alten Gewehr ... Wenn Militärfahrzeuge das Tal passieren, reißt die Funkverbindung ab, das wusste er. Als ein kleiner Konvoi kam, fing er an, Schuss um Schuss. Er tötete zehn israelische Soldaten und verwundete drei ...«

Fuad hat einen Job als Fahrer und Dolmetscher beim Nahost-Kontingent der *Vereinten Nationen*. Er kennt jeden Winkel im *Westjordanland*. An seinen freien Tagen hat er mich begleitet. Dann hatte er ein Funkgerät dabei, für alle Fälle.

Die Israelis haben jede Menge Krankenwagen, die Palästinenser kaum einen. »Wenn es einen Unfall gibt auf unseren Straßen, würden die Israelis keinen Finger rühren«, meint Fuad. »Man müsste die *UN* verständigen«. Die *Vereinten Nationen*, für die palästinensischen Flüchtlingslager im *Westjordanland* zuständig, unterhalten Krankenhäuser und moderne Ambulanzen – dürfen sich aber nur um Flüchtlinge kümmern. Ein Verletzter, der auf die Frage, ob er Flüchtling ist, mit »Nein« antwortet, würde sich keinen Gefallen tun – die *UN*-Mitarbeiter müssten ihn liegenlassen.

Überall entlang der Straßen im *Westjordanland* israelische Posten mit Tarnnetzen. Und runde Beobachtungstürme mit Schießscharten. Aus Beton. Sie sind genauso abstoßend wie die acht Meter hohe Mauer, die die Israelis in *Jerusalem* und *Bethlehem* hochgezogen haben. »Wissen Sie, wer den Zement dafür liefert?« fragt Fuad. Weiß ich nicht. »Ein palästinensischer Geschäftsmann liefert den Zement an Israel – business is business.«

An einem Checkpoint hielten mich israelische Soldaten zweieinhalb Stunden fest. Ich wollte zu einem Palästinenser-Dorf, drei Kilometer weiter. Die Soldaten gaben per Funk meine Personalien durch, warteten auf höhere Weisung; sie waren freundlich, boten mir Orangensaft an. Eine lange Schlange Araber neben mir, die sich ausweisen mussten und durchsucht wurden. Der direkte Weg zu ihren Dörfern war ihnen durch hohe Erdaufschüttungen versperrt, die nicht mal ein Traktor überwindet – die einfachste Variante der israelischen Absperrungen. Die Leute mussten weite Umwege in Kauf nehmen und lange Wartezeiten an diesem Checkpoint – wie ich.

»Glauben Sie, uns machen diese Kontrollen Spaß?« sagten die Soldaten. »Wir wären lieber zu Hause.« Das habe ich oft gehört. Und ebenso oft die Frage: »Warum hassen uns die Europäer?«
»Wie kommen Sie darauf«, sage ich, »war von Ihnen schon jemand in Europa?«
»Nein.«
»Woher wissen Sie das dann?«
»Aus den Zeitungen.«
»Und was steht in den Zeitungen?«
»Dass die Europäer uns hassen.«

| 50 Prozent aller Palästinenser sind Kinder und Jugendliche unter 17 Jahren. In einem Dorf nahe der Stadt *Nablus* bin ich der erste Ausländer, den diese Schulkinder zu Gesicht bekommen, sagt Suhel Zamil. Er ist Schmied von Beruf und Gemeinderat, 36 Jahre alt, sechs Kinder.
Ein Mädchen, das wir fragen, sagt, sie wolle Weltraum-Wissenschaftlerin werden. Ein anderes antwortet: Ballett-Tänzerin. Ein Junge fragt mich nach der Trikotnummer von Michael Ballack, dem deutschen Fußballer. Ich wusste es nicht – er schon.
Wir haben Satellitenfernsehen hier, sagt der Gemeinderat stolz. 300 Kanäle.
Eine Entbindungsstation für drei Dörfer mit zusammen 10.000 Einwohnern haben sie nicht. Von Deutschland sei dafür Geld versprochen worden, habe ihnen die palästinensische Regierung gesagt.
Erstmal aber haben die Leute Schulden: Für Strom und Wasser 130.000 Euro, die sie nicht aufbringen können – Strom und Wasser liefern die Israelis. Hoffentlich schalten die uns nicht ab, sagt Suhel.

Als ich aus dem Gemeindehaus zu meinem Leihwagen zurückkam, waren die Nummernschilder abgerissen und zerbrochen. Das haben die Kinder getan, vermutet mein palästinensischer Gastgeber. Warum das? Suhel stellt die Kinder zur Rede. »Weil das Wort Israel und der Davidstern auf den Nummernschildern ist«, rechtfertigen sie sich. »Wir hassen Israel.«

Und da stand ich – mit einem Fahrzeug ohne Nummernschilder, wie es palästinensische Autobomber benutzen. 100 Kilometer und zig Kontrollstellen von Jerusalem entfernt. Ich habe eins der kaputten Schilder – ohne Davidstern – notdürftig mit Klebestreifen befestigt – und kam damit durch. Niemand hielt mich auf.

| *Golan.* Unten im Tal die Israelis, oben auf den Höhen die Syrer. Wer die *Golan*-Höhen hat, der hat *Galiläa* – den Norden Israels. Wie auf dem Präsentierteller. Der Jordan war früher die Grenze. Ganze zehn Meter breit – kein Bach mehr, aber auch kein Fluss. Man sieht ihn wegen der hohen Uferbüsche erst, wenn man davor steht.

An einer Brücke über den Jordan, an der ich stehe, hatte früher die Friedenstruppe der *Vereinten Nationen* ihr Lager. Syrer und Israelis schossen geradewegs über deren Köpfe hinweg – so schmal war Israel damals. Bis die Israelis im Krieg von 1967 die *Golan*-Höhen eroberten und ihre Grenze zu Syrien 30 Kilometer nach Osten verschoben.

Wenn man früher nach zahllosen Spitzkehren oben ankam, war da nichts als Einöde. Kein Meter kultiviertes Land und nirgends eine Menschenseele. Das viele Grün, das man heute sieht – Landwirtschaft, Obstanbau – und die Handvoll Siedlungen mit Tankstelle und Supermarkt sind alle in den Jahren entstanden, seit ich zum ersten Mal hier war.

Die *combat units*, die Kampfeinheiten der Israelis auf dem *Golan*, sind rund um die Uhr einsatzbereit – heute wie damals. Drei Jahre sind die Rekruten hier stationiert. An ihren freien Tagen nehmen sie einen Militärbus, um ihre Angehörigen in Israel zu besuchen – auf dem *Golan* gibt es keine Zerstreuung. Notfalls fahren sie per Anhalter, was verboten ist.
»Der *Golan* ist augenblicklich kein Thema, aber politisch eine viel größere Zeitbombe als die Siedlungen im *Westjordanland*«, meint Oberst Gidon Etzion. In Israel ist er ein bekannter Mann. Mit nur 32 Jahren war er Batail-

lonskommandeur auf dem *Golan* und schon damals ein Veteran zweier Kriege, als ich ihn 1975 zum ersten Mal traf. Können die Israelis wieder runter vom *Golan*, wollte ich von ihm wissen, damals. »Le'an«, fragte er zurück, »wohin?« Als ich den Oberst in Galiläa jetzt wieder treffe – er ist mittlerweile in Pension – stelle ich ihm die gleiche Frage: Wenn es zu einer Friedensregelung im Nahen Osten kommen sollte – wird sich Israel dann auch von den *Golan*-Höhen zurückziehen? Und heute wie damals lautet die Antwort: »Le'an, zurückziehen, wohin?«

Ich war einen halben Tag in einem Militärjeep auf den Höhen unterwegs, mit einem Divisionskommandeur und seinem Fahrer. Ob ich da auch sicher wäre mit meinem eigenen, zivilen Wagen, hatte ich gefragt. »Jedenfalls sicherer als mit uns«, war die Antwort, »denn ein Armeefahrzeug ist ein Ziel.«

»Passen Sie auf, dass Sie im Norden rechtzeitig bremsen – sonst landen Sie im Libanon«, hatte mir Oberst Gidon mit auf den Weg gegeben. Allerdings wollte ich in den Libanon, es zumindest versuchen. Vor 23 Jahren war ich von der anderen Seite, von Syrien in den Libanon gekommen. Eine gute Autostunde jenseits der israelischen Grenze, direkt am Mittelmeer – von den Bergen herab meint man sie sehen zu können –, liegt die Barackenstadt *Raschidije*, eines der größten Flüchtlingslager der Palästinenser. Zwanzigtausend Menschen hausen hier, schon in der dritten und vierten Generation.

Dort hatte ich Bilal kennen gelernt, Bilal Abdul Quader. Wenn im Flüchtlingslager die anderen Kinder spielten, übte Bilal mit einer Maschinenpistole. Einer echten. Damals war er zehn und wollte Märtyrer werden – im Kampf gegen Israel ... Was ist aus ihm geworden?

Von den Kollegen in *Jerusalem* hatte ich gehört, dass es einen Übergang gäbe – nicht offiziell, aber immerhin. Vor der Grenze ein Schild: »Militärisches Sperrgebiet.« Ich fuhr einen Kilometer im Zickzack um Betonsperren – kein Posten weit und breit. Schließlich ein Maschendrahtzaun, zerfallene Gebäude. Unter einer großen Dattelpalme ein Tor im Zaun, mit einer Eisenkette gesichert. Daran ein Schild, in englischer Sprache:

Seit 1976 konnten Bewohner der Dörfer auf der libanesischen Seite
hier nach Israel passieren, zur medizinischen Behandlung oder
um Arbeit zu finden. Auch Gemüse und Lebensmittel durften sie

*hinüberbringen und hier verkaufen. 24 Jahre blieb dieser Zaun für die
Bewohner des Südlibanons offen. Im Mai 2000, als die israelische
Armee sich aus dem Libanon zurückzog, wurde der Grenzübergang
geschlossen und keiner ist seither hier durchgekommen.*

Soweit das Schild. Ich habe durch den Zaun wenigstens einen Fuß auf die
andere Seite gestellt, aber das war's auch. Über Bilal, der heute 30 sein
müsste und den ich wieder finden wollte, weiß ich nichts.

Die Palästinenserin Muna Barbar wiederum kenne ich aus *Jerusalem*.
1993 – damals war sie zwanzig – wollte sie Rechtsanwältin werden und sich
aktiv für die Aussöhnung zwischen Palästina und Israel engagieren. Jetzt ist
sie Anfang dreißig, hat drei Kinder und arbeitet als Sportlehrerin für die
palästinensische Autonomiebehörde. Ihr Mann war – bevor sie heirateten –
acht Jahre in Haft, weil er auf israelische Soldaten Steine geworfen hatte.
Ihre jüngste Tochter haben sie Basmala genannt ... Basmala – im Namen
Allahs – das erste Wort, wenn man den Koran aufschlägt.
Von der *PLO* – die prinzipiell mit Israel zu einer Zwei-Staaten-Lösung
bereit ist – hat sich Muna abgewandt. Sie sympathisiert jetzt mit der militanten *Hamas*, die Israels Existenzrecht nicht anerkennt. »Wir wollen unser
Land zurück, in den Grenzen von 1948«, sagt Muna.

Von dieser charmanten und hübschen Mutter, deren eigene Eltern 1948
noch nicht einmal geboren waren, klingt das, wie wenn Deutsche Ostpreußen oder Schlesien zurückhaben wollten.

| *Metulla* liegt hoch in den Bergen, die nördlichste Siedlung Israels.
Als ich das erste Mal dort war – 1975 – schliefen die Leute so oft in den
Bunkern wie in ihren Häusern. Jeden Tag gab es Anschläge von palästinensischen Freischärlern. Wann immer Yoram Hamizrachi damals unterwegs
war, lag sein Schnellfeuergewehr im Fußraum vor dem Beifahrersitz –
ohne Waffe fuhr er nie los. Beate, seine Frau, hatte auch ein Gewehr. Im
Schlafzimmer. Wenn ihr Mann abends später nach Hause kam, holte sie
es ins Wohnzimmer. Ihren damals fünfjährigen Sohn Ron ließen sie
ohne seinen riesigen Bernhardiner nicht einen Schritt vor die Tür; ein
halbes Dutzend Kinder konnte sich hinter dem Hund verstecken, so groß
war er.

Im *Alaska Inn*, das heute *Arazim*-Hotel heißt, drängten sich damals Auslandskorrespondenten, als *Metulla* durch die Weltpresse ging: Palästinenser, die aus dem Lager *Raschidije* kamen – in dem ich Jahre später Bilal treffen sollte – hatten in der Nähe der Stadt eine ganze Schulklasse in die Luft gesprengt.

Das Haus der Hamizrachis habe ich wiedergefunden, es steht leer, der Eingang zum Bunker daneben existiert nicht mehr. Aiana aus dem *Arazim*-Hotel erzählt, dass Yoram nach Kanada ausgewandert ist. Sein Sohn Ron kam zurück, um seinen Wehrdienst zu leisten. Mehr weiß sie nicht.

Metulla wirkt fahl. Zwar aus dem Krieg und den Schlagzeilen heraus, seit sich Israel aus dem Libanon zurückgezogen hat, doch im Frieden irgendwie nicht angekommen. Die Stadt hat immer noch »Frontstatus« – das heißt, seine Bewohner genießen Steuervorteile, auch wenn es keine Front mehr gibt. Der Ort müht sich um Touristen, aber Touristen gibt es nicht. In der Hauptstraße große hölzerne Anschlagtafeln für öffentliche Bekanntmachungen, an dem keinerlei Bekanntmachungen hängen. Wenn nur der ganze Nahe Osten so fahl wäre, denke ich, aus dem Blickpunkt der Welt entrückt und langweilig.

| Vor zwölf Jahren hatte die Familie von Izdahar Schaban noch einen eigenen Esel. Jetzt haben sie einen Esel, den der Onkel ihnen leiht. Ihr eigener hat den täglichen Wassertransport nicht überlebt. Und das Geld für einen neuen haben sie nicht – ein gesunder, kräftiger Esel kostet 300 Dollar.

Die Wasservorkommen unter dem *Westjordanland* erschließt Israel und aus der öffentlichen Wasserversorgung bekommen israelische Haushalte pro Kopf sechsmal mehr als palästinensische. Mit dem Esel des Onkels holen die Kinder von Izdahar Schaban deshalb Wasser von einer Quelle, die fünfzehn Minuten Fußmarsch entfernt ist. Mehr als zwei große Kanister kann der Esel nicht tragen. Dreimal am Tag müssen sie den Weg gehen ... *Hadab al Fawar* heißt ihr Dorf, es grenzt an die Stadt *Hebron*, ganz im Süden des palästinensischen Autonomiegebietes. Das Dorf hat 120 Familien, die sich alle aus der Gebirgsquelle versorgen.

Das Problem: Niemand weiß, wo der Grenzzaun verlaufen wird, den die Israelis auch hier planen. Wenn er sie von ihrer Quelle abschneidet, säßen sie auf dem Trockenen. Deshalb hat die Familie Schaban provisorisch eine große Grube vor ihrem Haus ausgehoben, vier Meter im Quadrat und vier Meter tief. Darin wollen sie Wasser sammeln, wenn es knapp werden sollte.

Sechs Zimmer hat das Haus von Izdahar Schaban – sechs kahle Räume ohne jede Einrichtung. Boden und Wände sind unverputzt und es gibt keine Betten, nur Matratzen zum Schlafen. Keine Heizung, obwohl es hier im Winter schneien kann – das Dorf liegt mehr als 1.000 Meter hoch.

Izdahar hat noch einen weiteren Sohn bekommen. Mit ihm hat die Fünfzigjährige jetzt zehn Kinder. Fünf gehen noch zur Schule, eine Tochter ist verheiratet. Die älteren Söhne und der Vater schlagen sich mit Gelegenheitsarbeiten durch. Wie sie über die Runden kommen? »An einem Tag Reis und Gemüse, am anderen Gemüse und Reis«, sagt Mohamad, der älteste Sohn. »Fleisch können wir uns vielleicht einmal in der Woche leisten.«

Zwanzig Kilometer südlich von *Hadab al Fawar* beginnt die *Negev*-Wüste. Nur Beduinen leben dort. Und Israels legendärer Atomreaktor steht da irgendwo … In allen Zeitungen des Landes konnte ich Fotos sehen, wie israelische Soldaten verwundert dreinschauenden Beduinen Tabletten gegen radioaktive Verstrahlung aushändigten … Nur für den Fall, wie es hieß.

| Sharona – meine israelische Begleiterin – vermisste ihr M-16 Gewehr. Vier Jahre hatte sie es beim Militärdienst jeden Tag zur Hand. Sie kann das Gewehr zerlegen, reinigen, ölen, wieder zusammensetzen. Genauso gut kann sie mit einer Maschinenpistole umgehen. In *Gush Kativ* hatte sie keine Waffe dabei – das machte sie unsicher. *Gush Kativ* ist eine israelische Siedlung im *Gazastreifen* – aus dem sich Israel zurückziehen will.

Der ganze *Gazastreifen* ist nur vierzig Kilometer lang und zehn Kilometer breit. Eigentlich wollten die Israelis damit nie etwas zu tun haben. »Sie können Gaza haben, gleich jetzt«, bot Israels Ministerpräsident Begin dem ägyptischen Präsidenten Sadat an. Der lehnte dankend ab. Das war 1978, während der Verhandlungen zum Friedensvertrag zwischen Israel und Ägypten. Ein Vierteljahrhundert später immer noch die gleiche Frage: Was haben 7.000 jüdische Siedler und ihre Kinder unter 1,2 Millionen Palästinensern im Gazastreifen verloren?

Ganze sechzig Meter sind die vordersten Häuser der Israelis von denen der Palästinenser entfernt. Dazwischen ein Zaun und eine Allee aus Hunderten Betonschutzschilden, jedes zwei Meter hoch. Sharona hält sich ganz vorsichtig hinter ihnen – aus Erfahrung, sagt sie, wegen der *sniper*, der palästinensischen Scharfschützen. Während ihrer Armeezeit war sie hier zwei Jahre stationiert.

Wir sind an einem schönen Einfamilienhaus vorbeigelaufen, im Rasen davor steht ein Schild, hebräisch.
Was steht darauf? habe ich Sharona gefragt.
»Name und Adresse der Familie«, sagt sie.
Hat noch mal hingeschaut und ist furchtbar erschrocken.
»Das ist doch die Frau, die mit ihren Kindern erschossen wurde ...«

Israelisch ist nur die Zufahrtsstraße nach *Gush Kativ* – die Häuser einen Steinwurf links und rechts der Straße sind schon palästinensisches Gebiet. Ein paar Wochen zuvor hatten Heckenschützen das Feuer auf ein israelisches Fahrzeug eröffnet – eine schwangere Frau und ihre drei Kinder im Auto wurden getötet. Ich hatte davon in den Zeitungen gelesen.
War das hier? frage ich Sharona. »Wir müssen nachher an der Stelle vorbei«, antwortet sie. »Halten Sie bloß nicht an!« Nie zuvor hatte ich meine junge israelische Begleiterin so aufgewühlt und verängstigt erlebt.

Der Gazastreifen ist sehr schmal. Als Fremder weiß man nicht: Bin ich noch drinnen, das bedeutet Gefahr, oder schon draußen, das bedeutet Israel, Sicherheit. Als Sharona sich auf dem Beifahrersitz zurücklehnte und mit ihrem Handy ganz entspannt zu telefonieren begann, wusste ich, dass alles wieder in Ordnung war ... für sie jedenfalls.

—

Erstsendung im Jahr 2005.
Von 1974 bis 2004 war Friedrich Schütze-Quest fünfmal für jeweils längere Zeit im Nahen Osten.

I Ein aussichts- loser Kampf?

Eine Reportage aus dem Grenzgebiet von Burma, Thailand und Laos

| Links oben zeigt die Zielscheibe ein Loch. Wäre das ein burmesischer Soldat gewesen, hätte der jetzt einen Schulterschuss. Der Ausbilder ist damit nicht zufrieden. »Ruhiger halten«, sagt er, »ganz ruhig ... lass' dir Zeit ... Du musst ihn töten ... gleich beim ersten Mal!«
Die Waffen: deutsche G-3-Gewehre und amerikanische M-16. Die einen im Kampf erbeutet, die anderen aus Restbeständen der Amerikaner in Vietnam.
Der Ort: ein Ausbildungslager im Nordosten von Burma (Myanmar) nahe der thailändischen Grenze, erreichbar nur in tagelangen Fußmärschen.
Die Menschen: Soldaten und Offiziere der *Karen*, die seit vierzig Jahren um die Unabhängigkeit kämpfen und burmesische Studenten, die sich ihnen angeschlossen haben.

Das Grenzgebiet von Burma, Thailand und Laos bildet ein Dreieck. Bekannt ist es als *Golden Triangle* – Goldenes Dreieck. Weil von dort der Stoff kommt, mit dem anderswo ein Vermögen gemacht wird: der Stoff, aus dem die Träume sind – Opium.
Schlafmohn gedeiht nur in Höhen von über 1.000 Metern. Und besonders gut an steilen Hanglagen. Das *Golden Triangle* ist eine solche Bergregion – unwegsam und unerschlossen, fernab der Zivilisation. Armselige Dörfer, kaum Straßenverbindungen, keine Elektrizität. Nur Berge und Dschungel. Maultiere und Pferde ersetzen das Auto, Elefanten den Bulldozer und den Lkw.
Außer Opium hat das Bergland zwischen Burma, Thailand und Laos nur einige Jade- und Opalvorkommen zu bieten und Holz – wertvolles Holz allerdings, Teak. In Thailand werden die Bäume unter Aufsicht der Forstbehörde gefällt, legal, von Konzessionären. Häufig aber auch illegal, von skrupellosen Geschäftemachern, die auch von Regierungsmitgliedern gedeckt werden. In Burma und Laos, den sozialistischen Nachbarn – beide nicht nur viel ärmer als Thailand, sondern buchstäblich bankrott – ist der Raubbau am Wald noch viel größer. Baumriesen, älter als unser Jahr-

hundert, muss man in Einheiten zerlegen, so genannte *logs*; auch das immer noch tonnenschwere Stämme, die nur von Elefanten bewegt werden können. Diese schleppen sie zum Fluss, wo sie zu Flößen vertäut und stromabwärts in die Sägewerke geschickt werden.

Die Vernichtung von Wald hat auch mit Opium zu tun. Für jedes Feld, das in den Bergen erschlossen wird, muss ein Stück Dschungel weichen, traditionell durch Brandrodung. Aber nach drei bis fünf Jahren ist der Boden ausgelaugt und der Mutterboden – den nun kein Baum mehr schützt – wird vom Tropenregen weggewaschen. Der Kreislauf der Zerstörung beginnt aufs Neue ... Und wird immer schneller: Denn die Stämme der Bergvölker haben hohe Geburtenraten, sechs oder sieben Kinder pro Familie sind die Regel. Immer mehr Menschen brauchen immer mehr Ackerland – ob für Mais oder Opium, oder beides.
Und der Wald? Riesige kahl geschlagener Flächen, wo früher einmal Dschungel war.
Aus einem Feld von 2.000 Quadratmetern erwirtschaftet ein Opiumbauer für sich und seine Familie ein Jahreseinkommen von ungefähr 400 Dollar. Um dieses Feld zu erschließen, muss er 150 Bäume niederbrennen. In New York oder Berlin wird diese Opium-Ernte für 750.000 Dollar gehandelt. 150 Bäume, das macht 5.000 Dollar für jeden vernichteten Baum.

Die Menschen, die im *Golden Triangle* leben, gehören Dutzenden verschiedener Stämme an, ohne gemeinsame Sprache und Kultur. Sie heiraten nicht untereinander und halten auch sonst Distanz: Ihre Bräuche sind verschieden, ihre Kleidung, ihre Naturreligionen unterscheiden sich. Sie sprechen Hunderte von Dialekten, die so stark voneinander abweichen, dass die Menschen oft nicht einmal von Dorf zu Dorf miteinander reden können. Gemeinsam ist ihnen lediglich, dass sie Minderheiten ohne Staatsangehörigkeit sind: Im Königreich Thailand bekommen sie keine Papiere und vom früheren Königreich Laos will man sie erst gar nicht, seit dieses Land in den Vietnamkrieg hineingezogen wurde und an die Kommunisten fiel.

Überwiegend sind die Bergstämme chinesisch-tibetischer Herkunft, wie die *Hmong*, die *Lahu* und *Akha*, die *Lisu* und *Mien Yao*. Sie sind teilweise schon in grauer Vorzeit hierher gekommen, oder mit dem Ende der Kaiserzeit und den darauffolgenden Unruhen in China vor Nationalisten und Kommunisten gleichermaßen geflohen. In den kargen, unwegsamen Bergregionen Burmas wiederum siedeln und gebieten die *Karen*, die *Shan* und *Kachin*, ethnische Minderheiten, deren Zahl in die Millionen geht – und die sich, seit Großbritannien das Land 1948 in die Unabhängigkeit entließ, den (wechselnden) Regierungen in Burma nie unterworfen haben. Schließlich waren sie die ersten im Land und nicht die Burmesen. Die Forderung der *Shan* und *Kachin* nach weitgehender Unabhängigkeit von der Zentralregierung ist Ursache ständiger Kämpfe zwischen ihren Guerilla-Armeen und den Regierungssoldaten: des längsten Bürgerkrieges Südostasiens, der länger noch als der militärische Konflikt in Indochina dauert – ein Krieg praktisch unter Ausschluss der Weltöffentlichkeit.

Wo immer die Grenzen verlaufen, die Bergvölker des Nordens überqueren sie unkontrolliert. Grenzübergänge im herkömmlichen Sinn, mit Schlagbaum und Passkontrollen, gibt es im *Golden Triangle* nicht; der Höhenzug dort drüben kann es sein, das Tal hinter dir – wo das eine Land aufhört und das andere anfängt, kann man nicht erkennen. Wochen und Monate war ich in den drei Ländern unterwegs, auf mehreren Reisen.
Mal haben mich Guerillagruppen eskortiert, mal die thailändische Polizei; mal habe ich mich Vertretern von *UN*-Organisationen angeschlossen, mal bin ich von Entwicklungshelfern mitgenommen worden – Briten und Australiern, Deutschen und Amerikanern. Über die Grenzen bin ich mit ordentlichen und manchmal nicht so ordentlichen Papieren gekommen. Oder gar keinen.

Seit Stunden habe ich mit dem Fahrer meines Wagens kein Wort gewechselt, weil er auf Englisch nicht mal »Guten Tag« sagen kann und ich kein bisschen von seinem nordthailändischen Dialekt verstehe. Es war das einzige Fahrzeug, das ich bekommen konnte – ein unbequemer, aber höchst robuster Pickup mit Vierradantrieb –, der Fahrer hat einen Zettel, auf dem steht, wo er mich hinbringen soll und dass ich sein Essen und seine Übernachtung bezahle.

Unser Ziel ist ein Grenzort, durch den viel illegaler Handel nach Burma geht. Am Fluss, in unmittelbarer Nähe der Ortschaft – so hatten es mir Informanten beschrieben – gebe es eine Hängebrücke aus Hanfseilen, die von Schmugglerkarawanen benutzt werde. Dazu der Name eines Mannes, der mir zu einem Treffen mit den *Shan*-Guerillas verhelfen könne, drüben, in Burma.
Wir müssen durch Berge, auf einer Straße, die weithin nicht geteert ist und die sich viel enger und steiler windet als jede Passstraße bei uns. Und sich viel länger hinzieht: nicht ein oder zwei Pässe, sondern zwei Dutzend hintereinander, und mehr. Unten im Tal diffuses Dschungellicht, das alles

Helle weiß und alles Dunkle schwarz macht; oben die Aussicht auf nichts anderes als unzählige andere Gipfel. Das Einzige, was im Bergdschungel fehlt, denke ich mir, ist Tarzan, der sich an Lianen entlangschwingt, mit seinem Affen Cheeta auf der Schulter. Doch im Norden Thailands gibt es keine Affen mehr. Die Menschen haben sie längst aufgegessen.

Männer sieht man, die seltsame Gewehre geschultert haben, mit einem überlangen Lauf: Sie stellen sie selbst her, jagen damit Vögel und Schlangen. Und alle tragen ein Buschmesser, das so wichtig ist wie das Hemd am Körper. Wo wir durch ein Dorf kommen, wird die Fahrspur eng: weil die Leute Tee oder Getreide beiderseits der Straße ausgelegt haben, zum Trocknen. Wenn dir ein Pickup entgegenkommt, ist er unglaublich überladen: mit Dutzenden von Fahrgästen, die sich an den Seiten und selbst noch auf dem Dach festklammern; dazu Säcke mit Reis und Körbe mit Eiern und lebenden Hühnern. Beiderseits der Straße immer wieder Frauen, die hinter ihrem Mann herlaufen, mit schweren Lasten auf dem Rücken, an einem Stirnband getragen, damit sich die Last besser auf das Rückgrat verteilt. Die Frauen schleppen die Last – nicht der Mann – und gehen immer hinter ihm.

Die dumpffeuchte Hitze im Tal weicht einer angenehmen Kühle, je weiter man die Berge hinaufkommt. Erst von oben sieht man das endlose Band der Straße, mit ihren unzähligen Links und Rechtskehren: da musst du rauf, und dann wieder runter.
Und danach kommt wieder ein Gebirgszug und danach wieder einer.

In der zweiten Stunde weiß ich nicht mehr, was in der ersten war, in der dritten nicht mehr, was in der zweiten war. Halluzinationen überfallen mich: Im hellen Wolkenblau hinter den Gipfeln sehe ich Küste und Meer – wo doch 1.000 Kilometer weit gar kein Meer und keine Küste ist. In der vierten Stunde falle ich in einen Dämmerschlaf und träume von meiner Jugendfreundin – 30 Jahre ist das her und 14.000 Kilometer weg.
Kurz vor Einbruch der Dunkelheit waren wir am Ziel. Oder das, was ich dafür gehalten habe. Von der letzten Anhöhe aus, vom höchsten Punkt über der Ortschaft, wollte ich meinen Augen nicht trauen. Rundherum nur Dschungel und wieder Berge. Vom Übergang nach Burma keine Spur. Kein Grenzfluss, keine Hängebrücke, keine Schmugglerkarawanen weit und breit.
Mein erster Impuls: umkehren! Aber – umkehren wohin? Natürlich war auch der Kontaktmann, der eine Verbindung zu den *Shan*-Guerillas herstellen sollte, nicht zu finden. Ich war ganz offensichtlich einer Fehlinformation aufgesessen. Oder hatte etwas durcheinander gebracht. Ein Fünfhundert-

Kilometer-Missverständnis – hin und zurück – für das ich zwei Tage und eine Nacht unterwegs war. Durchschnittstempo: fünfundzwanzig Kilometer in der Stunde.

Ortswechsel. Ich bin bei den *Shan* in einem Dorf direkt an der Grenze von Thailand und Burma. Auf burmesischer Seite bevölkern sie ein Gebiet so groß wie die halbe Bundesrepublik, das so genannte *Shan*-Plateau. Es ist die beste Gegend für den Anbau der Mohnpflanze, aus der Opium und Heroin entstehen. Würde nirgendwo sonst auf der Erde Heroin hergestellt – das *Shan*-Plateau allein könnte die weltweite Nachfrage decken.

Das Dorf *Pang Kam* hat 200 Einwohner und liegt auf thailändischem Boden. *Pang* heißt Camp – eine Erinnerung daran, was der Ort vor 40 Jahren war: Knotenpunkt an der Opium-Route. Und das ist er auch heute noch: Der Schmuggel von und nach Burma führt durch etliche *Shan*-Dörfer entlang eines Streifens, der bis zu 25 Kilometer tief in thailändisches Gebiet reicht. Die Untergrundbewegungen der *Shan* auf der anderen Seite der Grenze beziehen ihre Waren von hier; sie legen den Dorfbewohnern aber auch eine Art Steuer auf, indem sie Lebensmittel von ihnen einfordern.
Doch wo früher nur die Aufkäufer von Opium ins Dorf kamen, sind es heute auch Händler, die Gebrauchsgüter bringen und landwirtschaftliche Erzeugnisse wieder mitnehmen: Mais und Reis, Gemüse und Zitrusfrüchte, manchmal auch Kaffee oder Tee.
Mohn wird in *Pang Kam* und einigen umliegenden Dörfern immer weniger angebaut, seit die Gegend in ein Modellprojekt deutscher Entwicklungshelfer einbezogen wurde. Deren Ziel: die Bergstämme sesshaft zu machen und ihnen beim Anbau und der Vermarktung von Produkten zu helfen, die das Opium – als ihre einzige Einnahmequelle – ersetzen. Den 200 *Shan* in *Pang Kam* hat es zu bescheidenem Wohlstand verholfen: eine Wasserleitung ist gelegt, es gibt eine Schule und eine Sanitätsstation ist im Bau. Eine Straße führt zum Dorf, zwar nur aus Sand und Kies und deshalb in der Regenzeit unpassierbar, aber immerhin – früher gab es nicht mal das, erinnert sich Leo Brandenberg. Brandenberg, gebürtiger Schweizer, hat das thailändisch-deutsche Gemeinschaftsprojekt von Anbeginn geleitet: »Als ich hier angekommen bin, sind wir mit einem Helikopter rausgeflogen und sie haben uns dann bei einem Dorf abgesetzt. Weit und breit keine Straße, keine Gesundheitsstationen, keine Schulen; die Felder nicht terrassiert ... Als ich diese Leute zum ersten Mal in den Bergen dort oben sah, haben sie so gelebt, wie bei uns vor zweihundert Jahren in den Voralpen – sehr einfach und ohne Hilfe des Staates«, erzählt Brandenberg.

»Wir sind dann tagelang, wochenlang zu Fuß und zu Pferd von einem Dorf zum anderen gewandert, haben in den Hütten übernachtet und unter den gleichen Bedingungen wie die Leute in den Dörfern gelebt. Und wir haben langsam gelernt zu verstehen, was denn eigentlich hier oben Leben heißt. Und was wir wirklich tun können für die Bergvölker im Norden Thailands – ungefähr 700.000 Menschen.«

Die Dörfer im Projektgebiet sind im Umbruch; vieles ist noch so, wie es immer war, vieles nicht mehr. Der Speisezettel der Menschen, der hauptsächlich aus Reis und ein paar Zutaten bestand, ist durch Fisch bereichert, den sie bisher nicht kannten. Im Rahmen des *Thailändisch-Deutschen Hochlandprojektes* – so sein offizieller Name – sind für die Proteinernährung der Leute einige hundert Fischweiher angelegt worden, denn Fleisch ist zu teuer. Ein Schwein oder auch nur ein Huhn zu schlachten, ist etwas für Festtage. Es gibt zwar Rinder in den Bergen, aber die sind nicht zum Verzehr bestimmt. Ein Wasserbüffel, ein Ochse oder eine Kuh sind das Sparguthaben von Menschen, die noch nie Bargeld gesehen haben. Wo bei einer Familie ein bisschen Wohlstand eingekehrt ist, zeigt er sich im Besitz einer Reismühle.

Das Stampfen von Reis ist die unangenehmste aller Arbeiten und überwiegend Frauensache: Dazu müssen sie schon um vier Uhr früh auf den Beinen sein. Am Abend sieht man die Frauen der *Shan* dann Tabak in Bananenblätter rollen und kunstvoll zu Zigarren wickeln; diese Zigarren muss der Ehemann seiner Frau abkaufen, es ist ihr Taschengeld – fünf Pfennig am Tag. In einigen Häusern habe ich auch Nähmaschinen gesehen. Wenn sie für ihre Familie Kleidung zum Wechseln hergestellt haben – eine Kleidung zum Tragen, während die andere auf der Leine hängt – nähen die Frauen für andere, die vielleicht eine Reismühle besitzen, die sie dann – im Tausch – mitbenutzen dürfen.

Auch das Radio hat Einzug gehalten in den Dörfern, wenngleich nur für zweimal eine halbe Stunde am Tag, weil die Rundfunkstation ihre Programme in einem Dutzend verschiedener Sprachen senden muss: abends traditionelle Lieder, morgens Programme, die über Landwirtschaft und Gesundheitsvorsorge aufklären.

Krankheiten, die medizinische Versorgung überhaupt, sind ein Kernproblem im *Golden Triangle*. Der amerikanische Anthropologe und Arzt Dr. Robert Vryheid, auch er im Dienst des Gemeinschaftsprojektes, beschreibt mir die Situation: »Die häufigsten Erkrankungen sind Durchfall,

Parasiten und Magengeschwüre sowie Tuberkulose, Lungenentzündung und Bronchitis. Die Durchfallerkrankungen entstehen durch die schlechten sanitären Zustände: Die Leute beziehen die Nahrung direkt vom Feld, waschen sie nicht gut, kochen sie in schmutzigen Töpfen und Pfannen usw.

Die Häuser haben keine Toiletten und so verrichten die Menschen den Stuhlgang draußen, überall im Dorf. Und deshalb gibt es überall Parasiten und Krankheitserreger im Boden.

Die Erkrankungen der Atemwege wiederum haben ihre Ursache in der Bauweise. Zum Beispiel leben etwa zwanzig Menschen in einem großen Raum und die Fenster bleiben geschlossen. Die Menschen stammen ursprünglich aus den Bergen Süd-Chinas und dem Osten von Tibet und dort ist das eine wirkungsvolle Art, um die Kälte draußen, und die Wärme drinnen zu halten. Aber ebenso hält diese Bauweise Krankheiten und Bazillen im Haus: Wenn einer hustet, steckt er alle anderen an.«

Schon seit jeher haben die Bergstämme im *Golden Triangle* Opium angebaut, als Teil ihrer Selbstversorgung. Der Milchsaft der Mohnkapsel gehört zur traditionellen Naturmedizin; schon ihren Babys wird Opium – in Minidosen – zur Beruhigung verabreicht. Erst im letzten Jahrhundert wurden Chemikalien entdeckt, mit denen sich aus Opium wesentlich stärkere Medikamente und Drogen herstellen ließen: Morphium und Heroin. Von da an wurde Opium zum Tauschobjekt – und zur Haupteinnahmequelle vieler Dörfer des *Golden Triangle*.

»Blume des Todes« heißt die Mohnpflanze bei den Menschen hier. Der Name spiegelt das Unheil wider, das mit dem Opium auch über sie kam: je mehr Opium die Bergstämme produzierten, desto mehr verfielen sie ihm selbst – was den Ruin ganzer Familien und Dorfgemeinschaften zur Folge hat, erklärt Dr. Vryheid: »Wir wissen, dass etwa zehn Prozent der Bevölkerung ernsthaft opiumabhängig sind. Das kostet Arbeitskraft und Geld: In manchen Familien wird über die Hälfte dessen, was sie erwirtschaften, in Opium umgesetzt, eine große Verschwendung, denn das fehlt ihnen zur Entwicklung ihrer Dörfer. Und im Laufe der Jahre werden sie immer abhängiger, denn sie müssen immer mehr Opium rauchen und dafür täglich immer mehr ausgeben – es wird ihr Lebensinhalt. Überwiegend sind es Männer, die süchtig sind, nicht Frauen. Aber die müssen es ausbaden. Die Frau muss die Familie versorgen, die Feldarbeit machen und den Haushalt verrichten, während ihr Mann daliegt und den ganzen Tag Opium raucht. Manche essen noch nicht einmal etwas; sie verhungern schließlich.«

Rund 1.000 Mitarbeiter hat das *Thailändisch-Deutsche Hochlandprojekt*, das seit 1981 besteht und mit bisher gut 21 Millionen Mark allein von deutscher Seite unterstützt wurde. Das Resultat: die Dörfer des Projektes, mit insgesamt 21.000 Einwohnern, stehen heute – ohne Opium – sehr viel besser da als früher. Doch 1.000 Mitarbeiter hin und 21 Millionen Mark her – gerade einmal drei Prozent der Bergbewohner auf der thailändischen Seite des *Golden Triangle* hat das Projekt erreicht. Ein aussichtsloser Kampf?

| Der Name des Ortes lautet *Phi Ru,* »Geisterloch«, übersetzt einer der Männer, die mich begleiten – Beamte des *ONCB,* der thailändischen Drogenabwehr. Erreichen kann man das »Geisterloch« nur zu Fuß – oder aus der Luft; ein Tagesmarsch ist es bis zum nächsten Ort an der Straße, eine Halbtagesfahrt von dort in die Stadt, aus der wir gekommen sind.

Mit dem Hubschrauber haben wir 55 Minuten gebraucht. Von oben konnte ich die Straße sehen: ein schmales, helles Band, das sich ziellos durch das Grün des Bergdschungels windet – ohne Anfang, ohne Ende. Scheinbar genauso ziellos hatte der Pilot seine Schleifen gezogen, von einem Gipfel zum anderen, und von da zum nächsten. Bis er es schließlich ausmachen konnte: ein Kreuz aus orangefarbenen Tüchern, das die Lichtung markiert, auf der die Hubschrauber niedergehen können. Ich hätte das Kreuz gar nicht bemerkt – so winzig war es von oben –, wenn mir nicht einer der Piloten mit der Hand die Richtung angezeigt hätte. Ihnen selbst haben amerikanische Satelliten das Ziel gewiesen. In der Zeit der Mohnblüte, von Dezember bis März, halten die Kameras der Satelliten auch nach Opiumfeldern Ausschau; die Informationen gehen weiter an die thailändische Drogenabwehr und an die Armee, die zu den Feldern vorzudringen versucht, um sie zu vernichten.

Mit langen Bambusstöcken hauen die Soldaten – in einer breiten Kette marschierend – einfach die Knospen der Mohnpflanzen ab: und damit ist schon alles erledigt, denn zur Ernte muss die Pflanze mit dem Boden verwurzelt bleiben. Wenn die – daumengroßen – Mohnkapseln vor der Reife stehen, werden sie mit kleinen sichelförmigen Messern angeritzt; ein weißer zähflüssiger Saft quillt heraus und gerinnt über Nacht zu einer braunen klebrigen Masse; am folgenden Tag wird der Saft abgespachtelt und zu einem Ballen gerollt, der sich von Knospe zu Knospe vergrößert: das Rohopium.

Es ist ein mühseliger und arbeitsintensiver Prozess – mit dem mehrere Familien beschäftigt sind – und der sich über Wochen hinziehen kann. Die Soldaten sind mit ihrer Aufgabe in ein paar Stunden durch.

Seit zwei Monaten schon sind sie unterwegs, erzählt ihr Hauptmann, zu Fuß – per Funk zu immer neuen Zielen dirigiert. Sie übernachten in Zelten, Trinkwasser finden sie unterwegs und ihre Verpflegung – Dutzende von Säcken mit Reis – bringen die Hubschrauber mit: Die Soldaten sollen gar nicht erst in Versuchung geraten, Proviant in den Dörfern zu requirieren, um die Bergstämme nicht noch zusätzlich gegen die Armee aufzubringen.

Ein halbes Jahreseinkommen hatte der Dorfälteste dem Hauptmann geboten, wenn er ihnen das Feld ließe; und ein Schwein zusätzlich, für seine Männer. Der Erlös aus der Opiumernte dieses Feldes hätte vier Familien ernährt – mehr als 30 Menschen –, ein ganzes Jahr lang.

Durch das Fernglas kann ich einige Dorfbewohner sehen: Unter Bäumen, oben am Hügelkamm, kauern sie, vielleicht einen Kilometer vom Feld entfernt, beobachten von dort – verstört und verängstigt – das Treiben der Soldaten. Künftig, glaubt der Hauptmann, werden sie zum Opiumanbau einfach über die Grenze nach Burma ausweichen, die nur zwei Fußstunden entfernt ist – »wenn sie nicht auch jetzt schon Felder drüben haben«, meint er.

Die Ballen mit Rohopium können fast beliebig lang aufbewahrt werden, ihre Lagerfähigkeit ist nicht beschränkt – aber ihre Transportfähigkeit, weil sie zehnmal mehr wiegen als ihr Endprodukt, Heroin. Und weil sie wegen ihres Umfangs auch viel schwerer zu verstecken sind.

Die Umwandlung zu Heroin lässt sich selbst in einfachsten Dschungellabors bewerkstelligen, für die ein paar Bunsenbrenner, eine Fahrradpumpe, einige Glasgefäße und ein großer Bottich genügen. Unerlässlich dabei ist allerdings eine Chemikalie, »Essigsäureanhydrid«, die aus dem Ausland ihren Weg ins *Golden Triangle* finden muss – und findet, wie auch der Chef der thailändischen Drogenabwehr, General Chavalit Yodmani, weiß: »Essigsäureanhydrid wird hauptsächlich von Deutschland hergestellt; es kommt aber auch aus anderen Ländern, wie Taiwan oder den USA. Wir haben in den *Vereinten Nationen* mehrfach über das Problem gesprochen, mit dem Resultat: es gibt keine Möglichkeit, den legalen Handel mit der Chemikalie zu überwachen, von dem ja nur ein ganz kleiner Teil in den illegalen Markt geht. Hinzu kommt, dass es viele andere Substanzen gibt, die in Essigsäureanhydrid umgewandelt werden können – und die stammen von überall her.«

Durch Razzien von Polizei und Armee – Hand in Hand mit Entwicklungsprogrammen anderer Länder, ähnlich dem thailändisch-deutschen Projekt – konnte in Thailand der Anbau von Opium auf ein Viertel der ursprünglichen Fläche reduziert werden.

Thailands Anteil an der gesamten Opiumproduktion des *Golden Triangle* beziffern amerikanische Stellen heute mit weniger als 5 Prozent; 75 Prozent werden aus Burma, 20 Prozent aus Laos vermutet.

Doch damit ist Thailand nicht zu einem Nebenschauplatz geworden, ganz im Gegenteil: denn 80 bis 90 Prozent des Rauschgiftes aus Burma und Laos finden ihren Weg in den Westen – über Thailand.

In den Handelszentren und Banken des Königreiches, bei Politikern, Militärs und einer undurchschaubaren Verwaltung laufen manche Fäden der Drogenbarone zusammen. Ein geflügeltes Wort unter Beobachtern in Thailand lautet: »Ein guter Teil der Verwaltung lebt davon, dass er den Drogenhandel bekämpft, von dem ein anderer Teil der Verwaltung gut lebt.«

Das *ONCB* – die thailändische Drogenabwehrbehörde, die General Yodmani untersteht – genießt allerdings international einen ausgezeichneten Ruf; vielleicht kann er auch deshalb so gelassen reagieren: »Opium ist ja alles andere als nur ein thailändisches Problem. Nehmen Sie Burma – da wird das meiste angebaut, und an zweiter Stelle Laos, den anderen Nachbarn.

Die politischen Verhältnisse in Burma sind höchst kompliziert, aber wir können nicht helfen, sie zu lösen: Das ist außerhalb unserer Souveränität. In Burma kämpfen viele Menschen, viele Gruppierungen um ihre Unabhängigkeit – oder geben das jedenfalls vor – und finanzieren diesen Kampf durch Rauschgifthandel. Die Frage ist allerdings, was mittlerweile mehr zählt: Unabhängigkeit oder Drogenhandel.«

| Am *Salween-River*, der wichtigsten Handelsroute im *Golden Triangle*, sind Schmuggler unter sich: Motorboote landen Fracht an, die für Burma bestimmt ist oder von dort kommt. Ein Stück entfernt von der Anlegestelle, über eine steile Böschung hinauf, gelangt man an einen Ort, der keinen Namen hat: *gate 2* nennen sie ihn, oder *gate 3*. »Sie«, das sind die Untergrundarmeen der *Karen* und *Kachin*, der *Shan* und der *Karenni*; und *gate* ist einfach ein Übergang, ein strategisch ausgesuchter Ort, an dem die Schmugglerrouten zu Land oder auf dem Wasser vorbeiführen – und der illegale Warenhandel, den die Guerilla-Armeen besteuern und von dem sie sich finanzieren.

Burma ist zwei Mal größer als die Bundesrepublik und zählt 40 Millionen Einwohner. Die »Reis-Schüssel Asiens« wurde das Land früher genannt, als es allen Nachbarn wirtschaftlich um Längen voraus war; das war, bevor das Militär an die Macht kam – 1962 – und einen sozialistischen Kurs einschlug, der das Land so gründlich ruinierte, dass Burma heute zu den ärmsten Nationen der Welt zählt – wo buchstäblich nichts mehr funktioniert, außer dem Schwarzmarkt.

Ich habe erlebt, wie Schmuggelgut an Bord der staatlichen Luftlinie nach *Rangun* gebracht wurde: von der Mitte an war der rückwärtige Teil der Passagier-Kabine voll gepackt mit Hunderten von Kartons und Einkaufstüten, tonnenweise Dutyfree-Ware. Den Passagieren gegenüber war die Crew zahlenmäßig fast überlegen, und so konnte sie sich – ausgiebig – dem Sortieren und Begutachten der Waren widmen; gegen Ende des Fluges gesellten sich auch noch, abwechselnd, die Piloten hinzu, um ihre Einkäufe zu kontrollieren.

Und ich habe gesehen, wie es an den Umschlagplätzen – den *gates* – mitten im Bergdschungel zugeht, die nur mit Trägerkolonnen oder Motorbooten erreichbar sind. In Hunderten von Händlerbuden, eine neben der anderen, liegt alles feil, was im kapitalistischen Thailand überall, im sozialistischen Burma aber nirgendwo zu erhalten ist: von Radios über Kosmetikartikel bis zu Rasierklingen und Insektenspray, von Schmierseife über Haushaltswaren bis zu Regenschirmen und Werkzeug, von Armbanduhren über Penicillin bis zu Einwegspritzen und chirurgischem Besteck.
Bezahlt wird in thailändischen *Baht* oder amerikanischen Dollar oder jeder anderen Währung – nur nicht mit burmesischen *kyat* oder laotischen *kip*, weil die das Papier nicht wert sind, auf dem sie gedruckt wurden. Bezahlt wird aber auch, in großem Stil, mit Teakholz, Antiquitäten und Edelsteinen aus Burma und mit Opium.

Einmal ist mir eine Ladung Säcke aufgefallen, wie ich sie auch schon in einem *Shan*-Dorf gesehen hatte, 250 Dschungelkilometer entfernt, in Thailand. Da sei Baumrinde drin, hieß es in dem Dorf dort, aus der Räucherstäbchen gemacht würden. Jeder Sack wog 40 Kilo und das Kilo wurde in Thailand mit 60 bis 80 Pfennig gehandelt. Jetzt habe ich wieder gefragt, was in den Säcken enthalten sei, und wieder hörte ich: Baumrinde. Das machte – soweit entfernt vom Bestimmungsort – freilich keinen Sinn mehr, weil das, was die Säcke wert waren, schon die Träger bekommen, die eine Woche brauchen für den Weg in die thailändischen Grenzorte, wo die

Fracht auf Lkw umgeladen werden kann; der Treibstoff für den Transport in Booten bis zur thailändischen Seite hätte gar noch mehr gekostet.

Es ergab also keinen Sinn – es sei denn, grübelte ich, unter 1.000 Kilogramm Rinde wäre nur ein einziges Pfund Heroin versteckt. Dann würde es sich auszahlen und das Rätsel der Säcke wäre gelöst! Ob mein Verdacht stimmte, weiß ich nicht – mit meinen Begleitern konnte ich darüber schlecht reden –, aber selbst wenn er richtig ist, wäre es doch nur eine von tausend Erklärungen, wie der Opiumhandel im *Golden Triangle* funktioniert.

| Zusammen bringen es die Untergrundarmeen der *Karen* und *Kachin*, der *Shan* und der *Karenni* (neben anderen, kleineren Gruppierungen) auf rund dreißigtausend Mann. Das gemeinsame politische Ziel der ethnischen Minderheiten ist die Autonomie in einer burmesischen Föderation. Das militärische Ziel ist, das jeweils eigene Territorium bis zum Tag X zu behaupten; nur so halten die Truppen der *Karen* in einem Gebiet aus, das sich 1.000 Kilometer von Nord nach Süd erstreckt. Zwar verfügt die burmesische Regierung über eine ungleich größere Armee – vor allem mit mehr Waffen und Material –, aber das ist nicht ausschlaggebend in einem Dschungelkrieg nach den Gesetzen des Guerillakampfes: Die Soldaten der *Karen* werden darauf gedrillt, in kleinen Kommandoeinheiten anzugreifen, sich sofort zurückzuziehen und schnell – und unvermutet – woanders wieder zu attackieren, gerade genug, um die Regierungstruppen in Schach zu halten.

Gewinnen können die *Karen* nicht. Aber auch nicht verlieren. Es ist ein zermürbender und aussichtsloser Kampf, für beide Seiten, der nun schon 40 Jahre andauert.

Hinzu kommt, dass das Regime in *Rangun* es auch mit Tausenden Guerillas der Kommunistischen Partei Burmas zu tun hat; und darüber hinaus mischen auch noch versprengte militärische Einheiten der *Kuomintang* mit, die sich 1949 – nach ihrer Niederlage im chinesischen Bürgerkrieg gegen die Kommunisten Mao Tse-tungs – auf burmesisches und laotisches Territorium zurückgezogen und sich dort bis heute gehalten haben.

Mit den Zielen der ethnischen Minderheiten verbindet sie nichts: Die Kommunisten wollen die Macht in Burma und den *Kuomintang-Verbänden* geht es einzig um ihr Überleben: Sie sind ein Anachronismus und im Grunde heimatlos im *Golden Triangle*.

Aber beide – Kommunisten wie *Kuomintang* – sind machtvolle Faktoren im Opiumgeschäft, und das wiederum verbindet sie mit allen anderen Gruppierungen im Untergrund; ihr Motto hat der chinesische General Duan schon vor 40 Jahren formuliert und es gilt – mehr oder weniger offen ausgesprochen – bis heute: »Um zu kämpfen, braucht man Soldaten und Soldaten müssen Waffen haben. Diese Waffen kosten Geld. Das einzige, was wir für Geld bieten können, ist Opium.«

Früher, bis zum Ende des Vietnamkrieges, haben die *Karen* und die *Shan* Waffenhilfe von den USA erhalten – um das sozialistische Burma zu schwächen. Heute hilft – unter der Hand – nur noch Thailand, das den zeitweiligen Rückzug der *Karen* und der *Shan* hinter seine Grenzen stillschweigend duldet: Aus thailändischer Sicht sind sie ein Puffer gegen den Erzfeind Burma, der Thailand, in den Jahrhunderten seiner Geschichte, etliche Male überfallen hat.

Die *Karen* könnten viel mehr Truppen aufbieten – viereinhalb Millionen Einwohner zählt ihr Staat, den sie *Kawthoolei* nennen –, wenn sie nur die Waffen hätten und das Geld dafür: 20 Cent kostet eine Gewehrpatrone auf dem Schwarzmarkt in Thailand und 400 Dollar ein Granatwerfer. »Dreißig Prozent unserer Waffen«, sagt der General, dessen Leute mich hierher geführt haben, »vor allen Dingen die Gewehre beziehen wir aus Westdeutschland – auf dem Umweg über die burmesische Armee. Und bezahlt wird mit dem Leben: deren Leben und dem Leben unserer Soldaten.«
Die deutschen Schnellfeuergewehre vom Typ G-3, die der General meint, stammen nicht direkt aus der Bundesrepublik: Sie werden vielmehr – um Gesetz und Gesicht zu wahren – vom Ableger eines deutschen Konzerns in Burma vor Ort hergestellt.

Kawthoolei hat seine eigene Flagge und Nationalhymne, einen Präsidenten, Regierung und Parlament, eigene Schulen und Hospitäler – doch auf keiner Karte ist dieser Staat verzeichnet, niemand in der Welt hat ihn anerkannt. »Vielleicht«, meint der General, »weil wir keine Passagierflugzeuge in die Luft sprengen, wie die Palästinenser.«

Fünfzig Prozent aller Staaten der Erde haben weniger Einwohner als *Kawthoolei*, doch die *Vereinten Nationen* lehnen es ab, sich mit dem Schicksal der *Karen* auch nur zu befassen: Eine innere Angelegenheit Burmas, sagen sie.

Hergekommen bin ich in einem der handgebauten, schnellen Kanuboote
– mit Außenbordmotor und geringem Tiefgang –, die das Hauptverkehrs-
mittel der *Karen* sind; durch die reißenden Stromschnellen, zwischen Sand-
bänken und Untiefen der großen Flüsse und ihrer Seitenarme, manövrieren
die Bootsführer mit so viel Geschick wie Wildwasserkanuten bei uns – nur,
dass sie auch noch zwölf Soldaten dabeihaben, in voller Ausrüstung.

Im Hauptquartier der Karen bekam ich eine Holzpritsche mit einer Matratze, in einer Art Gästehaus; nebenan mussten Soldaten in einem langen,
offenen Pfahlbau auf Bodenbrettern schlafen ...

Ich hatte einen Karton Trinkwasser mitgebracht, zwölf Plastikflaschen, von
denen aber nur neun den Transport heil überstanden. Und ich hatte eine
eiserne Ration für mehrere Tage dabei: getrocknetes Fleisch, dänisches Brot
und sieben Dosen Käse, alles vakuumverpackt und viele hundert Kilometer
entfernt in Thailand gekauft; außerdem Trockenobst und Nescafé, sowie
eine Flasche Whisky. Damit war ich besser versorgt als die Soldaten der
Karen, die ihre Reisrationen mit Bananen aufbessern mussten, die sie im
Dschungel holten.
In Plastiktüten, an einem Nagel in zwei Meter Höhe an der Wand, habe ich
meine Verpflegung aufgehängt, wegen der Ameisen – aber den Trick kannten die auch schon; bis ich auf die Idee mit dem Zucker kam, abends auf
die Bodenbretter gestreut. Damit waren die Ameisen dann die Nacht über
beschäftigt ...

Bilder und Erinnerungen: Frauen, die an den Uferböschungen Kleider
waschen und den vorbeifahrenden Booten zuwinken ... Mädchen, die sich
bunte Erde ins Gesicht reiben und Pfeife rauchen, eine Mischung aus Kräu-
tern, zum Schutz gegen Insekten ... Der dreizehnjährige Junge am Steuer
eines Kleintransporters, der mich und eine Handvoll Männer ein Stück
chauffiert hat, auf einem unmöglichen Dschungelpfad. Seine todernste
Miene, die seine ganze Verantwortung ausdrückte: ein Auto – ihm anver-
traut ...
Die Feldambulanzen, in denen ich beinamputierte Männer gesehen habe,
und Malariakranke, die so schwach waren, dass sie nicht einmal einen
Becher Tee selbst halten konnten ... Der Soldat, der beim ersten Mal
schüchtern – dann aber jeden Morgen zu mir kam und zwei Zigaretten
erbat, für sich und einen Kameraden. Die Soldaten der *Karen* erhalten
keinerlei Lohn, nicht einmal Taschengeld; die Packung Zigaretten kostet
einen halben Dollar – drei Gewehrpatronen.

Seit sie im Zweiten Weltkrieg auf Seiten der Engländer gegen Burmesen und Japaner gekämpft haben, bekennen sich viele *Karen* zum Christentum. Ich besuche einen Gottesdienst, mit dem sie gefallene Kameraden ehren. »Solange sich die politischen Verhältnisse in Burma nicht ändern«, hatte mir der General gesagt, »wird der Bürgerkrieg nicht aufhören. Und solange wird das mit dem Opium auch nicht aufhören.«

Jetzt sitzt er – die Hände gefaltet, die Augen geschlossen – in der Kirche zwischen einfachen Soldaten; Frauen in Uniform sehe ich und auch Kinder sind dabei. *»Wir brauchen uns nicht zu fürchten«*, singt die Gemeinde, *»auch wenn wir im Tal des Todes sind, denn der Herr ist mit uns«.*
Nicht einmal ein Kreuz gibt es. Der Altar ist ein Holztisch mit einer weißen Decke und drei Blumensträußen darauf – in einem Gotteshaus auf Pfählen, das nach allen Seiten hin offen ist, mit einem Wellblechdach und Bänken ohne Rückenlehne. Der Pfarrer hat als Soutane eine Art Sackhemd übergezogen, darunter schauen die Hosenbeine seiner Kampfuniform hervor. Er ist barfuß, alle sind barfuß, außer mir – ich habe vergessen, die Stiefel auszuziehen ...

—

Erstsendung im Jahr 1989.
Friedrich Schütze-Quest war für diese Reportage zwischen 1986 und 1989 mehrmals in Burma, Thailand und Laos.

I Die Illegalen

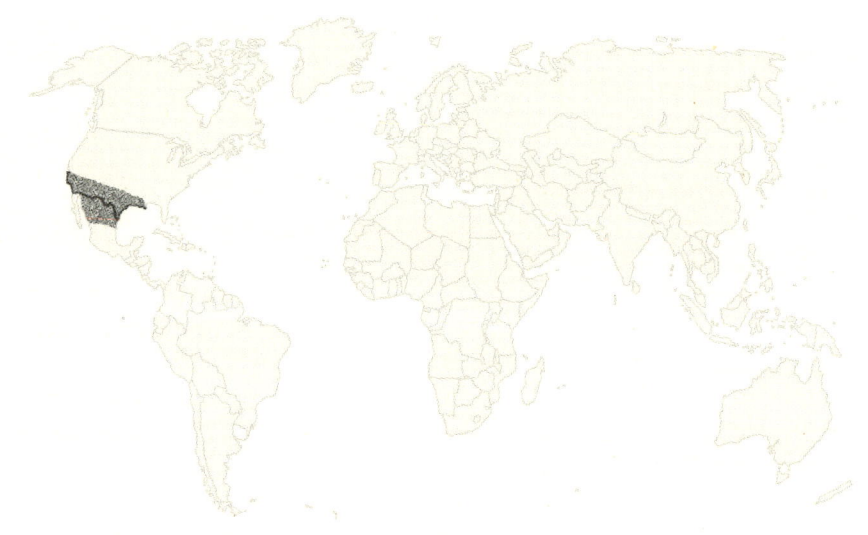

3.200 Kilometer entlang der Grenze USA – Mexiko

| Auf amerikanischen Flughäfen muss man die Schuhe ausziehen und auf Strümpfen durch die Sicherheitskontrolle gehen. Man muss Gürtel und Hosenträger abnehmen, alle Taschen ausleeren und die Funktion von elektronischen Geräten vorführen, zum Beweis, dass sie keinen Sprengsatz enthalten. Passagiere, die ein Feuerzeug mit sich führen, müssen es wegwerfen, sonst werden sie abgewiesen.

Andererseits überqueren Tausende Menschen jeden Tag illegal die Grenze zwischen den USA und Mexiko. Ohne Kontrolle. Tausende jeden Tag. Binnen kurzem sind sie untergetaucht. Es gibt keine Meldepflicht in den Vereinigten Staaten und keine Personalausweise.

Der preisgekrönte Autor Charles Bowden gilt als einer der besten Kenner der Problematik zwischen den USA und Mexiko. Mehr als ein Dutzend Bücher hat er darüber verfasst. Bowden sagt:
»Auf der einen Seite der Grenze haben Sie Mexiko, ein Entwicklungsland, auf der anderen die USA, die größte Industriemacht der Erde. Kleinbauern, die nicht bestehen können, fliehen aus Mexiko, lassen Geisterdörfer zurück und versuchen in *Chicago* oder *Los Angeles* zu überleben. Es ist ein Exodus von biblischen Ausmaßen. In Mexiko stehen sie vor dem Nichts – deshalb versuchen sie verzweifelt, da herauszukommen.«

Das *San Joaquin Valley* ist das größte Anbaugebiet der Vereinigten Staaten. Fast alle Farm-Arbeiter dort sind illegale Einwanderer aus Mexiko.
Buena Vista heißt die Hauptstraße in *Lamont*, »Schöne Aussicht«. Alle Schilder, alle Namen in dem 20.000-Einwohner-Ort sind spanisch. Ringsum erstrecken sich Obstplantagen und Gemüsefelder, so weit das Auge reicht. Zwischen der *Sierra Nevada* im Osten und den *Coast Ranges* am Pazifik, zwischen diesen beiden Gebirgsketten erstreckt sich das *San Joaquin Valley* – 80 Kilometer breit und 640 Kilometer lang. *Lamont* liegt am unteren Ende des Valley, zwei Autostunden von *Los Angeles* entfernt.

Tagsüber ist der Ort wie ausgestorben. 85 Prozent der Einwohner sind auf den Farmen beschäftigt, überwiegend Mexikaner. Von halb sechs, wenn die Sonne aufgeht, bis nachmittags um vier dauert die Schicht, mit 30 Minuten Mittagspause. Zehn Stunden Knochenarbeit – gebückt, auf Knien oder auf Leitern mit 30 Kilo schweren Tragekörben auf dem Rücken. Bei Temperaturen von 40 Grad und darüber. Auch Kinder sieht man in den Feldern arbeiten – drei Stunden morgens, vor Schulbeginn, und noch mal zwei Stunden am Nachmittag.

Besucher von auswärts werden gern auf die Ruinen einer Barackensiedlung am Rand der Stadt verwiesen – das *Sunset Labour Camp*, beschrieben vor 70 Jahren in dem Roman »*Früchte des Zorns*«, mit dem der spätere Nobelpreisträger John Steinbeck seinen Weltruhm begründete.

Das *Sunset Labour Camp* heißt heute *Arvid Migrant Center*. Die Stadt hat dort eine Wohnsiedlung für Familien von Saisonarbeitern gebaut, die eine Aufenthaltserlaubnis haben – eine verschwindende Minderheit. Für die große Mehrheit der Immigranten hat sich in den 70 Jahren, seit Steinbecks Buch erschien, nicht viel geändert: fünf oder sechs Personen teilen sich einen einzigen Raum in heruntergekommenen Containersiedlungen – wenn überhaupt.

»Viele Neuankömmlinge haben gar kein Dach über dem Kopf«, sagt der Gewerkschafter Lupe Martinez. Er ist US-Bürger, aus Mexiko eingewandert, und hat es zum Vizepräsidenten der amerikanischen Farmarbeiter-Gewerkschaft gebracht. »Die Wohnsituation für die Immigranten ist erbärmlich. Manche, die kommen, haben keine Bleibe und übernachten im Freien. Einige schlafen unter Bäumen, in Orangenhainen oder in Weinbergen.
Wenn sie hier ankommen, haben die Leute kein Geld für ein Zimmer oder ein Motel. Manchmal müssen sie zwei, drei Wochen arbeiten, bevor sie überhaupt ihren ersten Lohn bekommen. Viele Immigranten verstecken sich – die laufen nicht herum und erzählen, dass sie draußen schlafen –, das hat auch mit Stolz zu tun.«

Vielfach sind es Männer ohne Schulabschluss und Berufsausbildung, die auf den Farmen ein Auskommen für sich und ihre Familien daheim suchen. Selbst wenn sie zu Dumpinglöhnen arbeiten, können sie am Tag so viel bekommen wie in Mexiko in einer Woche nicht. Doch die Illegalen – die *undocumented*, wie sie in Amerika heißen, weil sie keine Papiere haben –

sind den Arbeitgebern ausgeliefert. Wer dagegen aufbegehrt, dass den Arbeitern keine Toiletten bereitgestellt werden, kein Trinkwasser, keine Schutzkleidung, dem wird mit Rausschmiss und Abschiebung gedroht.

Und auch die Alteingesessenen sind den Illegalen nicht grün: Wer eine Aufenthaltserlaubnis hat, kauft sich einen klapprigen Van mit zehn Sitzen und verlangt von den Neuankömmlingen fünf Dollar am Tag für die Mitfahrgelegenheit zu den Feldern.

Arbeitgebern, die Illegale beschäftigen, drohen empfindliche Strafen in den USA. Aber schon wegen der ungeheuren Zahl werden die Bestimmungen nicht durchgesetzt. Denn nicht nur die Landwirtschaft, auch Pflegeheime, Baufirmen, Schlachthöfe, Hotels und Restaurants profitieren von den Illegalen – zehn Millionen Arbeitsplätze. Vom billigen Dienstpersonal, das sich viele Haushalte leisten, gar nicht zu reden.

Amerikanische Medien berichten, dass große Betriebe Illegale aus Mexiko regelrecht importieren. Ob das stimme, habe ich den Gewerkschafter Martinez gefragt. »Ich selbst kenne Vorarbeiter«, gibt er mir zur Antwort, »die Leute für ihre Farm direkt aus Mexiko holen, im Auftrag des Verwalters. Oft stammen die Vorarbeiter und Verwalter aus derselben Stadt in Mexiko wie ihre Arbeiter. Sie haben Verbindungen, um Familienangehörige und Freunde direkt hierher zu bringen.
Es ist ungesetzlich, aber es bringt Gewinn: Die Farmer wissen ganz genau, dass sie das Gesetz brechen, aber so ist es eben billiger für sie. US-Bürger zu finden, die für 6,75 Dollar die Stunde bis zu 14 Stunden am Tag arbeiten – und das ohne Überstundenbezahlung – das ist sehr schwer.
Natürlich gibt es auch bei uns, in den USA, Arbeitslosigkeit. Aber manchmal denken die Leute, es ist besser, arbeitslos zu sein, denn dann bekommen sie mehr Geld vom Staat, als wenn sie Erdbeeren pflücken.«

| Bald dreieinhalb Tausend Kilometer lang ist die Grenze zwischen den USA und Mexiko. Von Westen her, vom Pazifik, erst *Kalifornien*, dann *Arizona*, *New Mexico*, dann *Texas*. Ab der texanischen Großstadt *El Paso* bildet der *Rio Grande* – den die Mexikaner *Rio Bravo* nennen – die Staatsgrenze der USA, bis zum südlichsten Zipfel von *Texas*. Entlang der Grenze von *Kalifornien* bis *Texas* sind viele Landstriche Wüste oder Bergland, in die auf beiden Seiten keine Straße hinführt. Manchmal ist Mexiko in Sichtweite, manchmal Hunderte Kilometer entfernt von den *interstates*,

den großen Autobahnen quer durch die USA. Mit Umwegen immer wieder zur Grenze habe ich es von Kalifornien bis Texas auf 7.000 Kilometer gebracht.

Auf den Autobahnen war es mir oft zu blöd: fünf oder zehn Riesenlaster vor und hinter mir; alle fahren sie am Tempolimit, keiner kommt am anderen vorbei. Eine halbe Stunde, eine Stunde.
Deshalb bin ich auf Nebenstraßen ausgewichen. Da kommt man durch verschlafene Orte, in denen das einzig Lebendige der Durchgangsverkehr ist. An der Vordertür die *main road*, die Hauptstraße. An der Hintertür Pampa und Klapperschlangen.

Nirgendwo in Amerika gibt es Autobahnraststätten wie bei uns. Nur Parkplätze mit Toiletten und Münztelefonen. Letztere sind wichtig: Handys hat jeder in den Ballungszentren, aber fünf Meilen außerhalb der Städte – in allen ländlichen Regionen – ist Feierabend: keine Transmitter, kein Netz. Das längste Stück ohne Funkverbindung war 180 Meilen lang.

Die Hunderte Meter hohen Sanddünen bei *Yuma* an der Grenze von *Kalifornien* zu *Arizona* sind eine Attraktion für viele Kalifornier, die ab und an raus wollen aus ihren Großstädten, Ruhe und Einsamkeit und unberührte Natur erleben möchten. Sie fahren also nach *Yuma*. Und finden sich dort wieder in Caravanstädten mit 10.000 anderen Menschen, Wohnwagen an Wohnwagen.

Einmal bin ich auf einer Autobahn in eine ausweglose Blockade geraten, weil überbreite Tieflaster, die komplette Häuser durch Amerika transportieren, in eine sich verengende Baustelle geraten waren und sich hoffnungslos verkeilt hatten. Ich musste übernachten und mir am nächsten Morgen einen anderen Weg suchen: Die Häuser standen noch immer auf der Autobahn.

In der Mitte von Nirgendwo nur noch riesige Strommasten und Eisenbahngleise als Wegbegleiter. Immer wieder habe ich parallel der Straße endlos lange Frachtzüge passiert, war ein bisschen schneller und habe – zur Ablenkung – die Waggons gezählt. Was mich oft beinahe in den Straßengraben gebracht hätte.

| *Buenos Aires Wildlife Refuge* ist ein amerikanischer Nationalpark direkt an der Grenze von *Arizona* und Mexiko, 500 Quadratkilometer groß, völlig unbesiedelt. Eine felsige Hügellandschaft, die Lebensraum für hunderte seltener Vogelarten und Säugetiere und Refugium für eine vom Aussterben bedrohte Kaktusart ist. Die nächste große Stadt, *Tucson*, ist 60 Meilen entfernt.

Die Abgeschiedenheit, die den Nationalpark für Touristen attraktiv macht, macht ihn auch ideal zum illegalen Grenzübertritt in die USA. Im Besucherpavillon liegt ein Merkzettel aus: »Vermeiden Sie Kontakt mit Fremden«, heißt es darin. »Lassen Sie sich nicht darauf ein, wenn Sie jemand um Essen oder um Wasser bittet. Verständigen Sie stattdessen einen *Park Ranger* oder die Grenzpolizei.« Dass man beim Durchqueren des Nationalparks auch schroffe Hügelketten und tiefe Canyons überwinden muss, sieht man von mexikanischer Seite nicht. Die Staatsgrenze markiert ein einfacher Zaun, der stellenweise niedergetrampelt ist. Der Autor Charles Bowden beschreibt, was sich nachts in dieser Hochwüste abspielt:
»Tausende Mexikaner sind da draußen, voller Todesangst, auf dem Weg in die USA. Und Tausende Pfund Drogen werden transportiert, bewacht von Männern mit automatischen Gewehren. Und Dutzende, vielleicht Hunderte von Grenzpolizisten sind die ganze Nacht auf den Beinen. Im Norden der Schimmer – das sind die Lichter von *Tucson*. 60 Meilen – drei Tage dahin zu Fuß.
Einer läuft hinter dem anderen her und jeder hat Angst. Sie haben Angst vor der Wüste, bei Nacht. Es ist eine andere Wüste, wenn Du gejagt wirst. Hinter dem Zaun werden sie zu Rehen, umzingelt von Löwen. Das einzige, was man da draußen hören kann, sind Insekten und Angst. Hunderte von Meilen knisternde Angst.«

| *Border Patrol* heißen die schwarz uniformierten Beamten der amerikanischen Grenzpolizei. In Geländewagen patrouillieren sie entlang der Grenze, geben über Funk ihre Beobachtungen weiter.

Außerhalb der Stadt *Nogales* ist die Grenze durch vierkantige Granitsteine markiert, im Abstand von einer Meile. Und einem hüfthohen Stacheldrahtzaun. Sonst nichts. In den Stacheldrahtzaun hat die *Border Patrol* vorsorglich Öffnungen hineingeschnitten – damit die Illegalen ihn nicht gänzlich niederreißen. Bei Tag halten die *Border Agents* Ausschau nach Spuren im Gelände: Fersenabdrücke zeigen die Richtung, in der Menschen gelaufen sind, und deren Anzahl; der Abdruck von Reifen sagt, wie viele Autos es waren und gibt Auskunft über ihre Beladung. Einzelne Grenzabschnitte sind mit Codes bezeichnet, damit die Funkzentrale weiß, wo die Beamten sich aufhalten.

»Das wissen die anderen aber auch«, sagt *Border Agent* Roy Pierce, der mich herumfährt. »Die anderen«, das sind bezahlte Ausguckposten auf Häusern und Hügeln im mexikanischen Teil der Stadt, denn *Nogales* ist durch die Staatsgrenze mittendurch geteilt. »Es gibt auch Provokateure«, sagt Pierce, »die unsere Leute in die falsche Richtung locken und ablenken, während die *Coyotes* ganz woanders zugange sind.« *Coyotes*, so heißen die mexikanischen Schleuser, die ihre Landsleute gegen Bezahlung über die Grenze führen. Roy Pierce ist seit 1991 dabei. »Wenn Illegale aufgegriffen wurden, hat man ihre Personalien aufgenommen und sie einfach zurückgeschickt. Viele haben es in der nächsten Nacht gleich wieder versucht«, erzählt er, »das ist heute genauso. Aber wir Grenzpolizisten wurden nicht persönlich bedroht, damals. Jetzt, wo zunehmend Drogen im Spiel sind, ist das anders«, sagt Pierce. »Die Drogenschmuggler sind bewaffnet, besser als wir. Zwei meiner Kollegen wurden kürzlich niedergeschossen.«

Der *Port of Entry* – der offizielle Grenzübergang – liegt mitten in *Downtown Nogales*, im geschäftigsten Viertel. Ein Strom von Fahrzeugen geht durch den Checkpoint: US-Bürger zu einer Stippvisite hinüber, Mexikaner mit einer Tagesgenehmigung herüber, viele Lastwagen. An das Gebäude der Grenzabfertigung schließt sich rechts und links ein sechs Meter hoher Stahlplattenzaun an, mit Maschendraht obenauf, der quer durch die Stadt verläuft.
Als in Kalifornien, Anfang der neunziger Jahre, ein zwanzig Kilometer langer Grenzwall errichtet wurde, gingen die Bilder davon um die Welt. Kurz zuvor war die Berliner Mauer gefallen. Spinnen die Amerikaner, fragte man sich, eine Mauer zu bauen, eine Mauer in Amerika? Meterhohe Stahlwände gibt es mittlerweile in mehreren Städten entlang der US-Grenze zu Mexiko. Aber sie bewirken nicht viel.

Nogales hat 20.000 Einwohner, seine mexikanische Zwillingsstadt dreimal soviel. Den Grenzwall dazwischen kontrollieren die Amerikaner mit Überwachungskameras bei Tag, mit Scheinwerfern und Bewegungsmeldern bei Nacht. Doch drei Kilometer links und rechts vom Stadtzentrum hören die Sperranlagen auf – und die illegalen Grenzgänger marschieren einfach um sie herum. Und selbst mitten in der Stadt versuchen sie es. Versuchen, die

Stahlwand zu überklettern, um auf US-Seite 50 Meter weiter in einem Kaufhaus unterzutauchen. Oder ein wartendes Fahrzeug der *Coyotes* zu erreichen, die sie weiter fortbringen sollen in die USA.

Direkt unter dem Checkpoint verlaufen Kanalisationsrohre zwischen beiden Teilen der Grenzstadt, weit verzweigt unter dem Straßennetz auf US-Seite. Auch sie dienen als »Transit«-Wege, erfuhr ich von der *Border Patrol*. Ich wurde an eine Stelle geführt, wo ein mannshohes Rohr an die Oberfläche kommt; dort hat die *Border Patrol* Felsbrocken aufgetürmt, um die Flüchtlinge am Aussteigen zu hindern.

| Wenn ich auf die mexikanische Seite wollte, wurde ich selbst zu einem Illegalen. Ich war Ausländer mit einem Einreisevisum für die USA. Und fand niemanden, der sich zuständig fühlte für Ein- oder Ausreisestempel nach Mexiko. US-Bürger – von denen die meisten gar keinen Reisepass besitzen – brauchen hinüber gar nichts und bei der Rückkehr nur ihren Führerschein, wenn sie nicht überhaupt auf einer Bustour unterwegs sind.

Sich als Reporter zu erkennen geben, ist nicht gut, meinte Mejia, die mich mitgenommen hat. Sie ist naturalisierte Amerikanerin, arbeitet für eine Hilfsorganisation, die sich um Immigranten kümmert. Von ihr erfuhr ich, was es kostet, illegal in die USA geschleust zu werden: 800 Dollar nach Arizona, 1.500 nach Los Angeles, 2.000 nach New York. »Das Geld bringen Großfamilien auf. Wenn ein Grenzgänger scheitert, leiden zehn andere mit«, sagt Mejia. Denn was ein einzelner im Monat nach Hause überweisen kann – 500 oder 600 Dollar – ist das, was in Mexiko für eine Familie mit Großeltern und Enkeln reicht. Aber auch Verwandte in den USA besorgen das Geld für den Übertritt. Auf mehr als zehn Millionen schätzen die Behörden die Zahl der *undocumented* in den USA.

Können die Menschenschmuggler sich mit dem Geld nicht einfach absetzen, die Illegalen ihrem Schicksal überlassen? »Ja und nein«, antwortet Mejia. »Die Migranten sind wie eine Ware für die Schlepper. Aber es spricht sich herum, wenn die *Coyotes* betrügen. Ihre Reputation ist wichtig, um im Geschäft zu bleiben.«
Mir sind drüben ungewöhnlich teure, neue Pickups aufgefallen, 30.000 Dollar wert. Jungs hinter dem Steuer, die kaum groß genug sind, übers Armaturenbrett zu schauen. »Deren Väter sind *Coyotes*«, sagt Mejia, »daher das

Geld. Ihre neuen Autos nehmen sie aber nie mit über die Grenze, sondern alte, klapprige. Denn wenn sie erwischt werden, wird das Auto konfisziert.«

Mejia zeigt mir Broschüren für Migrationswillige, von mexikanischen Behörden verfasst, überall erhältlich: Ratschläge, wie man sich in den USA verhalten soll, um nicht aufzufallen. Mit Comicbildern für die, die nicht lesen können: Wie US-Polizisten uniformiert sind, welche Schilder wichtig sind und was sie bedeuten. Von ordentlichen Schuhen und genügend Wasser für lange Fußmärsche steht nichts drin.

Mit einer Flasche Wasser und Sandalen kommt man nicht weit in der Bergwüste auf US-Seite, wo die Temperaturen am Tag auf 40 Grad steigen und nachts auf null Grad fallen. Drei Liter Flüssigkeit bräuchten die Grenzgänger am Tag, hat mir ein Arzt erklärt, für drei Tage müssten sie neun Liter mitschleppen und warme Kleidung für die Nacht. Das tut keiner, weiß Mejia. »Im mexikanischen Fernsehen«, sagt sie, »sehen die Leute nur den Glitzer Amerikas, nichts von den Gefahren auf dem Weg dahin. Wenn einer mit einem gebrochenen Fuß zurückbleibt, ist er verloren.«

    | Sylvester Martinsek ist *Park Ranger* in *Arizona*. Das Haus, in dem er mit seiner Familie wohnt, ist 40 Kilometer von der Grenze entfernt. In einem Interview mit dem *National Public Radio* erzählte er:
»Einmal habe ich bei meinem Haus zwei Gruppen von Fremden festgenommen. Ich habe die zweite Gruppe gefragt, ob noch mehr zu ihnen gehörten und es stellte sich heraus, dass sie die Grenze mit 27 oder 28 Leuten passiert und schon sieben zurückgelassen hatten.

Sie waren vier Tage unterwegs und gaben an, seit drei Tagen ohne Wasser und Proviant zu sein. Sie hatten eine Frau mit Kindern zurückgelassen. Sie wussten nicht wo, sie haben sie einfach zurückgelassen.

Es ist oft so: Die Leute legen sich hin, ruhen sich aus, und wenn sie aufwachen, lassen die Starken die Schwachen zurück. Wenn man sie findet, haben sie sich nackt in die Erde eingegraben, mit Erde im Mund. Sie wälzen sich im Schmutz, wie mein Hund, wenn er Schatten sucht. Und sie haben sich Erde in den Mund gestopft, in der Hoffnung auf etwas Feuchtigkeit. Das machen sie so, bevor sie sterben.«

| Entlang der Autobahn, bei Tag, nur schroffe Berge und Kakteen. Die Berge mal näher, mal weiter weg – manche mit Gipfeln wie Nadelspitzen. Und die Kakteen nicht wild verstreut, sondern in Reih und Glied – Plantagen, Meilen um Meilen. Aufgeschnittene Kaktusblätter kann man essen – *nopalitos en bolsa*, das Kilo für mehr als vier Dollar. Und was auf den Kaktusblättern wächst und aussieht wie kleine Birnen – mit süßem Fruchtfleisch – wird von Mexikanern ebenso geschätzt. Die Hälfte der Bevölkerung in *New Mexico* und *Arizona* ist mexikanischer Abstammung.

In einem Ort hielt ich an, um ein Foto von der Monotonie der Häuser entlang der Straße zu machen. Ein paar Jungs unterbrachen ihr Basketballspiel, waren verwundert. Was sieht der Fremde, was wir nicht sehen, jeden Tag, sagten ihre Augen.

Auf der Suche nach einem Zimmer sah ich ein schönes Gebäude, von außen viel einladender als die anderen Motels – *Mortuary Inn* stand dran. Da wollte ich rein, doch mir fiel auf, dass keine Autos dort parkten. Und dann dämmerte es mir: *Mortuary Inn* – das ist kein Motel, sondern eine Leichenhalle.

Ich hatte Rückenschmerzen und wollte nach der Ankunft am Motel meine zwei schweren Koffer nicht aus dem Auto heben – wenn sie erst mal draußen waren, konnte ich sie rollen. Nahebei stand eine Gruppe großer, stämmiger Schwarzer. Ich habe gefragt, ob einer von ihnen mir für zwei Dollar einen Augenblick zur Hand gehen würde, meine Koffer rauszunehmen. »Sorry, man«, haben sie geantwortet, »your problem« – und wandten sich ab.

Es war ein teures Motel. Der Porter, der sich um die Parkplätze kümmert, und der Portier – beide Amerikaner – wollten auch keine Hand rühren. Sorry, sie könnten nicht weg von der Rezeption. Geholfen hat mir ein mexikanisches Zimmermädchen, überglücklich über die zwei Dollar.

| Das Land von John Ladd ist stellenweise zerklüftet. Metertiefe Furchen vom Winterregen, im Sommer trocken und ausgedörrt. Mit dem Geländewagen kopfüber runter und steil wieder rauf – selbst mit Vierradantrieb ist es manchmal schwierig.

Ladd ist auf dem Heimweg. Er hat den Zaun kontrolliert, das macht er jeden Tag. Seine 5.700 Hektar große Ranch liegt am südlichen Ende von *Cochise County*, *Arizona*. Da, wo die Ranch aufhört, hören auch die Vereinigten

Staaten von Amerika auf – Ladds Weidezaun ist die US-Grenze. Ladd ist Rinderzüchter und dreihundert Tiere gehören ihm.

Vom Zaun sind es nur drei Meilen bis zur nächsten Straße – eine gute Stunde zu Fuß. 50 bis 100 Illegale machen das jeden Tag, durchqueren die Ladd-Ranch auf ihrem Weg in die USA. Die Zahl weiß ich vom Sheriff. Der Rancher kann die Illegalen nicht aufhalten. Aber das ist auch nicht sein Problem.

Sein Problem ist der einfache Stacheldrahtzaun: Die Illegalen schneiden große Löcher hinein oder reißen ihn ganz nieder. Die US-Regierung hat hohe Wachttürme errichten lassen, aber es hat sich schnell herumgesprochen, dass niemand drin sitzt, erzählt der Rancher, weil die *Border Patrol* nicht genügend Personal hat. Dann wurden von Generatoren betriebene Flutlichtmasten entlang der Grenze aufgestellt – »aber die schrecken nicht ab«, sagt Ladd, »sondern sind eher hilfreich beim Überwinden des Zaunes.«

Der Zaun selbst ist Eigentum der US-Regierung. Aber die gibt dem Rancher für die Instandhaltung keinen Cent. Stoisch, Tag um Tag, repariert der Rancher den Zaun auf seine Kosten. Warum? Ein Rind ist 1.000 Dollar wert. Wenn ihm nur zwei oder drei seiner Tiere im Monat über die Grenze davon laufen – 30 Rinder im Jahr – wären das 30.000 Dollar und Ladd könnte dichtmachen.

Der Landkreis *Cochise County* hat 130.000 Einwohner. Ein Drittel der Grenze *Arizonas* verläuft in seinem Gebiet. Die Streitmacht der Gesetzeshüter besteht aus einem Sheriff und 86 Deputies.

Larry Dever ist der Sheriff. Ich habe ihn gefragt, wie sehr seine Ordnungshüter durch die Situation an der Grenze in Beschlag genommen werden – eigentlich doch eine Sache der Bundesbehörden und nicht der örtlichen Polizei: »Das ist eine gute Frage und die Antwort ist jeden Tag eine andere. Aber über das ganze Jahr gesehen nehmen die Illegalen wohl 30 Prozent unserer Zeit in Anspruch. Es sind immer noch etwa 1.000 jeden Tag, die gefasst und zurückgeschickt werden, und nach vernünftigen Einschätzungen müssen Sie auf jeden, der aufgegriffen wird, mindestens zwei rechnen, die durchkommen. Es könnten auch drei- oder viermal so viele sein.«

In Glasvitrinen vor Sheriff Devers Büro sind alte Revolver und vorgedruckte Haftbefehle ausgestellt, aus der Zeit des Wilden Westens und des amerikanischen Bürgerkrieges – der mehr Opfer gefordert hat als alle anderen Kriege zusammen, die die Vereinigten Staaten bis zum heutigen Tag geführt haben. Der legendäre Marshal Wyatt Earp, *High Noon* und *Tombstone*, das war im Gebiet des *Cochise County*, damals.

Heute nennen die Leute ihre Gegend wieder *Wild West*. Doch heute ist das Land anders gespalten, nämlich in ein Für und Wider die Millionen illegaler Migranten aus Mexiko. Dazu gehört eine breite öffentliche Debatte über die *Vigilantes*, eine Art Bürgerwehr. Offiziell nennen sich die tausende Mitglieder dieser Bewegung – die von *Arizona* ihren Ausgang nahm – *Minutemen*, nach den Freiwilligen im Unabhängigkeitskrieg, die auf Abruf bereitstanden. *Vigilantes* hingegen ist ein eher böser Begriff, der an die Selbstjustiz des Ku-Klux-Klan erinnert: Schwarze einfach aufzuhängen.

Ich war bei einem Treffen der *Minutemen*: Da saßen Dutzende älterer Männer – Pensionäre – auf Klappstühlen an der Grenze, Bier in Reichweite, Bratwürstchen auf dem Rost; mit US-Schirmmützen auf dem Kopf und Revolvern um die Hüfte geschnallt – die darf in *Arizona* jeder offen tragen. Mit Ferngläsern hielten sie Ausschau nach Illegalen, um über Funk ihre Beobachtungen an das Büro des Sheriffs zu melden. Ich konnte aber auch mitbekommen, wie Jüngere – ihrem Aufzug nach unseren Skinheads ähnlich – darüber bramarbasierten, mit Gewehren die Illegalen aus Mexiko abzuknallen und die Toten einfach liegen zu lassen – das werde andere vom Grenzübertritt schon abschrecken ...

Und was sagt der Sheriff zu den Bürgerwehren? »Wenn ich in dreißig Jahren eines gelernt habe: Wenn du deinen Job nicht machst, dann macht ein anderer ihn. Der Begriff *Vigilante* ist, glaube ich, nicht angebracht für die Bürgerwehren, die im Wesentlichen nur beobachten und berichten sollen. Ich wünschte, sie wären nicht nötig. Wir brauchen aber öffentliches Engagement, Unterstützung, und wir fördern das.
Leider haben die internationalen Medien die Sache mit den *Vigilantes* aufgebauscht und negativ dargestellt. Dass die Dinge außer Kontrolle geraten seien, dass die Bürgerwehren Menschenrechte verletzen, Leute inhaftieren und sogar schlagen würden. Das ist nicht der Fall. Ich jedenfalls habe so was nicht erlebt.«

| Ein Dutzend US-Bürger haben sich in der Grenzstadt *Douglas* zu einer Art Mahnwache eingefunden. Entlang einer viel befahrenen Straße legen sie schlichte, weiße Holzkreuze am Bordstein ab, auf denen Namen stehen. »Presente«, antworten die Männer und Frauen, wenn ein Name ausgerufen wird – »du bist unter uns«. Es sind die Namen von Toten. Mehr als hundert Kreuze haben sie in Einkaufswagen vom nahen Supermarkt

gestapelt. Wenn eines ohne Namen darunter ist, rufen sie »No identificado« – ein unbekannt Verstorbener.

Die Menschen, die der Toten gedenken, unterstützen eine landesweite Kampagne von Kirchen und Selbsthilfegruppen, die sich *No more deaths* nennt – nicht noch mehr Tote. Hunderte Mexikaner sterben jedes Jahr auf dem Weg in die USA. Die Hälfte der Opfer kann nicht identifiziert werden, sagen Kirchenvertreter. Mit einem Versuch direkter Hilfe sind die Kirchenleute gescheitert: Sie hatten Wassertanks – auffallend gekennzeichnet mit blauen Wimpeln – an vielen Stellen in der Wüste deponiert, auf US-Seite. Die wurden von Unbekannten zerstört. Jetzt stehen Wassertanks auf mexikanischer Seite – wo sie nicht viel Nutzen haben.

Vom *Terrace Park Cemetary*, einem abgelegenen Friedhof in dem Städtchen *Holtville* wissen selbst viele Ortsansässige nichts – »wollen es nicht wissen!« sagte Mrs. Quintero, eine Sozialhelferin, die mich hingeführt hatte. Mehr als dreihundert Gräber von Mexikanern, mit nichts als einfachen Quadern markiert, so groß wie Ziegelsteine. Hundertfach auf diesen »Grab«-Steinen die Namen John Doe oder Jane Doe. Die Namen John oder Jane Doe stehen in Amerika für Menschen, deren Name, Herkunft und Alter nicht ermittelt werden konnte – unbekannte Tote.
Der Boden auf dem Gräberfeld in *Holtville* ist lehmig, ohne einen einzigen Grashalm. Der Stein 36 in Reihe 9 trägt einen Frauennamen: Angel Flores. »No olvidada« – unvergessen, steht dabei. Davor hat jemand Blumen hingelegt – als ich sie anfasste, bemerkte ich, dass es Plastikblumen waren.

Humanitarian Aid is never a Crime – Hilfe für den Nächsten ist kein Verbrechen, heißt eine andere Aktion der Kirchen. Sie wurde landesweit bekannt, als US-Bürger angeklagt wurden – weil sie mexikanische Grenzgänger, die sie beinahe tot auffanden, zum nächsten Krankenhaus transportierten.

Das *Copper Queen Community Hospital* hat vierzehn Betten und eine gut ausgestattete Ambulanz – für 6.000 Ortsansässige der einzige Anlaufpunkt, wenn sie Hilfe brauchen. Das nächste größere Krankenhaus ist 90 Meilen entfernt.
Das Problem des *Copper Queen Hospital* ist, dass mittlerweile mehr Menschen von jenseits der Grenze behandelt werden müssen als Einheimische. Wenn hilfsbedürftige Mexikaner aufgefunden werden, beginnt ein Eiertanz: Die *Border Patrol* untersteht der US-Bundesregierung. Wenn ihre

Beamten Menschen ins Krankenhaus einliefern, müsste die Bundesregierung dafür aufkommen. Weshalb die *Border Patrol* den Sheriff anruft, der seinerseits die Ambulanz verständigt – und damit ist die Sache abgewälzt: Das Krankenhaus hat jetzt die Behandlungskosten am Hals.

Kommunale Krankenhäuser in den USA erhalten keinerlei staatliche Zuschüsse. Sie sind auf sich selbst angewiesen, finanzieren sich ausschließlich durch Gebühren ihrer Patienten oder deren Krankenversicherung – so die Patienten denn eine haben. In den Südweststaaten – *New Mexico* vor allem – sind Leute mit einer Krankenversicherung so selten wie Regen.
»Wir können absehen, wann wir wegen der Situation an der Grenze den Bach hinuntergehen«, sagt James Dickson, Direktor des *Copper Queen Hospital*, »denn die kommunalen Krankenhäuser in den USA sind sowieso in Schwierigkeiten: Kaum Einnahmen, geringe Bevölkerung usw.
Aber schwer getroffen waren wir, als das Problem mit den Einwanderern hinzukam: Da verkümmerte alles. Wir mussten das Krankenhaus nicht schließen, aber unsere Leistungen drastisch reduzieren.«

Und noch etwas müssen Sie wissen: Wenn jemand aus Mexiko medizinische Hilfe in den USA braucht, dann bekommt er sie – kostenlos –, sobald er die Grenze überquert. Das ist ein Regierungsprogramm, das sich *compassionate entry* nennt: Es erlaubt Ausländern die uneingeschränkte Krankenversorgung in unserem Land. Sie müssen nicht einmal nachweisen, ob sie bezahlen können oder nicht. Das macht es ziemlich schwer für uns, denn es ist eine ländliche, unterversorgte Gegend mit hoher Arbeitslosigkeit. Es ist der Wilde Westen.«

Nachts sind stellenweise Hubschrauber im Einsatz, mit Wärmebildkameras – zum Aufspüren von Illegalen. Tagsüber kann man Patrouillen sehen, die wie Astronauten auf dem Mond wirken: Sie tragen Vollvisierhelme und reiten auf Motorrädern mit drei oder vier wulstigen Reifen durch unwegsames Gelände. Bis weit ins Hinterland – 100 Kilometer und mehr von der Grenze entfernt – unterhält die *Border Patrol* Checkpoints an Straßen, die nach Norden führen, in die Zentren der USA. Besonders nach Kleinlastern, die überladen wirken, halten sie Ausschau – Fahrzeuge der *Coyotes*, in die ein Dutzend Illegale gepfercht sein könnten.

Der Anblick von festgenommenen Mexikanern, Frauen vor allem, hat mich immer berührt. Was geschieht mit ihnen, habe ich den amerikanischen Rechtsanwalt Rudy Cardenas gefragt. »Nichts«, sagte er. »Sie werden einfach abgeschoben, ohne Strafe. Auch wenn sie es zigmal versuchen. Nur wenn sie weiter als hundert Meilen von der Grenze aufgegriffen werden, kann es eine Gerichtsverhandlung geben und eine kurze Haftstrafe«, so der Anwalt. »Danach werden sie abgeschoben. Wer nach einer offiziellen Ausweisung wieder erwischt wird, dem droht allerdings eine hohe Gefängnisstrafe.«

Der Ort *Naco* auf US-Seite hat 700 Einwohner. Und einen Golfplatz. *Naco Sonora*, die mexikanische Schwesterstadt, hat 13.000 Einwohner. Und nur Elend. »Man muss auch die andere Seite sehen«, sagt James Dixon, der Klinikdirektor. »Der Hauptkorridor für die Immigranten ist hier im Bezirk *Cochise*. Sie nehmen zwischen 300.000 und 450.000 Menschen jedes Jahr fest. Für die mexikanischen Grenzstädte ist das Problem aber genauso groß wie für uns. Die 2.000 Menschen, die wir jeden Tag zurückschicken, müssen dort wieder aufgenommen werden. Das belastet ihr Gesundheitssystem und ihr Polizeisystem genauso wie auf unserer Seite. Das sollten beide Regierungen erkennen.«

| Unter den US-Bürgern, die entlang der Grenze leben, gibt es viele, die auf die Grenzzäune und Restriktionen eher verstört reagieren. »Das ist uns von Washington aufgezwungen worden«, sagt der Bürgermeister Alex Perrone. »Vor einem Menschenalter wusste doch keiner hier, wo die Grenze überhaupt ist. Wir hatten immer gute Nachbarschaft zu den Mexikanern. Und wenn schon: Lasst sie doch alle rein! Wo immer in den USA Arbeitskräfte gebraucht werden und Amerikaner das selbst nicht auf sich nehmen wollen, sollten wir Mexikaner zu uns lassen. Das ist auch im Interesse unseres Nachbarlandes. Da könnten beide Seiten nur gewinnen.«

Der Farmer Paul Betancourt beschäftigt schon seit vielen Jahren mexikanische Landarbeiter. Er zahlt ihnen mehr als den Mindestlohn, »weil wir auch mehr von ihnen erwarten als nur das Minimum«, sagt Betancourt. »Wenn sie meinen Maschinenpark nicht ordentlich warten, bin ich der erste, der leidet.« Der Farmer hat seinen Arbeitern anständige Unterkünfte gebaut, sie sind gemeldet und haben eine Krankenversicherung. »Solange Mexikos Wirtschaft am Boden liegt, solange wird es Menschen geben, die das Risiko auf sich nehmen, über die Grenze zu gehen, weil sie sich hier etwas Besseres erwarten«, sagt Betancourt.
»Deshalb sollten wir Mexiko helfen, seine Wirtschaft anzukurbeln, seine Industrie zu entwickeln, so dass die Leute bessere Jobs in ihrer Heimat

finden. Eine Lösung für die Zwischenzeit könnte sein, dass wir die Grenze öffnen und jeden Immigranten registrieren. Was wir momentan machen, funktioniert ganz offensichtlich nicht. Und in einer Zeit von globalem Terrorismus brauchen wir keine Grenzen, die nicht funktionieren. Warum also öffnen wir sie nicht und registrieren alle Immigranten, so dass wir wissen, wann und wo sie sich bei uns aufhalten und wann sie wieder zu Hause sind. Das wäre doch eine Lösung – aber darüber redet in Washington natürlich niemand.«

| Ein riesiges Schild, so hoch wie ein Haus, zeigt Fotos eines pausbäckigen, schwarzhaarigen Mannes mit Schnauzbart, ungefähr vierzig Jahre alt. »Gesucht« steht darüber: »Juan José Esparragoza-Moreno, genannt El Azul. Fünf Millionen Dollar Belohnung für Informationen, die zur Verhaftung des Drogendealers führen. Vorsicht, er ist bewaffnet.«

Illegale Einwanderer aus Mexiko sind das eine Problem der USA, Drogen aus Mexiko das andere. Beides geht Hand in Hand: Die *Coyotes* sind nicht nur Menschen-, sondern oft auch Drogenschmuggler – für Marihuana, Heroin, Kokain. Die texanische Großstadt *El Paso* und ihre mexikanische Zwillingsstadt *Juarez* sowie das 300 Kilometer lange Grenzstück im texanischen *Rio Grande Valley* sind die Hauptumschlagzentren für Drogen und Schauplatz von blutigen Bandenkriegen auf mexikanischer Seite. Wenn Drogen aus Südamerika erst einmal mexikanischen Boden erreichen, sind sie schon so gut wie in den USA, ist der einhellige Tenor in amerikanischen Medien.

Drastisch formuliert es der Autor Charles Bowden: »Mexiko ist total abhängig von den dreißig, vierzig Milliarden Dollar aus dem Rauschgiftgeschäft. Das ist das einzige, was die Republik Mexiko zusammenhält. Es geschieht nichts im Kampf gegen die Drogen, außer Scharmützeln: Leute werden getötet, Leute gehen ins Gefängnis – doch in jeder amerikanischen Stadt waren Drogen nie leichter und nie so billig wie heute zu bekommen.
Andererseits haben die Vereinigten Staaten für Mexiko keinen Marshall-Plan, kein Konzept, um dort etwas aufzubauen. Dreißig Milliarden Dollar pro Jahr fließen für Drogen aus den USA nach Mexiko. Für Entwicklungsprojekte gibt es nicht einmal den Bruchteil dieser Summe.«

| *Our Lady of Guadalupe* in der Stadt *Mission* ist eine der ältesten Kirchen im südlichen *Texas*. Auf einem Tisch links vom Altar sind Dutzende Porträtfotos von jungen Leuten in Uniformen der US-Streitkräfte aufgereiht – Gefallene. Fast alle mit spanischen Namen. In den Streitkräften der USA gibt es überproportional viele Latinos.

Als ich in der 100.000-Einwohner-Stadt *Las Cruces* in *New Mexico* war, berichteten die Zeitungen dort auf der Titelseite über einen Sohn der Stadt, der kurz zuvor im Irak gefallen war. Der neunzehnjährige Immigrant aus Mexiko hatte eine Aufenthaltserlaubnis, aber nicht die US-Staatsbürgerschaft, weshalb er sich freiwillig zur Armee meldete: Der Dienst in den Streitkräften hätte seine Einbürgerung in *New Mexico* beschleunigt – das mit dem Slogan wirbt »*Land of Enchantment*« – ein Privileg, hier leben zu dürfen. Als der Leichnam des Soldaten, der gern US-Bürger geworden wäre, nach *Las Cruces* überführt und dort bestattet wurde, gaben ihm Tausende das letzte Geleit.

Von der alten Kirche in *Mission* – auf einer holprigen Straße, vorbei an Zuckerrohrfeldern – sind es nur ein paar Meilen bis *Los Ebanos*, dem kleinsten und ältesten Grenzübergang zwischen den USA und Mexiko. In einer Biegung des *Rio Grande* operiert eine einfache Fähre, die per Hand an Drahtseilen von einem Ufer zum anderen gezogen wird. Drei Autos kann sie mitnehmen. An der 60 Meter breiten Furt lauerten früher die legendären *Texas Rangers* mexikanischen Viehdieben auf ...

30 Meilen flussabwärts, bei *McAllen-Reynosa*, gibt es eine Brücke, die täglich von 30.000 Menschen passiert wird. Dieser rege Grenzverkehr hat mit den *maquilas* zu tun. Das texanische *valley*, noch südlicher gelegen als *Florida*, ist eine der prosperierendsten Gegenden der USA – oder war es vielmehr. Das hat auch mit den *maquilas* zu tun.

Maquilas heißen Tausende kleiner und großer Fertigungsbetriebe, die seit 20 Jahren auf beiden Seiten der Grenze entstanden sind; nicht nur in Texas, aber dort hauptsächlich. Zubehörteile werden von der US-Seite nach Mexiko geliefert, dort zusammengesetzt und wieder in die Staaten zurückgebracht, wo die Endprodukte entstehen: Autogetriebe, Kaffeemaschinen, Handyteile, Kosmetikartikel – die Liste ist endlos. Die Pointe der ganzen Unternehmung: die niedrigen Löhne auf der einen und geringe oder gar keine Zölle auf der anderen Seite.

In der texanischen Handelskammer in *McAllen* hat man es mir so erklärt: Die Mexikaner haben Arbeit in ihrer Heimat und müssen nicht illegal über die Grenze in ein Land, dessen Sprache und Kultur sie nicht verstehen. Und die US-Wirtschaft profitiert ebenso: Wie auf mexikanischer Seite sind umgekehrt auch bei den amerikanischen Auftraggebern Millionen Arbeitsplätze entstanden. Doch was über Jahre aussah wie ein Modell zur Minderung der illegalen Zuwanderung, gerät unter Druck:

In den *maquilas* wird ein Stundenlohn von einem Dollar bezahlt – viel mehr als der Mindestlohn in Mexiko, viel weniger als der in den USA. Weil aber in China und in Südostasien Menschen für weit weniger als einen Dollar die Stunde arbeiten, sind in letzter Zeit 30 Prozent der *maquilas* geschlossen und nach Übersee verlagert worden.

| Für mich das Überraschendste entlang der Grenze war der Stausee nahe der Stadt *Del Rio*. 700 Kilometer bis dahin ist der *Rio Grande* nur ein Rinnsal oder eine Kloake. Aber im tiefsten Texas – in einer Gegend, wo es kaum Siedlungen hüben oder drüben gibt – fließen dem *Rio Grande* aus den Gebirgen andere Flüsse zu, und bei *Del Rio* füllen sie, auf beiden Seiten der Grenze, einen Stausee von 300 Quadratkilometern – mit Wasser so klar, wie ich es nirgendwo sonst gesehen habe – Baden ausdrücklich erlaubt.

Hunderte Meilen weiter, am Rand einer Ortschaft, fiel mir ein Schild auf: »Cactus Nursery«, eine Baumschule für Kakteen. Und die hieß ausgerechnet »Kratz«.

Vor Farmhäusern habe ich oft den *Lone Star* gesehen, die Flagge des stolzen Texas. Aber einen Texaner mit Cowboyhut – oder einen Mexikaner mit Sombrero – sah ich nirgendwo. Wenn überhaupt, nur Strohhüte. Den verwegenen Cowboyhut gibt es nur auf Reklamebildern – wie bei uns.

Mexiko hat über 100 Millionen Einwohner, ein Drittel der Einwohnerzahl der USA. Das Geld, das die Illegalen nach Hause schicken, ist die zweitgrößte Devisenquelle des Landes. Der Autor Charles Bowden zieht ein sarkastisches Resumé:

»Die Überweisungen nach Mexiko werden immer höher, je mehr Illegale in die USA kommen – nach *Chicago, Los Angeles*, wo auch immer. Bald wird es mehr Geld sein, als Mexiko aus seinen Ölexporten erwirtschaftet. Südlich der Grenze können sich viele Menschen kaum ernähren, weil es keine Jobs gibt. Schicken sie diese Menschen in die USA, muss Mexiko sich nicht länger um sie kümmern: die Immigranten sind wie ein Automat, der Geld ausspuckt. Mexiko hat etwas entdeckt, das ihm viel Geld einbringt: seine eigenen Bürger in ein anderes Land auszustoßen.«

Und der Farmer Paul Betancourt sagt: »Ich war mit meiner Mutter und meiner Schwiegermutter unterwegs. Meine Mutter ist 76 Jahre alt. Am Flughafen ließ man sie ihre Schuhe ausziehen, als könnte sie eine Terroristin sein. Und boten ihr nicht einmal einen Stuhl an, um sich die Schuhe wieder anzuziehen. Das ist lächerlich. Wenn wir meine Mutter zwingen, die Schuhe auszuziehen, und 4.000 Menschen überqueren täglich die Grenze, ohne angehalten zu werden: Da müssen wir umdenken.«

—

Erstsendung im Sommer 2006.
Von 1973 bis 2005 war Friedrich Schütze-Quest für verschiedene Sendungen sechsmal in den USA.

I Die Einsamkeit des Grenzlandreiters

Durch die entlegensten Landstriche Australiens

| Es war schon morgens heiß, als wir in *Port Augusta* losfuhren, einer kleinen Hafenstadt in Südaustralien. Aber 600 Kilometer weiter im Westen war das Thermometer auf 44 Grad geklettert. Unser Waggon hatte eine Dusche. Aber durch die Hitze wurde das Leitungswasser so heiß, dass man damit Tee aufbrühen konnte. Bei Sonnenuntergang stand das Thermometer auf 42, um Mitternacht bei 39 Grad.

Unser Zug ist ein Güterzug, der *tea and sugar train,* und stammt aus der Pionierzeit Australiens: Als die Gleise der transkontinentalen Eisenbahn vom Pazifik im Osten an die Küste des Indischen Ozeans im Westen verlegt wurden, brachte er Material und vor allem Proviant zu den Camps: auch Tee und Zucker. Auch heute noch ist er der *Sugar,* wie ihn die Leute kurz nennen – eine Art Supermarkt auf Rädern: Tankstelle, Bank und Postamt inbegriffen. Und für die Menschen längs der Eisenbahnlinie die einzige Verbindung zur Außenwelt. Da, wo der *Sugar* entlangfährt, am unteren Ende des Kontinents, erstreckt sich die *Nullarbor*-Ebene. Der Name kommt aus dem Lateinischen und bedeutet eigentlich: »kein Baum«.

1.800 Kilometer. Auf einem Viertel dieser Strecke – die Luftlinie von *Köln* nach *München* – verläuft die Eisenbahntrasse wie mit dem Lineal gezogen: nicht die kleinste Biegung, nicht die geringste Steigung. Unwirklich und lebensfeindlich ist dieses Gebiet, mit einer Ausdehnung zweimal so groß wie die Bundesrepublik. Einige 100.000 Rinder und Schafe beiderseits der Strecke und 800 Menschen vielleicht, alles in allem. Für Reisende spielt die Eisenbahn von Ost nach West längst keine Rolle mehr. »Alles, was atmet, lohnt den Transport nicht«, sagen die Eisenbahner. Viel wichtiger ist die Fracht.

Watson. Ein Dutzend Holzhäuser, ein Lagerschuppen, zwei große Wassertanks, Ende. Rotbraune Erde und Buschgras bis zum Horizont. 40 Menschen leben hier von der Eisenbahn: Gleisarbeiter mit ihren Familien. Aber nördlich und südlich von *Watson* – sehen kann man sie nicht – gibt es noch ein paar *homesteads*, Schaffarmen. Und Siedlungen von Aborigines.

Das Wichtigste für *Watson* bringt der *Sugar* waggonweise: Trinkwasser. Sie müssen eine Weile rangieren, bis der Tankwagen in der richtigen Position vor den beiden riesigen Behältern steht, die halb ins Erdreich gegraben sind, ein paar Meter von den Gleisen weg. Ein Stahlschlauch muss dann die Verbindung herstellen. 50.000 Liter Trinkwasser gehen in die beiden Tanks. Die gleiche Menge enthält ein Waggon, der vom Zug abgekoppelt wurde und hier in *Watson* stehen bleibt, denn Nachschub kommt erst wieder in einer Woche.

Australien ist nach der Antarktis der trockenste Kontinent der Erde. Nur in jedem vierten Jahr gibt es *keine* Dürre. Ein unterirdischer Wasservorrat trägt dazu bei, die Folgen der Dürre zu mildern: artesische Brunnen, tief unter der Erde. Einer dieser Brunnen dehnt sich unter einem Fünftel des Kontinents aus – das größte unterirdische Wasserreservoir der Erde. Das Wasser ist zu salzhaltig für die Bewässerung von Ackerland, eignet sich aber zum Tränken von Vieh. Etwa 20 Prozent der australischen Schafbestände werden aus artesischen Brunnen versorgt. Diese Brunnen machen zwar Gegenden bewohnbar, die sonst Wüste wären, aber sie machen sie nicht grün. Und für Menschen ist das Wasser ungenießbar.

Vor der Tür zum *store van* – dem rollenden Ladengeschäft – drängen sich Dutzende von Aborigines, die mit klapprigen Autos zum Zug gekommen sind – von irgendwoher. Auf die Stunde kann man sich beim *Sugar* nicht verlassen, aber auf den Tag und darauf, dass er überhaupt kommt.

Die weiße Kundschaft ist zuerst bedient worden, die Schwarzen mussten warten. Bis Tony, der *storekeeper*, ihnen ein Zeichen gibt. »Aber nur fünf auf einmal«, erlaubt er. Ich weiß nicht, ob er das aus Anmaßung gegenüber den Aborigines sagt oder einfach nur, weil es so eng ist im Waggon. Aber dass sie hinter den Weißen überhaupt zurückzustehen haben, kommt nicht von ungefähr. In den Städten, im australischen Fernsehen wird man besser über die Probleme der Türken in Deutschland oder der schwarzen Bevölkerungsmehrheit in Südafrika informiert als über die Kultur und die soziale Situation der Aborigines, der Ureinwohner dieses Landes.

Sie machen heute weniger als ein Prozent der Bevölkerung Australiens aus und sind in allen Lebensbereichen benachteiligt: Aborigines haben eine viel höhere Arbeitslosenzahl, sie werden geringer bezahlt als ihre weißen

Mitbürger, sie haben eine schlechtere Ausbildung und sie landen häufiger im Gefängnis. Es gibt viele Australier, die sich deswegen schämen, doch für die Mehrheit sind die Aborigines entweder ein sozialer Schandfleck, einfach ein Rätsel, oder beides. Das Wahlrecht haben die Australier ihren schwarzen Landsleuten übrigens erst 1962 zugestanden.

| *Rawlinna.* Fünf Bahnstunden weiter. In diesem Camp leben 54 Männer, die an der Eisenbahnlinie die Holzbohlen gegen Betonschwellen austauschen. Eine Arbeit, für die keinerlei Ausbildung verlangt wird und die umgerechnet 400 Mark Wochenlohn bringt, netto. Drei Mahlzeiten am Tag und das Dach über dem Kopf sind frei. Die Männer hausen in Blechcontainern. Der Zustand der Toiletten- und Waschanlagen in einem umgebauten Eisenbahnwaggon ist unbeschreiblich.
Von morgens sechs Uhr bis nachmittags um drei dauert die Schicht, einschließlich Essenspause. Der Rest des Tages spielt sich im Pub ab, einer Holzbaracke mit *aircondition*. Mit ihrem Erscheinungsbild und ihrem Auftreten würden die Männer an der Theke für einen Clint Eastwood-Western vom Fleck weg als Komparsen engagiert werden, denke ich mir.

Mike Strong, von jedermann *Dutch* genannt, weil seine Mutter aus Holland stammt, ist der Koch im Camp. Kochen hat er nie gelernt, sondern Schriftsetzer, aber in diesem Beruf wurde er arbeitslos; zur Eisenbahn kam er, weil er sich da jede Woche 300 Mark auf die Seite legen konnte, und zu seinem Job als Koch, weil sich niemand anderes dafür fand, als der bisherige Koch über Nacht plötzlich verschwunden war.
Mittlerweile ist *Dutch* zweiunddreißig und zieht seit fünf Jahren mit dem Camp umher. Den merkwürdigsten Typen sei er schon begegnet, erzählt er mir, und manche Begegnungen seien nicht von Pappe gewesen. »Man glaubt gar nicht, wie viele Idioten es auf der Welt gibt, bis man an einen Ort wie diesen kommt. Ein paar Freunde auf der einen Seite – und auf der anderen Leute, mit denen du nicht das Geringste zu tun haben willst. Für alle möglichen Typen ist es ein guter Unterschlupf – auch für solche, hinter denen die Polizei her ist.«
Und *Dutch* fährt fort: »Feindseligkeit gehört hier zum Alltag und Schlägereien sind an der Tagesordnung. Vor allem, wenn die Männer ihren Lohn bekommen haben und zu trinken anfangen ... Und es kommt nicht so sehr darauf an, ob man ein guter Arbeiter, sondern dass man kein Außenseiter ist.« *Dutch* hat oft erlebt, dass Männer am Freitag ihren Lohn erhielten und am Samstag blank waren. Manche sind auf Wochen hinaus verschuldet, ihr

ganzer Besitz ist das, was sie auf dem Körper tragen. »Und neun von zehn«, sagt *Dutch*, »haben keine Angehörigen«.

Nur ein älterer Mann ist im Raum, der nicht trinkt; den Polen nennen sie ihn, denn da kam er her, vor 40 Jahren. Jetzt ist er 55 und körperlich fitter als mancher der Jüngeren. »Alkoholiker und Kettenraucher, schauen Sie sich die Typen doch an. Und nicht zu vergessen: Marihuana! Viele nehmen auch Aufputschmittel wie Speed. Und blasen sich auf lange Sicht das Hirn aus dem Kopf. Bescheuert, allesamt.«

Um Frauen kreisen die Gedanken der Männer am meisten. Doch Pin-up Girls sieht man kaum im Camp. »Fotos von nackten Mädchen«, meint *Dutch*, »sind wie eine eiskalte Dose Bier – ohne Bier drin. Nur mal in eine Bar gehen und dich dort mit einer Frau unterhalten: das ist es, was man hier draußen am stärksten vermisst. Die nächste Stadt ist 400 Kilometer entfernt. Drei-, viermal im Jahr fahre ich dorthin. Andere fahren alle vierzehn Tage – und kommen alle vierzehn Tage ohne einen Pfennig zurück.« Es ist Freitag, das Wochenende ist da. Einige werden sich aufmachen in die Stadt, mit kurzen Hosen, T-Shirt und Sandalen bekleidet. Zigaretten und ein paar Dollars sind ihr ganzes Gepäck. Bis sie ankommen, wird es zwei Uhr früh sein.

Den ganzen Tag über war das Thermometer wieder auf dem Höhenflug: 32 Grad am Morgen, 46 Grad um die Mittagszeit. Nicht ein Lufthauch lindert die trockene Hitze tagsüber. Erleichterung ist erst spätnachmittags zu erwarten, gegen halb fünf, wenn der *Doc* kommt – eine Brise, die regelmäßig um diese Zeit von der Küste, von der See herüberweht und etwas Kühlung bringt; sie hält meist auch über Nacht an.

Doch heute spielt der *Doc* verrückt: Was sonst ein leichter Wind ist, hat sich zum Sturm ausgewachsen. 150 Kilometer ist hier der Ozean von der Bahnlinie entfernt, und so weit, denke ich, muss auch die Staubfahne reichen, unter der das ganze Land jetzt versinkt.

| In *Karonie* leben Fred Sullivan und seine Frau Beverly. Mehr als diese zwei Einwohner hat der Ort nicht. Fred ist Streckenposten bei der Eisenbahn, verantwortlich für den Abschnitt zwischen Kilometer 1572 und Kilometer 1776. Auf einer Draisine, angetrieben mit einem umgebauten

VW-Motor, ist er tagsüber auf den Schienen rechts und links vor seinem Haus unterwegs.

Das Haus ist gepflegt; vom Wassertank zweigen sie soviel ab, dass es sogar für einen grünen Vorgarten reicht. Drumherum, als Zierde, ein einfacher Zaun. Für das Grundstück hinter dem Haus braucht es keinen Zaun. Da ist nur Busch und Sand, soweit das Auge reicht. Aber auch einzelne *Kurrajong*- und *Hardwoodtrees* sieht man – Bäume, die extrem widerstandsfähig sind gegen Dürre. Früher wurden die Holzbohlen für die Eisenbahn daraus gemacht. Die *Nullarbor-Ebene* – das Land ohne Baum – liegt hinter uns.

Am Abend machen Fred und seine Frau es sich bei einem *barbecue* bequem, Grillen im Freien. Wir haben die Schattenspiele bei Sonnenuntergang bewundert und sehen einen irren, mandarinfarbenen Mond am Horizont auftauchen, übergroß. »Das Gebiet an der Eisenbahn«, sagt Fred, »nennen wir das längste Gefängnis der Welt – weil zwischen dem Eingang und dem Ausgang 1.800 Kilometer liegen«. Wie heißt der nächste Ort von hier? »*Zanthus*«. Woher kommt der Name? »Von den Aborigines, er bedeutet ›Kängurupfote‹ – wenn es ihnen zu heiß wird, lecken sich die Kängurus wegen der Verdunstungskälte die Pfoten«.

Nach *Kalgoorlie* hat Fred Sullivan mich mit seinem Auto gebracht – drei Stunden auf einer Sandstraße. Vor 100 Jahren war *Kalgoorlie* im Goldrausch, damals kamen 200.000 *digger* aus allen Himmelsrichtungen in diese Gegend. Geblieben sind die Westernatmosphäre des *town*, Häuser aus Holz und Wellblech, alte Verandahotels mit filigranem Gusseisen und 20.000 Einwohner, sowie eine 600 Kilometer lange Rohrleitung, durch die das ganze Wasser herangepumpt wird, damals wie heute.

Das Gold spielt heute nicht mehr die Rolle von einst, Eisenerz und Nickel sind an seine Stelle getreten. Für die Arbeiter aus den riesigen Erzbergwerken und den Eisenbahnercamps im Umkreis einer Tagesreise ist *Kalgoorlie* Einkaufs- und Vergnügungszentrum, in dem Prostitution legal und Spielclubs illegal sind – und beide florieren. Mitten im Ort, die ganze *Hay Street* entlang, findet man den Stolz der Kommune: Über 100 nagelneue Appartementhäuschen, einstöckig und adrett, alle zum gleichen Zweck gebaut und vermietet: Mit gelben und roten Laternen vor jeder Tür, die gelbe zum Zeichen, dass der Eintritt erwünscht ist, die rote, wenn Kundschaft bedient wird. Manchmal denke ich noch an eine junge, bezaubernd hübsche Frau mit langen braunen Haaren und einem frischen, offenen Gesicht, überhaupt nicht auffallend zurechtgemacht, die ich von der Arbeit in der *Hay*

Street nach Hause gehen sah. Sonntagmorgens um sechs. Ich war so früh auf den Beinen, um zu schauen, wo die Minen- und Eisenbahnarbeiter unterkommen, wenn sie ihr Geld losgeworden sind, in der *Hay Street* oder beim Glücksspiel: Sie schliefen in den Türeingängen von Geschäften oder Pubs, die geschlossen waren.

Das *Two up* hat sich weit draußen ansiedeln müssen, sechs Kilometer vor den Stadttoren, mitten im Busch. Jeder in *Kalgoorlie* kennt den Weg. Früher machte die Polizei dort noch Razzien, jetzt ist das *Two up* immer noch verboten, wird aber geduldet: Zu viele drängt es dorthin.

Es ist das schäbigste Spielcasino, das sich überhaupt vorstellen lässt: ein Wellblech-Rundbau mit kaputtem Dach, wo der Wind durch die Ritzen pfeift, mit derben Holzbänken innen und Plumpsklos draußen im Sand, hinter einer Sichtblende. Kaum einer, dem man zutrauen würde, dass er mehr als 20 Dollar bei sich hat – doch hier gehen Leute mit Tausenden Dollar Gewinn wieder hinaus – und andere, die das verloren haben.

Gambling, Glücksspiel, ist Nationalsport in Australien. Ein Wochenlohn wird riskiert, manchmal ein Monatslohn, nach der Devise »Alles oder Nichts«. »Wir haben Spiele gesehen«, erzählt der Manager, »wo eine Serie 15 Mal und öfter anhielt; und dann, mit einem Mal, ist alles futsch!« Aber auch, dass jemand mit einem fünfstelligen Gewinn nach Hause geht: »Das ist kein Einzelfall – aber der Mann oder die Frau, die es gewonnen haben, kommen wieder und mit ihnen kommt das Geld zurück!«, sagt der Manager.

Zum Gottesdienst in der *St. Paul's Presbyterian Church*, um elf Uhr, haben sich 40 Menschen eingefunden, in der Mehrheit Schwarze, Aborigines. Die Kirche scheint hier keinen leichten Stand zu haben: die *Queens Church*, ein paar Straßen weiter, steht zum Verkauf. Für 40.000 Dollar. »Stilvolle alte Kirche, aus der sich ein originelles Wohnhaus oder ein Restaurant machen ließe«, steht auf dem Plakat, mit dem die Maklerfirma das Objekt anpreist.

| Ob er 6.000 Rinder hat oder 6.200, weiß David Smith nicht so genau. Auf seiner *station* – eine australische Rinderfarm – gibt es wie auf allen anderen *stations* keinen Zaun; die Rinder laufen frei herum, bis zu 20 Kilometer im Umkreis der Farmgebäude. Nur die Notwendigkeit, an die heimische Tränke zurückzukehren – ein großer, aufgeschütteter Damm, meist nahe beim Wohnhaus – hindert die Tiere daran, sich weiter zu entfernen.

Einmal im Jahr werden sie gemustert. Dabei helfen Helikopter: Der Pilot spürt Bullen, Kühe und Kälber draußen im Busch auf. Er geht herunter – im Sturzflug – bis wenige Meter über dem Boden; der Lärm versetzt die Tiere in Panik und sie rennen los. Dabei folgen sie stur dem *pad*, dem Pfad zum Wasserloch, den sie auch sonst gehen; am Ende dieses Weges warten die *jackaroos* – Cowboys auf Pferden –, die die Rinder in große *corrals* dirigieren. Was auf dem Pferderücken früher Wochen gedauert hat, geht nun in ein oder zwei Tagen: Zwei Helikopter und zehn *jackaroos* können 3.000 Rinder am Tag zusammentreiben. Hinzu kommt, dass sich aus der Luft Tiere aufspüren lassen, die sich seit Jahren irgendwo im Busch versteckt halten, also noch nie gemustert worden sind. Das setzt der Farmer sogar voraus: Denn das Chartern der beiden Helikopter und das Benzin kosten ihn knapp 5.000 Dollar am Tag, der Verkaufserlös von 25 Kühen oder zwölf Bullen. Wenn nur die zusätzlich beim *Heli-Mustering* entdeckten Tiere herangetrieben werden – Tiere, die er anders gar nicht erwischt hätte –, dann geht für den Farmer die Rechnung auf.

Justin Rowley, ein früherer Luftwaffenpilot, fliegt einen der beiden Helikopter. Was sich ausnimmt wie ein Traumjob, hat ihm mit 35 die ersten grauen Haare eingebracht. In der Zeit des alljährlichen Rinderauftriebs sitzt er praktisch wochenlang in seiner Luftschaukel, rauf und runter und wieder rauf und wieder runter und das acht oder zehn Stunden am Tag.
Ich bin einen Vormittag lang in seinem *chopper* mitgeflogen. Danach hatte Justin rotgeränderte Augen: von der Anspannung, der Müdigkeit, vielleicht auch vom Staub, der in die halboffene Kanzel dringt. Ich fand es faszinierend, weil ich gern fliege, aber ich glaube, nach ein paar Tagen hätte ich die Schnauze voll von diesem Job.

David Smith ist Millionär, freilich mehr auf dem Papier: Sein Vermögen sind eine Milliarde Quadratmeter Land und die Rinder, die darauf stehen. Eine Milliarde Quadratmeter sind 100.000 Hektar oder 1.000 Quadratkilometer – ein Fünftel der Fläche des Ruhrgebietes. Doch damit zählt David eher zu den Kleinen im *Northern Territory* – dem *Cattle Country* –, wie das Herzland der großen Rinderfarmen Australiens heißt. Wo man nicht die Zahl der Rinder pro Hektar zählt, sondern wie viel Hektar für jedes Rind zur Verfügung stehen, weil die Vegetation so dürftig ist. Die größte Farm übertrifft die Ausdehnung der Schweiz – mehr als 42.000 Quadratkilometer. Weniger spektakulär sind die anderen, aber – auf unsere Verhältnisse übertragen – immer noch gigantisch: 30 oder 35 *stations*, die sich ein Gebiet so groß wie Bayern teilen; 30, 35 Farmen, mit 200 Menschen vielleicht, auf einem Drittel der Fläche der Bundesrepublik …

| 105 Flugplätze gibt es in Australien, die im Liniendienst – also nicht nur Charter – regelmäßig angeflogen werden. Aber es gibt überhaupt nur 40 Städte auf dem fünften Kontinent, die mindestens 20.000 Einwohner haben. Deshalb findet man Landebahnen – so gut wie in Stuttgart oder Bremen – in der Nähe eines Dorfes mit ein paar hundert Einwohnern; von da aus werden Gebiete erschlossen, die manchmal halb so groß sind wie die Bundesrepublik.

Etwas anderes ist es mit dem *Flying Doc*, dem fliegenden Doktor, den Kranke über Funk konsultieren und der notfalls im Flugzeug kommt. Der braucht keinen Flughafen mit Kontrollturm und allem Drumherum; der kommt – notfalls – überall hin. Eine *runway* findet sich immer: eine einfache Graspiste, mit Ölfässern links und rechts und einer Windhose am Ende. Die Ölfässer sind mit Sand und Dieselkraftstoff gefüllt, der brennbar ist, aber nicht explodiert – und das wird einfach angezündet. Noch aus 20 Kilometer Entfernung sieht man eine so markierte Landebahn bei Tageslicht und aus 50 Kilometern in der Nacht …

| Ich wollte zum Dingo-Zaun, einem Bauwerk, von dem selbst die meisten Australier noch nie gehört haben. Auf einer Länge von 8.600 Kilometern zieht er sich von Südaustralien nach Norden, dann nach Osten – nicht schnurgerade, sondern im Zickzack. Auf der einen Seite des Zaunes Dingos und Kängurus, auf der anderen Schaf- und Rinderfarmen. Auf die Schafe hat es der Dingo – ein in der Wildnis lebender Jagdhund – abgesehen und auf die Schafweiden sind die Kängurus aus: Drei Kängurus fressen soviel wie zwei Schafe.

Die Arbeiter, die den Zaun warten, heißen *boundary rider*, Grenzlandreiter. Der Name stammt aus alten Tagen, als die Männer noch im Pferdesattel am Zaun entlang patrouillierten. Das machen sie heute längst im Geländewagen, jeder in einem bestimmten Abschnitt.

Seit zehn Uhr morgens bin ich unterwegs, sechs Stunden, 600 Kilometer. Vor Kängurus hatte man mich gewarnt und vor Polizeikontrollen, 100 Stundenkilometer ist das Limit. Aber ein Känguru habe ich den ganzen Tag noch nicht gesehen und einen Polizisten auch nicht.

Von einer Anhöhe aus sehe ich das Asphaltband der Straße, die ich von Osten her gekommen bin und die sich vor mir im Nirgendwo verliert. Staubfahnen,

130

wie Pünktchen in der Landschaft, markieren, wo *road trains* unterwegs sind, riesige Laster, die lebende Rinder oder Schafe in die Schlachthöfe an der Küste transportieren. Man kann hier ohne weiteres 150 Stundenkilometer fahren, wenn man die Straße für sich allein hat. Und 20 Minuten hast du sie mal allein. Aber dann – irgendwann –, wenn du mit der Klimaanlage beschäftigt bist oder mit dem Autoradio oder sonst wie abgelenkt, dann genau kommt einer! Und er ist – wegen der schlechten Seitenbefestigung – genau in der Straßenmitte, wie du auch.

Und wenn es ein *road train* ist – eines dieser 100-Tonnen-Ungetüme mit zwei oder drei Anhängern –, dann musst du raus, um Platz zu machen, denn er kann es nicht. Wenn er sein Fahrzeug nur um einen halben Meter verzieht, seid ihr beide dran. Zum Ausweichen ist neben dem Asphalt nur Sand, *soft edge* nennen die Australier das; zwei Räder auf der Straße, zwei im Sand: Bei 100 geht das noch, bei 150 ist es lebensgefährlich.

Je weiter man ins Landesinnere kommt, desto häufiger sind die Straßen schnurgerade – fünf Minuten, zehn Minuten. In der ersten Stunde hält man das aus, aber in der zweiten Stunde weißt du nicht mehr, was in der ersten war, und in der dritten nicht mehr, was in der zweiten war. In der Monotonie des Dahinfahrens kriegst du Halluzinationen: Dörfer am Horizont, die sich in nichts auflösen; dann ein See, wo nur die endlose Prärie ist und Busch. Und immer wieder große schwarze Felsbrocken auf der Straße, die beim Herannahen zusammenschrumpfen, weil Teile von ihnen plötzlich Flügel bekommen – doch das ist keine Einbildung: große Vögel sind es, die Aas fressen, Kadaver von Tieren, die überfahren worden sind.

Die Tankstelle im nächsten Ort hat kein Benzin. Die Frau, die ich im Haus auftreibe, sagt, der Tankwagen sei ausgeblieben; aber Benzin gebe es vielleicht 100 Kilometer weiter. Sie fragt mich, welchen Wochentag wir haben. Kurz vor sechs ist die Sonne weg, das Licht wird merkwürdig fahl. Von einer Ortschaft keine Spur, dabei müsste ich längst am Tagesziel sein. Ob die Kilometeranzeige nicht stimmt?

An die Kängurus hab' ich gar nicht mehr gedacht. Doch plötzlich war eins da, zwei Meter hoch, drei Zentner schwer, mit einem Satz von rechts in die Straßenmitte, 50 Meter vor mir. Das ganze Auto stank nach Reifengummi, so sehr bin ich in die Bremsen gestiegen, vor Schreck. Kängurus gehen auf Nahrungssuche, wenn es dunkel wird, und man stößt auch erst nach 500 oder 600 Kilometern landeinwärts auf sie. Immer wieder Känguru-Kadaver, beiseite geschleudert – ich kann sie gar nicht mehr zählen in den folgenden Tagen; und auch nicht die Autowracks: Oft 100 und 200 Meter abseits der Straße sieht man sie, in beiden Richtungen, viele auf dem Dach liegend, manche grotesk zwischen Büschen und Bäumen verkeilt. Ob das Kängurus waren, in die sie hineingekracht sind oder ob die Fahrer aus Müdigkeit von der Fahrbahn abgekommen sind, weiß ich nicht.

Ich bin heil nach *Tibooburra* gekommen – die letzten zehn Stunden auf einer Sand- und Schotterstraße. Bei jedem Steinschlag ist mir bald das Herz stehen geblieben, aus Angst um die Reifen, um das Auto.

Tibooburra ist die einzige Ortschaft nahe des Dingo-Zauns, im Westen des australischen Bundesstaates *New South Wales*. Und Peter Halpin, 32 Jahre alt, ist der einzige Polizist dort – in einem Gebiet, so weit wie von München nach Frankfurt. Die Haare standen mir noch nachträglich zu Berge, als ich ihn erzählen hörte. »Ich bin für ein Gebiet von 60.000 Quadratkilometern verantwortlich, mit 450 Einwohnern. Der nächste Polizeiposten ist 340 Kilometer weg von mir. Wenn ich auf Patrouillenfahrt gehe, kann ich mir immer nur einen bestimmten Abschnitt vornehmen, und das heißt drei oder vier Tage allein draußen im Busch. Bis ich wieder in dasselbe Gebiet komme, kann es dann acht Monate hin sein.
Wenn da einer stecken bleibt, muss er genügend Reserve-Benzin, Wasser und Ersatzteile dabeihaben, um für sich selbst sorgen zu können. Denn wenn ein Fahrzeug da draußen eine Panne hat, kann es Tage dauern, bis ein anderer Autofahrer vorbeikommt und die Festsitzenden findet. Wer in einer solchen Situation sein Fahrzeug verlässt, um irgendwohin zu laufen, wo er Hilfe vermutet, begibt sich in Lebensgefahr: Immer wieder kommen Menschen auf diese Weise zu Tode – verdursten in dem unwegsamen Gelände.«
Ob sieben Tage reichen würden, um mich in der Gegend umzusehen, hatte ich Peter Halpin gefragt. »Leicht!«, war seine Antwort. »Sie werden wünschen, schon viel früher wieder weg zu sein.«

Tibooburra: 160 Einwohner in meist einstöckigen Flachbauten, die eher zusammengenagelten Containern als einem richtigen Haus ähneln. Drei Einkaufsläden, zwei Tankstellen, eine Autowerkstatt. Zwei Hotels, bei denen es mehr auf den Pub ankommt als auf die Zimmervermietung. Denn außer Farmern, Jägern und *boundary riders* im Umkreis von drei Tagesreisen verschlägt es selten jemand nach *Tibooburra* – »in the middle of nowhere«, wie man hier sagt.

Wenn da noch Pferde statt Autos vor dem Saloon stünden, müsste ich glauben, ich sei in einem Wildwestfilm gelandet, 1886 – und nicht 1986 – im australischen Busch. Es gibt weder einen Metzger im Ort noch eine Bäckerei. Die Familien backen Brot und schlachten ihr Vieh selbst oder sie kaufen Tiefkühlware, die im Lastzug kommt, einmal die Woche.

In der *rush hour* – wenn es hoch hergeht in *Tibooburra* – habe ich in zweieinhalb Minuten drei Autos gezählt, an der Ecke *Briscoe Street* und *Pool Street*, der einzigen Straßenkreuzung im Ort; gleich nebenan ist der Polizeiposten und – neuerdings – die einzige Telefonzelle der Stadt. Früher, als Peter Halpin nach *Tibooburra* kam, gab es nur im örtlichen Krankenhaus ein Telefon, zu dem er dann immer hinüber musste, wenn es ernst wurde.

»Gleich in meiner Anfangszeit kam ich in eine sehr heikle Situation: Da hatten Leute auf den Sohn des Hotelpächters geschossen und der, obwohl verwundet, schoss zurück; dabei wurde auch einer der Angreifer verletzt. Ich bin 250 Kilometer hinter den Leuten her, bis ich sie eingeholt hatte und festnehmen konnte. Und dann habe ich am Straßenrand mit den Verhafteten gewartet, bis Verstärkung aus *Broken Hill* kam, 340 Kilometer südlich von *Tibooburra*.«

| »Wenn Sie nach anderthalb Stunden nicht am *Warri Gate* sind«, hatte man mir erklärt, »dann haben Sie den falschen Weg genommen!« Das war leichter gesagt als getan, weil in einem Meer von Buschgras und kleinen Sanddünen ein Weg stellenweise gar nicht zu erkennen war. *Warri Gate* bezeichnet nicht eine Ortschaft oder ein Haus, sondern den Punkt, an dem der Dingo-Zaun *Tibooburra* am nächsten ist. Ich fand ihn in der angegebenen Zeit.

Der Dingo-Zaun ist zwei Meter hoch, aus Maschendraht, gestützt durch Eisenposten. Unten ist er tief ins Erdreich vergraben, obenauf ist Stacheldraht gespannt. Nichts an diesem Zaun ist besonders – außer, dass er das längste Bauwerk von Menschenhand ist. Vor hundert Jahren errichtet, ist der Zaun unzählige Male zerstört und wieder ausgebessert worden – von den *boundary riders*, den Grenzlandreitern, die entlang des Zaunes leben, den abgeschiedensten Menschen in Australien.

Mit Paddy Barlow bin ich einen Tag lang den Zaun abgefahren. Paddy ist der Vormann der *boundary rider*, ein Veteran, der schon 40 Jahre dabei ist. Wo er finden würde, was er mir zeigen wollte, wusste Paddy nicht genau: So waren wir sechs Stunden auf der Suche, sechs Stunden im Geländewagen, von morgens acht bis mittags zwei Uhr.

Dann hatten wir ihn – Clay mit seinem Raupenschlepper, zum Sand weg-
räumen. Wie sie dieses Ungetüm da raus gebracht haben, ist mir heute
noch schleierhaft – das muss einen halben Monat gedauert haben. Auch
der Sinn dieses Zaunes war mir ziemlich schleierhaft – weil ich den ganzen
Tag weder Schafe noch Dingos gesehen hatte. »Da können Sie noch einen
Tag fahren und keine finden«, meint Paddy, »so groß ist das Land. Aber sie
sind da, beide. Und deshalb brauchen wir den Zaun. Wenn es den Zaun
nicht gäbe, wäre hier keine Schafzucht möglich. Außerdem dient er der
Quarantäne: Wenn auf einer Seite des Zaunes eine Tierseuche ausbräche,
würden die Tore im Zaun geschlossen und keine Rinderherden könnten
mehr hinüber oder herüber getrieben werden«, so Paddy.

»Was die Instandhaltung angeht, sind Sandstürme und Treibsand unser
größtes Problem. All die Verwehungen, die Sie hier sehen, müssen wegge-
räumt, eingeebnet werden. Und neben den Naturgewalten sind es die Dingos, die uns zu schaffen machen: Entweder versuchen sie, sich unterm Zaun
durchzugraben oder sie beißen den Draht durch – er ist nur dünn und für
den Dingo überhaupt kein Problem. Hinzu kommen Kängurus, die den
Zaun förmlich durchbrechen und Emus – diese blöden Viecher versuchen
ständig drüberzuklettern, schaffen es aber nur halb und reißen dabei den
Zaun kaputt; Emus richten mehr Schaden an als Kängurus.«

Clay, der den Räumbagger bedient, lebt in einem Wohnwagen, wie ihn Bauarbeiter bei uns benutzen. Oder Kirmesleute. Sein »Zuhause« hängt Clay
einfach an den Schlepper an, wenn er zur nächsten Schadstelle am Zaun
weiterrollt. An einer Leine am Wohnwagen hängen Dingoskalps; zwölf
Stück zähle ich: 120 Dollar Nebenverdienst für Clay – für jeden Skalp zahlt
ihm die Regierung zehn Dollar. Seit acht oder zehn Tagen – genau weiß er
es nicht – sind wir die einzigen Menschen, die Clay zu Gesicht bekam.

Paddy ist der Aufseher über vierzehn *boundary rider* und sieben Arbeiter:
Er sucht die Leute aus, er stellt sie ein. Was reizt Menschen – frage ich ihn –
an diesem Job, an dieser Einsamkeit? »Ich glaube, es ist die Unabhängigkeit«, vermutet er, »hier ist niemand, der ihnen dauernd über die Schulter
guckt. Sie haben einen Job zu erledigen und das tun sie. Aber sie haben
dabei einen Spielraum, wie sie ihn in einer Fabrik oder in den Städten nie
finden würden. Für andere mag ausschlaggebend sein, dass sie hier kostenlos wohnen können, nicht die hohen Mietkosten haben wie in der Stadt.
Einer war Kommunalbeamter und hielt es an seinem Platz einfach nicht
mehr aus: Jetzt, als einfacher Grenzlandreiter, mit weniger Einkommen und

Prestige, ist er zufrieden. Nur Abenteurer – die will ich hier nicht haben! Leute, die sich vorstellen, sie könnten hier wie ein Trapper in der Wildnis leben. Ein *boundary rider* ist nicht für die Jagd angestellt, sondern dafür, dass er den Zaun in Ordnung hält!«

Paddy bevorzugt Männer, die verheiratet sind. Sie sind stabiler, meint er. Die Häuser, in denen sie wohnen, Löhne, Fahrzeuge, das Material für den Zaun – das alles kommt weniger von der Regierung als von den Schafzüchtern, die sich in Genossenschaften zusammengeschlossen haben. 2.000 Farmer sind es an dem Teilstück, für das Paddy die Verantwortung hat.

Doch hier betragen staatliche Zuschüsse immerhin noch ein Fünftel der Kosten; andernorts – im Süden oder Osten – wendet niemand Geld auf – da verrottet der Zaun auf Tausenden von Kilometern. 140 Millionen Schafe, das bedeutet für Australien ein Viertel der Weltproduktion an Wolle und – zusammen mit Rinderzucht und Getreide – 40 Prozent der Exporterlöse des Landes. Das ist aber weder einer Bevölkerung richtig klar, die zu 95 Prozent in städtischen Ballungszentren an den Küsten lebt, noch Politikern oder einer staatlichen Bürokratie, die das *Outback* lediglich als Mythos begreifen: die Legende der Gründerzeit.

| Zeit seines Lebens ist Wayne O-Shea ein *stockman* gewesen, ein Cowboy. Mit Schafen konnte er sich nie anfreunden, er hat lieber große Rinderherden durchs Land getrieben, dabei oft wochenlang im Freien campiert. Ich war zwei Tage mit ihm draußen, im Geländewagen; zwei Kartons Bier hatte er eingepackt, Kochgeschirr und ein paar Konservenbüchsen, Wolldecken und zwei Gewehre.

Die erste Dose Bier trank er zehn Minuten, nachdem wir losgefahren waren, die nächste eine Stunde später, und an den Rhythmus hielt er sich tagsüber – 48 Dosen hatten wir. Abends trank Wayne nichts, er machte mit wenigen Handgriffen ein Feuer und bereitete etwas zu essen. Eine Stunde saß er noch einsilbig am Feuer, um neun wickelte er sich in seine Decke; um fünf Uhr morgens stand er wieder auf und scheuchte auch mich hoch.

Nicht mal die Andeutung eines Weges war zu sehen, nur Buschgras, manchmal bis zum Kühler hoch. Die Orientierung hatte ich längst verloren, nicht aber Wayne: Er richtete sich nach der Sonne – die hier, auf der anderen Seite der Erde, mittags hoch im Norden steht. Oder er warf einen kurzen Blick ins Gelände: winzige Veränderungen in der Vegetation, oft nur in der Farbe, wiesen ihm den Weg. Unter dem Buschgras war der Untergrund manchmal beinhart, manchmal sandig – Wayne spürte das irgendwie im voraus, beschleunigte den Wagen oder fuhr äußerst langsam. 30 Stundenkilometer schafften wir so im Schnitt, die Strecke, erzählte Wayne, die man eine Rinderherde treiben kann – »between the two suns« – zwischen Sonnenauf- und Sonnenuntergang.

Am Morgen des zweiten Tages entdeckt er an umgeknickten Buschhalmen unsere Spur von gestern; ich hatte nichts gesehen, er musste mich darauf aufmerksam machen. Und auf den Dingo, der plötzlich vor uns war, 100 Meter vielleicht, mit dem Gelände fast verschmolzen. Wayne ahmt den Ruf des Dingos nach. Das Tier verharrt lauernd. »Er ist verunsichert«, sagt Wayne, »die Situation ist ihm fremd.«
Er meint, dass der Dingo noch nie auf einen Menschen getroffen sei. »Er geht um uns herum, will in den Wind, so dass er uns riechen kann. Siehst du's?« Wayne verlässt den Wagen, eine Schrotflinte in der Hand. Der Dingo bleibt auf der Hut, doch Reißaus nimmt er nicht. Es ist ein schönes Tier, so schwer und groß wie ein Schäferhund, aber höher gewachsen und fast ohne Fell. Dass einem ein Dingo allein über den Weg läuft, ist nicht ungewöhnlich; sie sind eher Einzelgänger, kommen selten im Rudel.

Mit der Schrotflinte, die Wayne zweimal abfeuert, hätte er den Dingo nicht getroffen – aber das war auch nicht die Absicht. Wayne wollte ihn nur erschrecken, damit er ein Gespür für die Gefahr bekommt, die ihm von Menschen droht. Rinderleute wie Wayne haben – im Gegensatz zu Schaffarmern – nichts gegen den Dingo; an Rindern oder Kälbern vergreift er sich nur selten.
Unser Dingo zeigt sich von den Schüssen wenig beeindruckt; trollt sich eher gemächlich. Ob er Menschen attackieren würde? »No«, antwortet Wayne, »hier draußen im Busch macht mir ein Wildschwein mehr Sorgen als ein Dingo. Aber hast du gesehen, wie geschickt er sich angeschlichen hat? Wie er um mich herum ist? Wie weit war er noch weg: 40 Meter oder 30 Meter? Zehn Dollar ist der Skalp eines Dingos wert«, sagt Wayne. »Aber ich möchte gar nicht, dass sie alle abgeschossen werden.«

| Ich war auch auf der Kängurujagd dabei. Mit Alby Hoskins und Colin Willkinson, seinem Helfer. Alby ist ein *licensed shooter*, ein vom Staat lizenzierter Jäger. Kängurus fressen nur nachts. Und werden deshalb nur nachts geschossen, wenn sie friedlich äsen.

Alby sitzt am Steuer des Kleinlasters, mit dem sie durchs Gelände rumpeln. Sein Beifahrer hantiert von innen mit einem starken Scheinwerfer, der auf dem Wagendach angebracht ist und sich um 180 Grad schwenken lässt; damit leuchtet er in die Dunkelheit. Wenn der Lichtkegel ein Känguru erfasst hat, richtet sich das Tier auf, starrt wie gebannt in den Scheinwerfer. Es flüchtet nicht, weiß nicht, was vorgeht.

Knapp 100 Meter vor einem Känguru stoppt Alby das Fahrzeug; die Windschutzscheibe ist umgebaut zu einem Schiebefenster. Er schiebt sie auf, bringt sein Gewehr in Anschlag, visiert durchs Zielfernrohr und drückt ab. 20 Tiere haben sie, als die Männer eine Pause machen und ihre mitgebrachten Sandwiches verzehren. Es ist ein Uhr morgens. Mit der bisherigen Ausbeute sind sie nicht zufrieden. »Es liegt daran, dass wir erst um zehn Uhr rausgefahren sind – viel später als sonst«, sagt Albys Begleiter.

Normalerweise fangen sie früher an – und hätten wahrscheinlich schon 35 Kängurus. Oder 40. Und wie viele sind es am Ende der Nacht? »Siebzig. Siebzig sind das Maximum, mehr können wir gar nicht aufladen, jedenfalls nicht von diesem Typ Känguru. Manchmal, wenn's gut läuft – wenn man auf eine große Herde stößt – kann man um Mitternacht schon fertig sein mit siebzig Abschüssen!«

Alby hat noch beide Backen voll, doch mit Blick auf die Zeit drängt er zum Weitermachen. Um vier Uhr ist Schluss, dann müssen sie noch fünf Stunden fahren, um ihre Fracht im Kühlhaus abzuliefern, 300 Kilometer entfernt.

Die Kängurujagd ist eine Industrie in Australien und sehr umstritten – aber nur für die Stadtbevölkerung, nicht für die Leute auf dem Land. Drei Kängurus fressen soviel wie zwei Schafe, nur: die Kängurus können weiterziehen, der Schaffarmer kann es nicht. Wenn Futter und Wasser nicht für beide reichen, dann müssen entweder die Farmer aufgeben oder ein Teil der Kängurus. Über ihre Zahl und Verbreitung geben Luftaufnahmen Aufschluss, die von der staatlichen Naturschutzbehörde erstellt werden; danach wird genau festgelegt, wo, wie viel und welche Arten von Kängurus geschossen werden dürfen. Das Fell der Tiere wird für Handtaschen und Spielzeuge verwendet, während das Fleisch zu Hunde- und Katzenfutter verarbeitet wird. Bald drei Millionen Kängurus werden in Australien alljährlich zum Abschuss freigegeben; dennoch ist der Tierbestand heute höher als vor 30 Jahren. Sagt die Regierung.

| In *Tibooburra* ist es ein großer Tag. So viel Leben war schon lange nicht mehr im Ort, genau genommen seit neun Monaten nicht, sagt Peter Halpin, der Polizist. Den so selten gewordenen Anlass für Geschäftigkeit und Festlichkeit den ganzen Tag über, bot das *Drive in*, das Freilichtkino. Mit dem Film »Football« und Goldie Hawn in der Hauptrolle. Früher war so etwas an der Tagesordnung in *Tibooburra*. Doch das *Drive in* – das nie nur Kino war, sondern immer auch Begegnungsstätte für Menschen im Umkreis einer Tagesreise – ist, meint Peter Halpin, inzwischen durch Errungenschaften kaputtgegangen, die auch vor dem australischen *Outback* nicht haltmachen.

»Als ich hierher kam«, sagt er, »gab es zwar schon Videofilme, doch selbst zu der Zeit hatten wir noch alle vierzehn Tage das Freilichtkino. Da sind die Leute von überall gekommen, haben ein *barbecue* veranstaltet und sich den Film angeschaut. Es war das gesellschaftliche Ereignis. Aber dann ist das mit dem Video immer mehr geworden und das Kino zusammen mit dem Grillfest immer seltener. Jetzt findet es nur noch statt, wenn es einen Film gibt, den die Leute noch nicht kennen. Dieser Gemeinschaftsgeist, fürchte ich, wird noch weiter leiden, sobald sich auch das Fernsehen im Ort durchsetzt.«

Das *Outback* ist nicht Australien. Das *Outback* – das sind 95 Prozent des Kontinents, aber nur fünf Prozent der Australier. »Man darf«, sagt Frank Sturges, Manager bei den *Flying Doc*, den fliegenden Ärzten, »man darf das eine nicht mit dem anderen verwechseln – Australien und sein *Outback* sind zwei Welten in einem Land. Hier draußen schaust du einem Mann in die Augen und weißt: Auf den kann ich mich verlassen, der ist eine ehrliche Haut. Es geht auch nicht anders – denn dein Leben kann von ihm abhängen, irgendwann, und seins von dir beim nächsten Mal. Ein Händedruck zählt in diesem Teil der Welt noch mehr als das Siegel eines Notars und mehr als jede Unterschrift. Es ist dein Wort! Du kannst es brechen, aber nur einmal – und dann gilt dein Wort nichts mehr! Dann will keiner mehr etwas mit dir zu tun haben.«

—

Erstsendung 1988.
Friedrich Schütze-Quest lebte von 1983 bis 1987 in Australien.

I »Lieber sterben wir, als so zu leben«

Beobachtungen in einem palästinensischen Flüchtlingslager

| Wenn man von der libanesischen Hauptstadt *Beirut* nach Süden fährt, immer am Mittelmeer entlang, dann kommt man nach zwei Stunden Autofahrt in die alte Hafenstadt *Tyrus*; noch ein paar Kilometer weiter, südlich von *Tyrus*, geht rechts von der Hauptstraße unvermittelt ein Feldweg ab, ohne Beschilderung und nicht asphaltiert; an seinem Ende stehen bewaffnete Posten hinter Sandsackbarrieren. Der Weg führt nach *Raschidije*, einem Lager, in dem annähernd 20.000 palästinensische Flüchtlinge leben.
Raschidije liegt in Reichweite der israelischen Artillerie, die Grenze – die Berge des Libanon – kann man von dort aus sehen. In Elendslagern wie *Raschidije* hausen Hunderttausende von Palästinensern – in Jordanien, in Syrien, im Libanon; in der zweiten und dritten Generation. Es gibt Lager darunter, da laufen die Ratten den Katzen nach, sagt man, nicht umgekehrt.

Es ist ein kreisförmiger Platz, auf dem die Kämpfer sich treffen sollen, mit Sand aufgeschüttet, dreißig Meter im Durchmesser. Die Sandgrube liegt etwas außerhalb des Lagers, am Rand eines großen unbebauten Ackers. Drei armselige Hütten stehen hier – Wohn- und Schlafraum für die Kämpfer, Waffenkammer, der Versammlungsraum. Das Megaphon und die Lautsprecher sind vorsintflutlich, aber hören kann man sie bis ins Dorf hinein.

»Alle jungen Löwen und alle Rosen sammeln sich sofort auf dem Übungsplatz und zwar in Uniform«, tönt es dreimal hintereinander aus dem Lautsprecher. »Im Namen Allahs« setzt der Mann hinzu und dann den Kampfruf »Haftan nassr – Revolution bis zum Sieg«, die Parole der *PLO*. Die Kämpfer, die Palästina einmal befreien sollen, sind noch Kinder. »Ashbals«, junge Löwen, nennen sich stolz die Jungen, die der *Asifa*, der militärischen Nachwuchsorganisation der *Fatah*, angehören; »Rosen« heißen die Mädchen.

»Im Namen Allahs, im Namen des Volkes, im Namen der Revolution«, singen die Kinder, »wir geben unser Blut für die Freiheit, wir bluten für Palästina. Palästina ist das Land unserer Vorfahren, wir werden dorthin zurückkehren. Denn wir, die *Asifa*, sind die Hoffnung von Millionen.« Der Ausbilder ist 22 Jahre alt, vor zehn Jahren war er selbst noch einer der jungen Löwen. Er ist im Libanon geboren, im Flüchtlingslager. »Wo ist unsere Heimat?« ruft er. »Palestine, Palestine«, schallt es von den Kindern zurück, »wir sind bereit zum Opfer.« Wofür? »Für das Palästina der Araber«, antworten die Kinder, »und für die Rückkehr dorthin.«

Das Land ihrer Vorväter haben sie nie gesehen. Der Ausbilder auch nicht.

Die Kinder von *Raschidije* – wie die Väter und die Geschwister wollen sie zu den *feddayin*, wollen Kämpfer sein. Sie träumen davon, einmal als Märtyrer gefeiert zu werden – aber dann sind sie tot. Doch das begreifen sie noch nicht. *Martyr* nennen die Palästinenser die *feddayin*, die bei Kommandounternehmen in Israel oder sonst irgendwo auf der Welt ums Leben gekommen sind.

Die Kinder haben nicht einmal richtige Schuhe – aber Tarnuniformen und Waffen mit scharfer Munition. Sie werden gedrillt, lernen mit aufgepflanztem Bajonett kämpfen und machen das mit Begeisterung und kindlichem Ernst: Auf Kommando richten sie das Gewehr nach vorn und springen drohend aufeinander zu. Drei Schritte vor und wieder zurück, und wieder vor und wieder zurück. Die Kampfschreie gehören dazu.

Die meisten von ihnen kommen nie aus dem Lager heraus, eine andere Welt kennen sie nicht. Und alles, was sie vielleicht einmal sehen werden von der Welt, das werden eben 20 oder 30 Kilometer auf Patrouillengängen sein, über die nahe israelische Grenze – Kommandounternehmen in »ihrem« Land, wie sie meinen, im besetzten Land.

Wenn sie kein Gewehr in der Hand haben, sind sie Kinder, wie überall auf der Welt auch. Es sind dieselben Jungen und Mädchen wie vorher auf dem Exerzierplatz, denen ich jetzt beim Spielen zuschaue. Manche haben noch ihre Uniform an. Einer ist unter ihnen, ein Junge, ein Blondschopf mit blauen Augen, der mir schon beim Exerzieren aufgefallen ist: durch seinen Ernst beim Kampfspiel und den besonderen Eifer, mit dem er im Chor der anderen die Worte »auda, auda – Rückkehr, Rückkehr« skandiert hat.

Jetzt, beim Spiel, entpuppt er sich als ein eher schüchterner Junge, eines von neun Geschwistern, wie ich höre. Bilal heißt er, Bilal Abdul-Quader. Es dauert eine Weile, bis er Zutrauen zu mir gefunden hat, bis er bereit ist zu berichten, was er weiß über das Land, in das er zurückkehren will. »Wir alle haben in Palästina gelebt. Dann kamen die Engländer und haben die Israelis aus der ganzen Welt in unser Land geholt, um uns zu bekämpfen, bis alle Palästinenser sich fürchteten und flüchteten. So wurden sie in viele Länder zerstreut ... Wie es zu Hause aussieht, weiß ich nicht, meine Mutter hat es uns nicht erzählt. Sie hat uns nur erzählt, wie sie rausgekommen sind.«

Bilal weiß nicht, dass er weder in Palästina gelebt hat, noch von dort vertrieben worden ist. Er kennt nicht einmal seinen Geburtstag. »Ich glaube im Februar«, sagt er, »aber genau weiß ich es nicht. Da musst du meine Mutter fragen.« Bilal ist zehn Jahre alt, geboren am 21. Februar 1970 im Flüchtlingslager *Raschidije* im Libanon. Was er einmal werden will? »Lehrer«, sagt er, »aber wenn wir arm bleiben, kann ich nicht studieren.«

Der Junge besitzt zwei Paar Schuhe, Ledersandalen und Turnschuhe. Außerdem hat Bilal zwei Hemden, zwei Hosen und zwei Pullover; einige seiner Geschwister haben jeweils nur ein Kleidungsstück. Es sind fünf Brüder und drei Schwestern, 23 Jahre ist der Älteste. Die Mutter ist 45 Jahre alt. Sie ist mit den Kindern allein, seit ihr Mann sie verlassen hat. Das war nach Bilals Geburt. Die beiden ältesten Söhne sind heute nicht mehr im Haus. Einer ist nach Libyen ausgewandert, auch eine der Töchter lebt jetzt dort; mit 15 hat sie geheiratet, der zehnjährige Bilal ist schon Onkel.

Das Haus, in dem Bilal mit der Mutter und den Geschwistern lebt, ist ein einstöckiger Flachbau mit drei Räumen, gebaut mit Geld der Flüchtlingsorganisation der *Vereinten Nationen* und mit der handwerklichen Hilfe der Nachbarn. Es gibt eine offene Feuerstelle und ein Plumps-Klo. Wasser holen sie vom Brunnen im Hof; sie haben keine Heizung, keine Dusche, kaum Mobiliar: ein großer Schrank und sonst nur Matratzen, nachts zum Schlafen, tagsüber zum Sitzen.

Die Schule von *Raschidije* liegt außerhalb des Lagers, auf der anderen Seite des Exerziergeländes. Zweistöckige, helle Sandsteingebäude, fünf Volksschulen und eine Realschule mit insgesamt 2.500 Jungen und Mädchen. Spartanisch die Ausstattung der Klassenräume, die Wände unverputzt, die Fenster oft ohne Scheiben, keine Heizung – obwohl es in der Regenzeit hier kalt werden kann. Die Kinder sitzen auf einfachen Holzbänken. Unterricht ist täglich bis 13.30 Uhr.

Der gesamte Schulbetrieb wird von der *United Nations Refugees World Agency*, der Flüchtlingshilfeorganisation der *Vereinten Nationen*, unterhalten. Die Lehrer sind durchweg Palästinenser, die ihrerseits an Hochschulen der *UN* ausgebildet worden sind.

Unter allen arabischen Völkern sind die Palästinenser diejenigen mit der höchsten Quote an Hochschulabsolventen. »Wir müssen uns mit Wissen bewaffnen, wir müssen uns mit Bildung rüsten«, sagt der 28-jährige Diefallah Ma'rof, »weil Israel mit Waffen allein nicht zu besiegen ist.« Ma'rof ist der Klassenlehrer von Bilal, er unterrichtet Englisch und Naturwissenschaften in den Grundschulklassen.

Wieso bekommen schon diese Zehnjährigen auch Waffen in die Hand und werden militärisch ausgebildet? »Yasser Arafat«, antwortet Ma'rof, »ist in der Uniform der *feddayin* vor die Vollversammlung der Vereinten Nationen getreten, mit einem Revolver am Gürtel und einem Olivenzweig in der Hand – Zeichen der Kampfbereitschaft und des Friedenswillens. Dieses Beispiel können Sie auf die Schule übertragen. Wir kämpfen mit dem Wort und mit dem Gewehr: beides gehört zusammen. Wir möchten in unserer Heimat leben, in einem säkularen, nicht-rassistischen, demokratischen palästinensischen Staat. Und in Bilal und seinen Kameraden sehe ich die Generation, die die Fahne für die Rückkehr in unsere Heimat trägt. *Inschallah* ... Möge Gott es möglich machen!«

Bilals Mutter stammt aus einem kleinen Dorf nahe der Stadt *Safed* in *Galiläa*. Im israelischen Unabhängigkeitskrieg 1948 ist sie mit ihren Eltern und Geschwistern geflüchtet. Damals war sie vierzehn. Ihre Familie fand Zuflucht im Südlibanon, in der Ortschaft *Yarine*, nah an der israelischen Grenze. Dort hat sie geheiratet, dort wurden die beiden ältesten Söhne geboren, dort lebten sie zehn Jahre – bis die Libanesen verstärkt damit begannen, Flüchtlingslager aufzubauen und die Palästinenser dahin umzusiedeln. So kamen Bilals Eltern nach *Raschidije*.

Am Anfang standen dort nur Zelte. Während sie in *Galiläa* als Tabakbauern eigenes Land bearbeitet hatten und davon leben konnten und auch in dem libanesischen Grenzdorf wenigstens noch auf Pachtland ein Auskommen fanden, waren sie nun vollends unfrei: In *Raschidije* in der Landwirtschaft zu arbeiten, heißt, sich auf den umliegenden Plantagen der reichen Libanesen als Tagelöhner zu verdingen.

Anfangs wollte sie keine Kinder mehr haben, »wir wussten ja nicht, wie wir sie ernähren sollten«, sagt sie. Aber dann, Anfang der sechziger Jahre, nach der Gründung der *PLO* und der *Fatah*, haben die Palästinenser den Kampf gegen Israel forciert. »Und nachdem wir gesehen haben, wie viele Kinder der Krieg kostet, mussten wir weiter Kinder zur Welt bringen«, sagt die Mutter. Von da an war sie jedes Jahr schwanger. »Ich habe nichts dagegen, dass all meine Kinder *feddayin* werden und ihr Leben für ihre Heimat einsetzen, statt als Flüchtling in diesem Elend weiterzuleben ... Wenn unsere Kinder in die Schule gehen, wissen wir nicht, ob es Bomben oder Granaten von den Israelis gibt, ob die Kinder wieder heil nach Hause kommen. So kann man nicht leben – was soll ich Ihnen noch sagen?«

Dass die Menschen auf der anderen Seite der Grenze die gleichen Ängste haben und die gleiche psychische Not erleiden, darüber ist mit Palästinensern nicht zu reden – da ist die Verständigungsbereitschaft hier so gering wie dort, da entspricht die Unbeugsamkeit der Palästinenser der Unnachgiebigkeit der Israelis und umgekehrt. Jede Diskussion, auch nur jeder Ansatz eines Gesprächs über die Wechselwirkung von Gewalt und Gegengewalt, mündet in die immer gleiche und im Grunde ausweglose Fragestellung: Wer hat denn angefangen damit? Und wer war zuerst in diesem Land?

Ob es der Lehrer ist oder die Mutter, ob es Soldaten sind oder Funktionäre, Landarbeiter oder Akademiker in *Raschidije*: »Vom Meer bis zum Fluss«, sagen die Menschen im Flüchtlingslager, »und von den Bergen bis zur Wüste muss es einen einzigen säkularen Staat geben, in dem Moslems und Juden und Christen zusammenleben.«
Also nicht einen Staat der Juden meinen sie und einen der Palästinenser – sie meinen ein einziges Land, nicht zwei nebeneinander. Das Ende nicht der Juden, aber das Ende Israels. »*Inschallah*, möge Gott es möglich machen«, sagt Bilals Mutter, »dann will ich nach *Mekka* pilgern und Bilal wird mit israelischen Kindern spielen ... Wir waren doch einmal Nachbarn, Tür an Tür. Und hoffentlich wird es wieder so wie einst – dann können auch die Kinder wieder miteinander spielen, Israelis und Muslime.«

Wie das einst war in Palästina, das wissen aus eigener Anschauung nur noch die Älteren im Lager. Aber sie erzählen davon so lebendig, als wäre das alles gestern gewesen, als seien nicht über 30 Jahre ins Land gegangen, seither. Und sie erzählen mitunter so blumig, als sei Palästina das Land gewesen, in dem Milch und Honig floss – bis der Staat Israel ausgerufen wurde. Als brauchten sie nur zurückzugehen, die 100 oder 200 Kilometer über die Berge, und da wären noch ihr Häuschen, die Tabakpflanzungen, die Obstgärten und das Vieh.

»Wir, die Araber Palästinas, leben in diesem Land seit der Urgeschichte, und wir waren mehr als sie«, sagt Garib Mohammed, mein Begleitoffizier, und meint die Juden. »Wir waren zahlenmäßig mehr, und wir besaßen mehr; wir waren zwei Drittel der Bevölkerung, sie waren ein Drittel.« Nur zionistische Propaganda, meint er, sei schuld am Bild der Palästinenser in der Welt: »Die Welt muss wissen, dass wir kein Volk ohne Land gewesen sind. Und unser Land war auch nicht eine Wüste, die erst die Israelis kultiviert hätten. Dieses Land war wegen seiner Fruchtbarkeit schon lange vor der Errichtung des Staates Israel bekannt. Und nur als Mörder und Barbaren kann man uns auch nicht abtun. Wir haben unsere eigene Kunst und unsere eigene Tradition innerhalb der arabischen Völkerfamilie. Wir hoffen, dass die Welt all dies zur Kenntnis nimmt und endlich auch der Sache der Palästinenser gerecht wird ...«

Das höchste Gebäude im Flüchtlingslager *Raschidije* ist der Wasserturm. Er hat ein mannsgroßes Loch in der oberen Hälfte, ein Granateneinschlag. Auf einer Eisenleiter im Inneren kann man hinaufsteigen. Oben, zwei Meter unterhalb der Brüstung, ist eine Art Plafond, auf den man hinaustreten kann und von wo man einen guten Blick ins Gelände hat:

Die Silhouette im Norden, das sind der Hafen und die Stadt *Tyrus*, fünf Kilometer entfernt. Die Bergkette im Süden, zehn Kilometer weg, das ist schon Israel. Im Westen das Mittelmeer: Nur ein paar hundert Meter sind es bis zum Strand. Im Osten schließlich, auf der anderen Seite der großen Küstenstraße, die Obstplantagen der Libanesen. Und dazwischen, in einem Geviert von zwei oder drei Quadratkilometern, das Flüchtlingslager. Kein Dorf mehr und noch keine Stadt. Ohne Restaurant, ohne Kino, ohne Kneipen oder Bars, ohne Sportanlagen, ohne jeglichen Ort der Zerstreuung.

Die Wege zwischen den Häuserzeilen sind immer rechtwinklig zueinander angelegt. Wo zwei Wege sich kreuzen, sind Steinplatten oder Bretter über die offene Kanalisation gelegt – besonders nachts muss man ein Auge darauf haben, denn Beleuchtung gibt es nicht. Wenn Regenzeit ist, verwandeln sich die Gassen zwischen den Häusern in Sturzbäche, die offenen Abflussgräben können das Wasser nicht aufnehmen, und weil nicht asphaltiert ist, gibt das Erdreich da und dort nach; dann laufen die Menschen Slalom.

Das Wasser für *Raschidije* kommt aus einer nahe gelegenen Quelle, *Ras el-Ein*. Es fließt immerhin und wird bakteriell deshalb weniger angegriffen. Aber der Wasserdruck ist so gering, dass die Bewohner von *Raschidije* ihre Wasserflaschen, die sie unter den Hahn stellen, aus dem es fadendünn rinnt, erst nach einer halben Stunde gefüllt abholen können. »Was das Wasser angeht, haben wir immerhin genug davon«, sagt Abu Shaker, der Lagerkommandant. »Unser Problem ist der Strom!«

Kurz nach fünf wird es in der Regenzeit dunkel. Und spätestens jetzt, wenn alle den Strom einschalten, bricht regelmäßig das Netz zusammen. Manchmal für Stunden. Dann muss Petroleum herhalten, dann gleicht das Lager einer Geisterstadt. Stimmen tönen von überall her, dunkle Schatten bewegen sich in den Gassen. Erkennen kann man nichts.

Abu Shaker, der Lagerkommandant, trägt eine schlichte feldgrüne Uniform, kein Koppel und keine Rangabzeichen. Ein kleiner drahtiger Mann, kaum 1,70 Meter groß, mit einer sehr sanften, ruhigen Art, die Autorität eher versteckt denn hervorgekehrt. Kommandant im Flüchtlingslager *Raschidije* ist Abu Shaker seit 1969. Er ist verheiratet, hat fünf Kinder; auch seine Familie lebt hier. In knappen Worten umreißt er die Probleme des Lagers: zu wenig Strom, keine Heizung, Mangel an Medikamenten und Lebensmitteln. Nicht Unterernährung ist das Problem, sondern – bei den Kindern vor allem – eine durch Vitaminmangel qualitativ unzureichende Ernährung.

Das Durchschnittseinkommen einer zehnköpfigen Familie liegt bei umgerechnet rund 500 Mark – 50 Mark pro Person und Monat. »Wir haben diese Lebensweise dreißig Jahre erduldet«, sagt Abu Shaker, »und wir werden sie weiter erdulden, bis wir in unsere Heimat zurückkehren.« Aber heißt Rückkehr in die Heimat, dass dann die Israelis keine Heimat mehr haben? »Wir wollen sie nicht verdrängen«, antwortet Abu Shaker. »Aber man muss sich vor Augen halten, dass die Israelis alle Juden der Welt – aus Russland, Amerika, England, Deutschland, vom Balkan und aus vielen anderen Staaten – hierher geholt und ihnen das Land gegeben haben, das wir besaßen ...«

Am nächsten Morgen scheint die Sonne. In einem offenen Anbau neben der Kommandantur ist die Küche. Zum Frühstück gibt es trockenes Fladenbrot, Käse, süßen Tee und süßen Kaffee. Dazu Oliven. Ein uralter Mann kommt herein, sagt etwas, der Koch schenkt ihm einen Beutel Fladenbrot. Zu den Soldaten und mir gesellt sich der Lagerkommandant. Es gibt nicht genügend Hocker, sein Adjutant holt eine Kiste. Ich glaube, der General würde sich auch auf den Steinfußboden setzen. Kinder balgen sich um eine Blechdose.

Die Straße hinunter kann man das Meer sehen, 300 Meter entfernt. Weiße Schaumkronen brechen sich. Alte Männer sitzen in der Sonne, die Gebetskette in der Hand. Eine Frau sitzt auf der Stufe vor ihrer Haustür, auf den Knien eine Schüssel mit Linsen, die sie einzeln säubert.

Oben, sehr weit oben, zieht ein israelischer Aufklärer seine Kreise. Wolkentupfer, die am Himmel zerplatzen, zeigen an, dass von weither eine Flakkanone dem Aufklärer nachschießt – aber der ist viel zu hoch. Die Alten schauen nicht einmal auf. Nur die Frau mit den Linsen blickt nach oben, verfolgt mit den Augen lange das Flugzeug.

Auf den Flachdächern vieler Häuser sieht man Holzgerüste, mit Draht überspannt: da wachsen im Sommer Weinranken – spärlich zwar, aber immerhin. Kaum eines der Wohnhäuser hat richtige Fensterrahmen, oft ist es nur ein Fliegengitter oder Drahtpapier, geklebt oder mit Reißzwecken befestigt: notdürftiger Schutz gegen Wind und Kälte. Immer wieder gibt es Lücken in den Häuserreihen in *Raschidije*, da, wo Bomben getroffen oder Granaten eingeschlagen haben. Was geblieben ist, sind Schutthaufen.

Solide gebaut sind nur die Bunker: vier mal fünf Meter groß, zweieinhalb Meter Erdreich darüber und eine Betondecke, unter der 100 Menschen Schutz finden; ein völlig unmöblierter Raum, kahl, nur mit Notbeleuchtung. Kein Unterschied zu den Bunkern auf der anderen Seite der Grenze, in Israel. Die Bunker in Israel sind nur komfortabler ausgestattet, mit Stahlpritschen, WC und Sanitätsraum.

Es gibt ein paar Läden in *Raschidije*, hauptsächlich für Lebensmittel und Gebrauchsartikel, keine Textilien oder Schuhe, schon gar nicht Luxusgüter. Das einzige Geschäft, das diesen Namen halbwegs verdient – das sogar richtige Schaufenster hat – ist die Waffenhandlung: Zündkapseln, Gewehr- und Revolvermunition, Pistolen in der Auslage. Waffen trägt hier jeder, Waffen darf hier jeder tragen.

Auch eine Krankenstation gibt es im Lager. Keine Klinik, eher eine Ambulanz. Es fehlen Röntgengeräte, und das Labor ist nur dürftig ausgestattet. Aber hier sollen auch nur Erst- und Notbehandlungen durchgeführt werden, das nächste Krankenhaus ist eine halbe Autostunde entfernt. Die medizinische Versorgung ist bei den Palästinensern kostenlos.

Manche der Flüchtlingsfamilien in *Raschidije* haben zusammengelegt und sich – als einzigen Luxus – einen Fernsehapparat angeschafft. Und sitzen dann abends (wenn nicht der Strom ausgefallen ist) alle miteinander vor dem Bildschirm. Auch im Haus neben der Kommandantur gibt es ein Fernsehgerät. Die Soldaten haben sich dort um einen kleinen runden Tisch gekauert, acht oder zehn Mann, und essen gemeinsam aus einer großen Schüssel ihr Abendbrot, während in der einen Ecke das Fernsehgerät läuft und aus der anderen hin und wieder ein Funksprechgerät dazwischenquakt. Zum Essen gibt es Rühreier mit Fladenbrot und im Fernsehen israelische Nachrichten in arabischer Sprache.

Jeden Abend senden die Israelis eine Stunde in Arabisch, und ihr Programm kann man hier – so nahe an der Grenze – besser empfangen als das der Libanesen. Drüben im israelischen *Galiläa* gilt das ebenso für das jordanische Fernsehen, das in Englisch sendet und von vielen Israelis bevorzugt wird.

Später am Abend kommt auch Abu Shaker hinzu. Er wirkt besorgt, denn seit ein paar Minuten ist von draußen Kanonendonner zu hören, unregelmäßig nur, und offenbar von sehr weit her. Die Männer beraten kurz. »Es wird Haddad sein«, meint einer. »Wenn die Israelis nicht schießen, schießt er, um zu zeigen, dass er noch da ist.«

Major Saad Haddad ist Kommandant der von Israel abhängigen christlichen Milizen, die in den von ihnen kontrollierten Gebieten ein »Freies Libanon« ausgerufen haben. Das war nach dem libanesischen Bürgerkrieg, mit den Falangisten auf der einen und den Palästinensern auf der anderen Seite – Christen gegen Moslems. Als die Palästinenser in diesem Kampf die Oberhand zu gewinnen drohten, waren die Israelis im südlichen Libanon einmarschiert und zogen sich erst zurück, nachdem die *Vereinten Nationen* eine Friedenstruppe in den Süden entsandt hatten. Und als sich *daraufhin* abzeichnete, dass jetzt die Christen gegen die Moslems/Palästinenser die Oberhand bekämen, drangen die Syrer als arabische Ordnungsmacht in den Libanon. Geblieben ist ein kaputtes Land …

Im Norden die christliche *Falange*, in der Mitte die Syrer, im Süden die Palästinenser. Dann die Pufferzone, die von den *Vereinten Nationen* kontrolliert wird, dann ein schmaler, nur wenige Kilometer tiefer Gebietsstreifen mit den Einheiten des »Freien Libanon«, dann Israel.

Die Einheiten des »Freien Libanon« lehnen die Syrer als Ordnungsmacht ab; sie stellen sich auch gegen die Rumpfregierung des Libanon, die zwischen Christen und Moslems zu vermitteln sucht; und sie bekämpfen die Palästinenser. Existieren könnten Haddads Leute nicht ohne die Hilfe der Israelis, die ihre Versorgung sichern und sie mit Waffen und Munition beliefern. Und Haddad setzt sie gegen den nächstgelegenen Feind ein: Über die Köpfe der UN-Truppen hinweg attackieren seine Einheiten regelmäßig die Flüchtlingssiedlungen der Palästinenser. »Doch getroffen werden nur Zivilisten«, sagt Abu Shaker.

Sind keine *feddayin* hier stationiert, frage ich, bombardieren nicht deshalb die Israelis und Haddads Einheiten dieses Lager? »Nein«, antwortet der Kommandant. »Wir haben nur eine Handvoll Leute hier, und das sind Wachsoldaten; sie sollen die Flüchtlingslager schützen, sie haben keinerlei Offensivaufgaben. Unsere Einsatztruppen, die *feddayin*, sind ganz woanders.«

| Am Tag darauf haben sie mich hingebracht. Ein kleines Camp, irgendwo in den Bergen, durch meterhohe Erdwälle gesichert, Stacheldraht obenauf und Flakgeschütze. Eine fahle Morgenröte über dem Horizont. Von einer fernen Moschee der Ruf zum Gebet ...

Im Camp, einem Areal so groß wie drei oder vier Fußballfelder, ist es noch ruhig. Die *feddayin* sind in großen Armeezelten untergebracht. In Wellblech-Baracken nebenan befinden sich Waschräume, die Küche, ein Versammlungsraum, Materiallager.

Die Zelte bleiben an diesem Tag bis lang in den Morgen verschlossen. Die Männer sind erst spät von einer Nachtübung in den nahen Bergen zurückgekehrt. »Sie erhalten hier eine Spezialausbildung«, erläutert der stellvertretende Kommandeur. »Es sind alles Männer, die schon bei Kommandounternehmen in Palästina eingesetzt waren oder die im Bürgerkrieg im Libanon gekämpft haben. Sie werden mit neuen Waffen vertraut gemacht und speziell im Nahkampf ausgebildet. Und sie werden bei uns auch politisch geschult.«

Der Kommandeur hat uns mit heißem Tee in seinem Wellblech-Büro empfangen – ein dörflicher Gendarmerieposten in Europa würde in einer solchen Umgebung nicht residieren, schon gar nicht der Kommandeur einer Truppeneinheit: ein Schreibtisch, ein verschlissenes Sofa, zwei Stühle. Das ist alles. Kein Vorzimmer, keine Adjutanten, keine Akten, keine Aktenregale. Nicht einmal eine Schreibmaschine.

Abu Adnan, so nennt sich der stellvertretende Kommandeur dieser Kampfeinheit der *feddayin*, ist 51 Jahre alt. Woher haben die Ausbilder ihre Ausbildung? »Sie haben sie in befreundeten Staaten erhalten«, antwortet Abu Adnan freimütig, »in Kuba, in der Sowjetunion, auch in Vietnam, Polen und in der DDR. Und dann gibt es Spezialausbildungen für Palästinenser in Algier.« Abu Adnan selbst hat eine Kadettenausbildung in Ägypten durchlaufen. Was wäre aus ihm geworden, wenn er nicht Soldat und ein Offizier bei den *feddayin* wäre? »Wenn ich zu Hause wäre in Palästina«, sagt er, »wäre ich Bauer oder Richter. Aber ich bin nicht zu Hause.« Und nach einer Pause setzt er hinzu: »Noch nicht ...« Abu Adnan ist in *Jaffa* geboren, im Süden des jetzigen Israel.

Eine Gruppe von *feddayin* konnte ich einen Tag lang in die Berge begleiten. Früh am Morgen waren sie aufgebrochen, 15 Männer, alle hinten auf der offenen Ladefläche eines Kleintransporters sitzend. In größeren Einheiten operieren die *feddayin* nicht. Ein bunter Haufen, wie er sich da auf den Weg gemacht hat, aber ein typisches Bild, wo immer palästinensische Kommandos auftauchen: Zum Schutz gegen die Kälte auf dem offenen Wagen haben sie sich einfache Wolldecken mit Schnüren umgebunden. Manche tragen die gefleckten Kampfanzüge, andere haben nur Uniformhosen an und dicke Pullover darüber. Jeder hat ein Schnellfeuergewehr dabei und Reserve-Magazine. Auch schwere Maschinenwaffen und Panzerfäuste transportieren sie mit.

Der Kommandeur, mein Begleitoffizier, der Dolmetscher und ich folgen in einem zweiten Wagen. Es geht mehrere Fahrstunden in eine entlegene Berggegend nahe der syrischen Grenze. Auf einer kargen Hochebene, die sich über Kilometer hinzieht, ist das Ziel erreicht: weit und breit keine Dörfer mehr, keine Siedlungen. Eine Hügelkette an einer Seite der Hochebene, ideal für Geländeübungen. Ein kalter, böiger Wind weht hier oben.

Die *feddayin* proben hier den Angriff auf eine Stellung, eine Siedlung des Gegners – das Anpirschen, den blitzartigen Überfall, den schnellen Rückzug. Sie verteilen sich, verschwinden hinter Bodenwellen oder Hügeln, tauchen wieder auf; üben die Durchquerung von freiem Gelände im Spurt und in voller Ausrüstung, finden hinter einem Felsvorsprung wieder Deckung, atemlos. Sie beraten sich kurz, Fragen des Zugführers, Antworten der Männer, knappe Befehle.

Ein Schuss signalisiert einen neuen Angriff. Der Kämpfer, der die *bazooka* abfeuern soll, kauert in der Hocke, das Geschütz über der rechten Schulter. Vom Rückstoß der Waffe wird er fast umgeworfen.

Die Überzeugung der *feddayin* und auch seine eigene Ansicht bringt der Kommandeur auf eine knappe Formel: »Es kann keinen Frieden à la *Camp David* geben«, sagt Abu Adnan, »praktisch über unseren Kopf hinweg. Und keinen Frieden mit Begin.« Aber was dann, will ich von ihm wissen. Wird Frieden im Nahen Osten durch Politik oder durch Waffen erreicht? »Beides wird zur Lösung beitragen«, antwortet er. »Vor dem Krieg 1967 hat doch kein Mensch von uns Palästinensern Notiz genommen; erst nachdem wir mit Waffengewalt in Erscheinung getreten sind – was man in Ihren Ländern Terror genannt hat –, ist doch Bewegung in die Politik gekommen, danach erst hat die Welt überhaupt Ohren gehabt für Yasser Arafat und für die Forderungen, die er in unserem Namen vertritt.«

Die Rückfahrt von den Bergen an die Küste und von dort nach *Raschidije* bietet wieder das Bild, das aus dem Libanon seit dem Bürgerkrieg nicht wegzudenken ist. In jedem Dorf und an jeder Ecke stehen die Armeeposten der Syrer – für die die Palästinenser nur Verachtung übrig haben – und endlose Lastwagen-Konvois der *UN*-Truppen, die keiner in diesem Land ernst nimmt. »Wenn ihr Kommandeur zum Einkaufen nach Beirut fährt, fahren die ganzen *UN*-Truppen hinterher«, spotten die *feddayin*, »und erst, wenn der Kommandeur ins Grenzgebiet zurückkehrt, kehren auch seine Truppen wieder um.«

»Es war ja nicht allein die Gleichgültigkeit des Westens gegenüber uns Palästinensern«, sagt Garib, mein Begleitoffizier, »wir mussten uns ja auch gegen Araber, gegen die eigenen Brüder behaupten. Denken Sie nur an die Massaker in Jordanien durch König Hussein und an unseren Kampf hier im Libanon. Nicht nur gegen die christlichen Milizen, auch gegen die Syrer!«

Allein im Libanon wurden 65.000 Tote und 200.000 Verletzte registriert. Aber bezahlt haben nicht nur die Palästinenser und die Christen – das ganze Land ist draufgegangen in diesem mörderischen Bruderkrieg. Am erbittertsten waren die Kämpfe mitten im Hotel- und Geschäftsviertel von

Beirut – früher das Herz der Stadt. Die Eingänge vieler Hotels sind zugemauert, Touristen kommen seit Jahren nicht mehr, Läden sind geschlossen. In *Tell-Zatar*, wo einst Tausende von Palästinensern gewohnt haben, steht kein Stein mehr auf dem anderen. Was die Belagerung durch christliche Milizen und Syrer überdauert hat, ist in die Luft gesprengt worden.

Auch südlich der Hauptstadt, auf dem Weg nach *Raschidije*, ist kein Dorf und keine Stadt, wo der Krieg nicht seine Spuren hinterlassen hätte – der Bürgerkrieg und die Angriffe der Israelis, mit Flugzeugen und Schnellbooten: Die Eisenbahnlinie ist unterbrochen, die Hafenanlagen sind zerstört. Vieles ist notdürftig immer wieder aufgebaut – und immer wieder zerstört worden. Jeder Ort, jeder Name ist hier Geschichte: *Damour, Sidon, Tyrus*. In den Eroberungen und Kreuzzügen von 2.000 Jahren ist nicht soviel kaputtgegangen wie jetzt in Monaten.

Beim Vorbeifahren durchs Autofenster sehe ich an einer Hafenmole getroffene Schiffe, die sich auf die Seite gelegt haben. Ein Dampfer, der weiter draußen gesunken ist, ragt nur noch mit den Masten aus dem Wasser. Eine Stunde noch, dann kommt die Brücke über den *Litani*, einen schmalen Fluss, der das von den Palästinensern im Südlibanon kontrollierte Gebiet nach Norden begrenzt. Kurz davor der letzte syrische Armeeposten, »jetzt haben wir die Brüder hinter uns«, sagt Garib. 20 Kilometer weiter sind wir wieder in *Raschidije*.

| Für die Menschen in *Raschidije* gibt es in der Eintönigkeit des Lageralltags endlich einmal eine Abwechslung: Eine Delegation aus dem Iran, seit Wochen angekündigt, ist tatsächlich eingetroffen – an ihrer Spitze Scheich Mustafa, Mitglied im geheimen Revolutionsrat Chomeinis. Vor Ort wollen sich die Iraner über die Situation in den Flüchtlingslagern informieren und den Palästinensern den Rücken stärken. Waffen und Geld versprechen sie, Solidaritätsadressen werden verlesen, Reden gehalten. Für *Raschidije* ist es ein Volksfest.
Die Notabeln des Lagers und der umliegenden Dörfer sind in Sonntagskleidung erschienen. Die jungen »Löwen« und »Rosen« sind in Uniform angetreten. Auf dem Exerzierplatz haben sie vorgeführt, was sie können. Der Scheich aus dem Iran zeigt sich gerührt, er küsst ihnen die Hände. Eines der Mädchen überreicht ein Plakat mit dem Foto einer jungen, hübschen Frau darauf: Dalal Mughrabi, eine Märtyrerin. »Wir alle wollen werden wie Dalal«, verspricht die Kleine, »und unser Land befreien.«

Dalal Mughrabi ist das Idol der *Fatah* geworden, ihr Bild hängt tausend-fach in den Wohnstuben der Palästinenser, in den Büros der *PLO*, in den Unterkünften der *feddayin*. Ein kurzer Text steht unter dem Foto auf dem Plakat, der Dolmetscher hat ihn mir übersetzt: »Noch nach tausend Jah-ren werden unsere Kinder folgende Geschichte hören: Am 11. April 1978 konnten elf Männer und eine Frau eine palästinensische Republik errich-ten. Sie errichteten sie in einem Autobus, der von *Haifa* nach *Tel Aviv* fuhr. Diese Republik bestand vier Stunden ... Es spielt keine Rolle, wie lange es diese Republik gab – Hauptsache ist, dass sie überhaupt bestand.«

Dalal Mughrabi war die Anführerin einer Kommandoeinheit, die in Israel auf offener Straße einen Omnibus überfallen und seine Insassen als Gei-seln genommen hatte. Als der Bus von israelischen Soldaten gestoppt wurde, eröffneten die Palästinenser das Feuer. Sie selbst und Dutzende der wehrlosen Geiseln kamen dabei ums Leben. Die Bilder dieses Blutbades sind um die Welt gegangen. Ich habe sie vor Augen gehabt, wo immer ich das Plakat mit dem hübschen Mädchengesicht gesehen habe.

| Am Abend sind wir bei Abu Auad, bei dem sich die Lagerältesten immer treffen. Wir bekommen arabischen Kaffee angeboten, den besten im Lager. »Sie können wiederkommen, wann immer Sie wollen«, sagt Abu Auad, »mein Haus gehört Ihnen.«

Mit 80 Jahren ist Abdel Karim Hassun der Älteste in der Runde. Seit 1948 lebt er in Flüchtlingslagern, seit 20 Jahren in *Raschidije*. Er stammt aus *Akor*, nördlich von *Haifa*, auch *Akko* genannt, »die Stadt, in der Napoleon seine Expedition in Palästina verloren hat«, erklärt er. Lange muss Karim Hassun nachdenken, bis er auf die Zahl seiner Kinder und Enkel kommt: Es sind 34. »Mein halbes Leben bete ich um Frieden«, sagt er, »aber nichts hat sich geändert! Es verging kein Tag im *Ramadan*, an dem wir nicht im Bunker waren. Wir waren eingeschlossen, unterirdisch, Tag und Nacht. Das ist ein Leben, das man nur führt, weil man kein anderes Leben hat. Manch-mal würden wir lieber sterben, als so zu leben ... «

Unter den alten Männern ist einer, der noch nicht lange in *Raschidije* lebt, den es hierher verschlagen hat, nachdem er im Bürgerkrieg seine ganze Familie verloren hat. Hagh Hussein Ali Mohammed, 70 Jahre, ein Mann von biblischer Würde und Statur. 27 Jahre hat er in *Tell-Zatar* gelebt, dem

Flüchtlingslager in *Beirut*, das von der christlichen *Falange* und von den Syrern im libanesischen Bürgerkrieg dem Erdboden gleichgemacht wurde.

Er war unter den letzten, die herauskamen, er hat überlebt – aber die Bilder des Todes holen ihn immer wieder ein. »Niemals vergesse ich das Bild, als wir *Tell-Zatar* verließen und die *Falange* die Kinder erwischt und massakriert hat – niemals kann ich das vergessen. Nicht nur meine Kinder, 30, 50 andere haben sie, mit dem Gesicht zur Wand, erschossen. Später trieben sie an einem anderen Ort über 600 Menschen zusammen. Sie wurden von Landrovern umzingelt, und sie haben sie mit den aufgesetzten Maschinengewehren erschossen. Die Menschen sprangen herum wie Heuschrecken.

Kann man noch denken, wenn man sie vor den eigenen Augen sterben sieht? Man kann nicht mehr denken, nicht mehr reden. Man kann nicht mehr Osten von Westen unterscheiden. Trotzdem sage ich: Allah, dein Wille geschehe. Wir Alten kehren zu Gott zurück. Aber den Jungen rufen wir zu, ihre Heimat nicht zu vergessen und nie auf sie zu verzichten. Und wenn es das Enkelkind unseres Enkelkindes wäre, das noch lebt: Es muss sein Land befreien. Wenn wir könnten, würden wir nach Palästina laufen, um lieber dort zu sterben als hier.«

—

Erstsendung 1980.
Von 1974 bis 2004 war Friedrich Schütze-Quest fünfmal für jeweils längere Zeit im Nahen Osten.

I Aus der Traum

| Bis vor einigen Monaten hätte ich nicht sagen können, wo *Rarotonga* liegt – ich habe nicht einmal den Namen gekannt; ebenso wenig war mir *Viti Levu* ein Begriff oder *Funafuti Nukulaela* – Inseln in der Südsee, Zehntausende von Kilometern entfernt. Wo Europa das Glück vermutet: prächtiges Wetter, unberührte Natur, freundliche Menschen. Ob es Angst vor dem Atomkrieg ist oder die midlife-crisis oder schlichtes Fernweh: wer hätte nicht schon von einer Insel im Pazifik geträumt – vom Leben auf der Sonnenseite?

Die Südsee erstreckt sich vom südamerikanischen Kontinent bis nach Australien. Das Mittelmeer hätte 20 mal Platz darin – oder andersrum: die Inseln des südlichen Pazifik sind über eine Wasserfläche verstreut, die 20 mal größer ist als das gesamte Mittelmeer.

Ich bin von Südamerika gekommen – erst auf die *Oster-Insel* und von dort nach *Tahiti*. Dann zu den *Cook-Inseln*, dann *American* und *Western Samoa*, dann *Tonga* und *Fidschi*, die *Gilbert's* und *Tuvalu* sowie *Nauru, Norfolk* und *New Caledonia*.

In einem kleinen achtsitzigen Propellerflugzeug kam ich nach *Tuvalu*, von *Fidschi* 1.200 Kilometer nach Norden. Mit an Bord war lediglich ein Amerikaner.

Eigentlich bin ich schon immer auf der Suche nach *Tuvalu* gewesen, mein ganzes Leben lang – seit ich Robinson Crusoe gelesen habe und später, als ich älter war, James Micheners »Tales of the South Pacific« – diese tagebuchartigen Erzählungen aus der Südsee, die ihn mit einem Schlag berühmt gemacht haben und für die der amerikanische Romancier mit dem Pulitzer-Preis ausgezeichnet wurde.

Bei Michener wird *Funafuti Nukulaela*, die Hauptinsel von *Tuvalu*, nur ein einziges Mal erwähnt – für mich aber war dieser Ort immer der Inbegriff der Südsee überhaupt, ich weiß nicht, warum; und eigentlich habe ich die ganze Reise in den Pazifik nur deshalb gemacht, um *Tuvalu* zu finden: Zehntausende Flug-Kilometer, zehn Insel-Staaten, zehn verschiedene Währungen, ganze Tage in der Luft, ungezählte Starts und Landungen. Und wenn ich auch meinte, das Schönste schon gesehen zu haben – *Tuvalu*, dachte ich, muss noch viel schöner sein.

Tuvalu hat einen internationalen Flughafen, auf dem jede Woche zwei Propellermaschinen ankommen, ein Parlament mit zwölf Abgeordneten und ein Hotel mit sieben Betten – vom Flugplatz fünf Minuten zu Fuß. Es gibt drei Polizisten auf der größten Insel, sechs Autos und 120 Häuser, 1.000 Einwohner.

Immer habe ich von *Tuvalu* geträumt – jetzt will ich nie wieder hin.

Es regnete als wir ankamen und als ich abflog regnete es noch immer. Die Abfertigung der Handvoll Passagiere fand im Freien statt – ein Flughafengebäude gibt es nicht.
Wenn man mit dem Fahrrad von einem Ende der Insel an das andere will, nimmt man am besten die Graspiste des Flugplatzes, da geht es am schnellsten voran. Wenn man quer über die Insel will, muss man auch über die *Runway* – nur 400 Meter sind es an der breitesten Stelle; und wenn zweimal die Woche das Flugzeug kommt, ertönt eine Sirene, damit die Kinder aufhören, auf der Landebahn zu spielen.

Diese Landebahn ist 2.000 Meter lang und 40 Jahre alt. Mit ihrer Fertigstellung im Zweiten Weltkrieg kam das Verhängnis über die Insel. Amerikanische Marinesoldaten legten die Graspiste an, und japanische Flugzeuge bombardierten sie. Und kaum, dass die Amerikaner sie repariert hatten, waren auch die Japaner schon wieder da – immer im Morgengrauen griffen sie an und immer kamen sie aus derselben Richtung: Auf den nächsten Inseln im Norden hatten sie einen Stützpunkt, den die US-Armee erobern wollte – den bombardierten die Amerikaner dann im Gegenzug. Wochenlang ging das so hin und her – und *Tuvalu* wurde dabei regelrecht umgepflügt.

Bei James Michener findet sich darüber kein Wort – ich habe das erst von Jail erfahren. Jail Adams ist der Amerikaner, der mit mir im Flugzeug herkam. Er war damals auf der Insel stationiert, war bei den Kämpfen dabei, als blutjunger Mann; und er war wiedergekommen, jetzt schon ein Rentner, um diese Südseeinsel auch einmal im Frieden zu erleben. Jahre, sagte er mir, Jahre habe er sich auf den Besuch gefreut und dafür gespart.

Wovon er und ich nichts wussten, wovon keine Zeitung und kein Reisebüro draußen in der Welt Notiz genommen hatte, das war der Hurrikan vor ein paar Jahren, dem die kleine Insel im Wege stand … Er hat das Eiland glatt rasiert, die nachfolgende Flutwelle hat den Mutterboden und den Sandstrand abgetragen.

Seitdem ist *Funafuti Nukulaela* keine Insel mehr, sondern nur noch ein Skelett davon … wie ein Mensch ohne Gesicht. Was der Wirbelsturm zurückgelassen hat, war die Reise nicht wert; ein ödes, kaputtes Stück Land, das eine weitere Beschreibung nicht lohnt. Mein Südsee-Traum.

Ich konnte gar nicht schnell genug wieder weg. Und während Jail Adams noch auf der Insel umherirrte, mit seiner Polaroidkamera, auf der Suche nach dem Vergangenen, saß ich schon wieder im Flugzeug – der letzte freie Platz; der Amerikaner musste fünf Tage warten. »Ich glaube, hier werde ich verrückt«, meinte er beim Abschied.

—

Ausschnitt aus einer Sendung von 1982.

I Kaliningrad

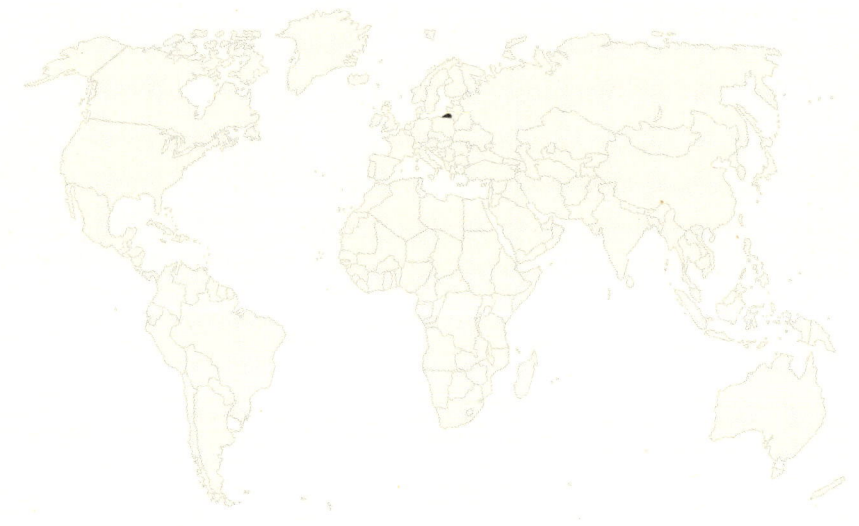

Leben und Alltag in der russischen Exklave

| Der Schnellzug Nummer 149 aus Moskau wird angekündigt. Zweimal am Tag – vormittags und nachmittags – gibt es eine Zugverbindung zwischen *Kaliningrad* und der russischen Hauptstadt. 23 Stunden dauert die Fahrt. Und kostet in der Zweiten Klasse 47 Euro – der halbe Monatslohn einer Krankenschwester. Die Dritte Klasse – ohne Abteil – ist preiswerter. Mehr als die Hälfte der 800 Sitzplätze sind Dritter Klasse. Die meisten Fahrgäste haben neben ihrem Gepäck große Tüten bei sich, mit Lebensmitteln und Getränken für die lange Reise. Ein junger Mann, nur mit einer Rose in der Hand, steht etwas verloren im Gedränge.

Die Bahnsteige sind blitzsauber. Zwei Männer mit Schaufel und Besen sind hinter jeder Zigarettenkippe her. Die Zugschaffner tragen weiße Handschuhe. Erst dachte ich, das sei die russische Nationalhymne, was plötzlich aus dem Lautsprecher kam. Später erfuhr ich, dass es sich um einen in ganz Russland populären Schlager handelt: *Wie schön bist du, Bernstein-Land.* Er wird bei der Ankunft der Züge aus Moskau immer gespielt.

Kaliningrad hieß früher *Königsberg* und gehörte zu Ostpreußen. Dessen nördlicher Teil wurde nach dem Zweiten Weltkrieg der damaligen Sowjetunion zugeschlagen und alle Deutschen wurden ausgesiedelt. Im *Kaliningradskaja Oblast*, wie das Gebiet russisch heißt, leben knapp eine Million Menschen – überwiegend Russen, aus allen Teilen der früheren Sowjetunion. Bis Anfang der neunziger Jahre war ihre neue Heimat der westlichste Vorposten der Sowjetunion – und militärisches Sperrgebiet. Kein Ausländer durfte da hin. Mit dem Zerfall der Sowjetunion und der Unabhängigkeit der baltischen Staaten wurde das Gebiet zu einer russischen Exklave, vom Mutterland abgetrennt durch Litauen, Polen und Weißrussland.

Eine Art russisches West-Berlin ist das jetzt, nur viel größer ... Für ausländische Besucher, ob mit Auto, Bus oder Bahn, ist *Kaliningrad* eine Strapaze

zum Haare raufen, vor allem wegen der schier endlosen Visum- und Zoll-
formalitäten. Internationale Fährverbindungen gibt es so gut wie nicht.
Und der internationale Sektor des Flugplatzes *Kaliningrad* ist ein Bild des
Jammers: Überall nur Schilder: »Geschlossen« – Ticketverkauf, Passkon-
trolle, Zollabfertigung, Restaurant … »Geschlossen«. Auf dem Parkplatz vor
dem Flughafengebäude waschen Zöllner ihre Autos.

Dass aus *Kaliningrad*, wie es Jelzins Regierung ankündigte, ein »Hongkong
der Ostsee« werden sollte, ist Schnee von gestern. Aus *Kaliningrad* ist kein
Hongkong geworden, sondern ein Armenhaus – völlig abhängig von Im-
porten und Subventionen.

| Das müssen an die zehn Spiegeleier gewesen sein, die mir die Mutter
von Juri und ihre Schwiegertochter nach und nach aufgetischt haben an
jenem Nachmittag, als ich sie auf ihrem Bauernhof besuchte. Es gab Tee
und löslichen Kaffee und jede halbe Stunde hatte ich ein neues Spiegelei
auf dem Teller, als wir um den großen Tisch in der Stube saßen und ich
etwas über die Landwirtschaft in *Kaliningrad* erfahren wollte, mit Sergej als
Dolmetscher. Sergej ist mit Juri befreundet. Wir sind an einem Sonntag einfach hingefahren, eininhalb Autostunden östlich von *Kaliningrad*. Telefon,
mit dem wir uns hätten anmelden können, hat Juri nicht.

Juri Barinow ist Bauer. Er bewirtschaftet den größten Hof in der Gegend.
Aber das heißt nicht viel, denn nur noch ein anderer Landwirt in weitem
Umkreis kann sich über Wasser halten. Dieser andere ist sein Bruder.

Juri stammt aus *St. Petersburg*. Seinen Militärdienst hat er in *Tschernja-
chowsk* absolviert, im früheren *Insterburg* – daher kannte er den *Oblast*.
Zurück in *St. Petersburg* besuchte er die Landwirtschaftsschule und arbeitete als Busfahrer. Seine Frau Ludmilla arbeitete als Ingenieurin in der
Eisenindustrie. Als Ende der achtziger Jahre die Kolchosen in der Sowjetunion aufgelöst wurden, legten das Ehepaar, der Bruder und die Mutter
zusammen und pachteten Land im früheren Kreis *Labiau*, auf dem sie
Getreide und Kartoffeln anbauen. Zwei Gewächshäuser für Tomaten,
Paprika und Gurken kamen hinzu. Und Geflügel: Hühner, Gänse … Und
dennoch kommen sie nur schwer über die Runden, sagt Juri.
»Für den Eigenbedarf ist es zu viel, für den Verkauf zu wenig«. Die Schwei-
nemast hat er wieder eingestellt, es hat sich für ihn nicht gerechnet. Für ein
Kilogramm Schweinefleisch musste er 46 Rubel verlangen. In großen Kühl-

häusern in *Kaliningrad* aber lagert importiertes Schweinefleisch für 30 Rubel das Kilo – aus Belgien und Frankreich, Deutschland und Polen.

Mit ihren Hühnereiern können die Barinows ebenso wenig mithalten. Zwei Dutzend hat Ludmilla am Tag: Die kriegt sie mit Mühe im Dorf los, für zehn Cent das Stück. In der Stadt kann sie gegen das Angebot aus polnischen Legefabriken nicht konkurrieren: Deren Eier kosten nur vier Cent. Allein mit Kartoffeln können sie Geld verdienen, sogar viel Geld – »weil kein Mensch die polnischen Kartoffeln mag, unsere sind zwanzigmal besser«, sagt Juri.

Als die Kolchosen privatisiert wurden, gab es im Landkreis *Labiau* rund 400 Bauern. Von diesen 400 sind es heute noch zehn, die einen Hof bewirtschaften – der Rest hat aufgegeben. Und das, sagt Juri, ist typisch für alle Landkreise im *Kaliningrader* Gebiet. Viele der früheren Bauern verdingen sich heute als einfache Landarbeiter, *Skudniks* heißen sie, kenntlich an den schweren Stiefeln und groben Wollmützen. »Wissen Sie, was einer verdient?«, fragt Juri. »Für zehn Stunden Arbeit drei Euro am Tag. Plus Verpflegung.« Juri ist über fünfzig. Was wird aus dem Hof einmal werden? Swetlana wird ihn übernehmen, die Tochter. Sie ist achtzehn und besucht die Hochschule für Landwirtschaft in *Kaliningrad*.

30 Eier hat Ludmilla uns zum Abschied mitgegeben, für Sergejs Frau. Und Juri hat uns seinen alten Traktor vorgeführt, Baujahr 1972. Ich hatte allerdings auch einen neueren Traktor gesehen – einen Ford –, der hinter den Gewächshäusern stand. Den hat sich Juri kürzlich in Belgien gekauft, erfuhr ich von Sergej – gebraucht, für 24.000 US-Dollar. Woher hat er das Geld? »Von 2.000 Zentnern Kartoffeln«, antwortete Sergej.

Sergej Belantschuk – Dr. Sergej Belantschuk – ist Ende vierzig, verheiratet, er hat eine Tochter. Die Familie lebt in einer Zwei-Zimmer-Wohnung in einem Plattenbau im Zentrum von *Kaliningrad*. Dolmetscher ist nicht sein Beruf. Sergej ist Chirurg. Doch von seinem Gehalt als Krankenhausarzt konnte er seine Familie kaum ernähren, geschweige denn, sich etwas leisten. Aber Sergej hat auch Sprachen gelernt, Polnisch und Deutsch. Damit konnte er sich als Reiseführer versuchen; zuerst machte er das nebenbei, mittlerweile ist es sein zweiter Beruf. Wenn er mit seinem uralten VW-Bus Besucher herumfährt – und dolmetscht –, kann er ein Vielfaches seines Gehalts als Chirurg verdienen: Das betrug – mit Zulagen bei einer 60-Stunden-Woche – 240 Euro. Im Monat.

| Das *Kaliningrader* Gebiet ist groß. Man kann 200 Kilometer nach Osten fahren und 100 von Nord nach Süd und ist immer noch in der russischen Exklave. Vielleicht 450.000 Einwohner hat die Stadt *Kaliningrad*. Mehr als die Hälfte des *Oblast* aber lebt in kleinen Städten und Dörfern irgendwo. Unterwegs habe ich sogar russische Offiziere in Uniform als Anhalter am Straßenrand stehen gesehen – derart sind die öffentlichen Verkehrsverbindungen. Ohne Sergej wäre ich da nicht weit gekommen.

Allerdings hätte ich mir dann weniger Kirchen anschauen und weniger Heidelbeeren essen müssen. Um jede Ecke gibt es alte Kirchen aus deutscher Zeit, meist verfallene Ruinen ohne Dach. Sergej kennt sie alle – und ich jetzt auch. Im *Oblast* habe ich so viele alte Kirchen gesehen, wie davor in meinem ganzen Leben nicht.

Vielerorts sitzen Menschen am Wegrand, die in Einmachgläsern und Schüsseln wilde Erdbeeren, Heidelbeeren und Pilze anbieten – je nach Jahreszeit. Ich mag Heidelbeeren sehr. Sergej auch. Er hat immer welche gekauft und Natascha, seine Frau, hat damit Kuchen gebacken. Aber Sergej hatte nach russischer Sitte stets den Preis heruntergehandelt, was mich immer beschämt hat. Mit dem Ergebnis, dass ich jeden Tag ein oder zwei Pfund Heidelbeeren zu essen hatte. Weil ich alles aufgekauft habe, denn die Leute taten mir leid, die für einen ganzen Tag mühseliges Beerenpflücken im Wald vielleicht fünf Euro bekommen.

Wo immer wir unterwegs waren: ringsum Postkartenbilder aus Ostpreußen – grüne Wiesen, Wälder und Fluren, verschwiegene Seen, kilometerlange Alleen. Stromleitungen an alten Holzmasten, wie ich sie aus meiner Jugend kenne.

Im Süden, nahe des polnischen Grenzübergangs *Mamonowo*, hat mir Sergej eine 800 Jahre alte Eiche gezeigt ... Sanddornbüsche, Holunder – die Russen nehmen den Saft gegen Erkältung – und Strauchdisteln gibt es überall an der Ostseeküste. Weiße Blumenfelder: Kamille. Blaugesprenkelte Wiesen: Lupinen – die hatte ich noch nie gesehen. Auf Feldern im *Samland* sind mir riesige weiße Büsche aufgefallen, manchmal ragen sie drei Meter hoch. »Gerakleus Giganterium«, sagt Sergej, »wir Russen nennen sie ›Stalin-Kuss‹. Sehr großes und sehr giftiges Unkraut. Durch Zufall nach Ostpreußen gekommen.«

In *Insterburg*, an einer Hauswand, überlebensgroß ein Plakat: Putin mit Jegorow, der aus den letzten Wahlen in Kaliningrad als Sieger hervorging. »Neuer Präsident, neuer Gouverneur, neues Leben« lautet die Unterschrift.

Alle jungen Leute, sagt man uns, wollen weg aus *Insterburg*, weil es keine Arbeitsplätze für sie gibt.

In *Sovetsk*, dem früheren *Tilsit*, habe ich *Tilsiter Käse* gesucht und nicht gefunden – Butter und Käse in den Geschäften stammen aus Litauen. Im Zentrum der 40.000-Einwohner-Stadt sehe ich ein Denkmal, das einen sowjetischen Soldaten zeigt. Im linken Arm hält er ein deutsches Kind, in der rechten Hand ein Schwert. Mit seinen Stiefeln tritt er auf ein Hakenkreuz. »Das hat er mit dem Schwert zerschlagen«, erklärt Sergej die Symbolik. Am Memelufer unterhalb der Grenzbrücke vertreiben sich viele Leute den Tag mit Angeln ... In der Zellstoff-Fabrik, in den Sägewerken, in der Textilfabrik und der Brauerei werden sie nicht mehr gebraucht – die Arbeitslosigkeit ist hoch. Der Übergang an der historischen Königin-Luise-Brücke ist völlig marode, der Ausbau allein dieser Grenzstelle – über den aller Güterverkehr zwischen Europa und Litauen rollt – würde 50 Millionen US-Dollar kosten. Die der *Oblast* nicht hat. Große Tafeln stehen auf russischer Seite mit kyrillischen Buchstaben und englischer Schrift darunter: »Welcome to Russia«.

| Fußgänger, die über die *Oktjabrskaja* wollen, müssen höllisch aufpassen: Gefahren wird rücksichtslos und schnell. Dabei ist die *Oktjabrskaja* nicht etwa eine Stadtautobahn, sondern eine ganz normale Straße mitten in *Kaliningrad*. Der Zustand der Straßen ist so abenteuerlich wie der Zustand vieler Fahrzeuge. Vor allem Busse und Straßenbahnen stammen aus einer anderen Zeit.

Der Führerstand der Straßenbahnen ist oft mit Häkeldeckchen und Gardinen ausgekleidet – meist steuern Frauen die Straßenbahnen. Und Männer die Busse. Aber zumindest effizienter sind die öffentlichen Verkehrsmittel geworden, seit viele Buslinien privatisiert wurden. »Früher, im Sozialismus, haben die Leute Jagd gemacht auf jeden Bus, der kam«, sagt ein Taxifahrer. »Heute sind die Busfahrer froh über jeden Fahrgast!«

An der Südseite der *Oktjabrskaja* steht wuchtig – und einsam – der Dom. Ein halbes Jahrhundert nach Kriegsende sieht er seiner Renovierung entgegen. Kaum sonst etwas ist erhalten oder restauriert. Einen Kilometer Luftlinie entfernt vom Dom war früher die Mitte der Stadt: Da stand das Schloss. Heute ragt dort ein gigantisches, 80 Meter hohes Betonmonster auf – mit leeren Fensterhöhlen. Vor Jahrzehnten wurde der Bau begonnen:

das Hauptquartier der Kommunistischen Partei – der *Dom Sowjetow* – sollte da hinein. Weil das Geld ausging, wurde der Bau nie fertig gestellt. Und nicht mal abgerissen werden kann die riesige Betonruine – weil auch dafür das Geld fehlt ...

Auf den Hochhäusern gegenüber sind große Neontafeln angebracht: »*Kaliningrad* hat zum Ruhm des sowjetischen Volkes beigetragen« ... »Man hat einfach vergessen, diese alten Dinger abzumontieren«, sagte man mir. Heruntergekommene, triste Plattenwohnbauten prägen das Gesicht *Kaliningrads*. Jede Häuserzeile mit Hunderten Balkonen, die vorwiegend zum Wäschetrocknen benutzt werden. Manchmal hängen an den Brüstungen auch Fahrräder zur Aufbewahrung.

In den achtziger Jahren wurde mit dem Bau einer Hochstraße begonnen. Fertig geworden ist sie nicht. Das vorderste Segment, das den Moskauer Boulevard überquert, ragt auf der einen Seite in den vierten Stock der Wohnhäuser, auf der anderen Seite ins Nichts – beiderseits fehlen die Anschlüsse. In der steinernen Tristesse hilft den Einwohnern der Stadt ein russisches Sprichwort: Der Mensch mache den Ort schön, lautet es, und nicht der Ort den Menschen ...

Der Kontrast: Schicke Designerboutiquen aus dem Westen haben ihre Nischen am *Lenin Prospekt* gefunden, und stadtauswärts am Moskauer Boulevard spiegeln sich in langer Kette die Schaufenster der Autokonzerne aus aller Welt.

In den bürgerlichen Wohnvierteln von früher stehen noch viele der alten Villen – meist vom Verfall gezeichnet, manche aber auch renoviert. Am Abend nach meiner Ankunft in *Kaliningrad* bin ich in einem solchen Viertel spazieren gegangen und dabei ausgerechnet an der Villa von Erich Koch vorbeigekommen. Aber das habe ich erst später erfahren.

Zeitweilig übernachtete ich in einer schönen Pension am Nordrand der Stadt. Auch dort Plattenwohnbauten, aber auch freies Gelände mit Wald und viel Grün. Rund um die Pension waren drei Dutzend hochherrschaftlicher Häuser im Bau, nur zwei von ihnen – soweit ich an Lichtern abends sehen konnte – schon bezogen. Totenstille nachts. Morgens dann hatte ein Hund stundenlang sein eigenes Echo angebellt ... Neureiche Russen haben die Häuser in Auftrag gegeben, zwischen 300.000 und einer halben Million US-Dollar kostet jedes von ihnen, sagte man mir. Die Adresse dort lautet

Demjan Bjednu, Arme-Leute-Straße. Der Weg zur Pension hatte im letzten Teil so tiefe Schlaglöcher, dass der Fahrer nur im Zickzack weiterkam. »Im Winter ist das kein Problem«, meinte er, »im Winter macht der Schnee die Straße eben ...«

Wasser ist ein großes Problem. Die gesamte Kanalisation in *Kaliningrad* stammt noch aus der Zeit vor dem Zweiten Weltkrieg. Nach dem Duschen in der Pension standen mir jedes mal die Haare zu Berge – so chlorhaltig war das Wasser. Aber es war immerhin heiß, rund um die Uhr. An einer öffentlichen Wasserstelle sah ich Menschen mit Kanistern anstehen – da konnten sie Trinkwasser umsonst mitnehmen. Im Laden kosten drei Liter Brunnenwasser zwölf Rubel – dafür bekommt man zwei Laibe Brot. Entlang der Ausfallstraßen hocken Kolonien von Rentnern, die Gemüse aus eigenen Gärten feilbieten: Lauch oder Zwiebeln im Bund, eine Handvoll Tomaten und einen oder zwei Salatköpfe ...

Als ich an einer Frau vorbeikam, die auf einer Decke auf dem Bürgersteig 50 oder mehr Brillen ausgebreitet hatte, wollte ich meinen Augen nicht trauen: nicht Sonnenbrillen waren das, sondern Sehgläser – gebrauchte Sehbrillen für fünf Rubel ... 17 Cent.

| Ausrangierte Krankenbetten, Tische, Stühle, eine komplette Dialysestation, Fitnessgeräte, alte Registrierkassen, tonnenweise Kleidung und Schuhe: Drei Eisenbahnwaggons mit Hilfsgütern aus Deutschland sind angekommen. Am Güterbahnhof *Kaliningrad* wurden sie auf Militärlaster verladen und 50 Kilometer ins Ostseebad *Swetlogorsk* gefahren, dem früheren *Rauschen*. Russische Soldaten, die der deutschen Hilfsorganisation zur Hand gehen, laden die Sachen in einer großen Lagerhalle ab. Dafür wird das Militärhospital die Dialysestation erhalten – es besitzt nur eine veraltete, ohne Ersatzteile, aus DDR-Beständen.

Die Kleiderkartons sind farblich markiert – blau für Männer, gelb für Kinder, rosa für Frauen. Wenn sie in Regale sortiert sind, können Bedürftige sich später das Passende aussuchen. Wolfgang Weber, Repräsentant der *Duisburg-Hilfe*, überwacht das Abladen. Der rührige Rheinländer ist mit einer russischen Lehrerin verheiratet und seit Jahren in *Swetlogorsk* ansässig. Abnehmer für die humanitäre Hilfe hat Weber überall im *Oblast* – »Mehr«, sagt er, »als wir bedienen können. Es gibt Gemeinden«, erzählt Weber, »die in ihr Budget einen bestimmten Prozentsatz ›humanitäre Hilfe‹ fest einplanen – bis zu 30 Prozent«. Die Stadt *Kaliningrad* wollte gar einen Vertrag mit seiner Organisation darüber abschließen, wie viel Hilfe im Jahr zu erwarten sei. »Da haben wir gesagt: Ihr seid verrückt! Wir wissen doch gar nicht, was wir überhaupt an Spenden aus Deutschland bekommen«.

Unter den Hilfsgütern sind Sachen, räumt Weber ein, da ist die Entsorgung in Deutschland womöglich teurer als sie hierher zu bringen. »Aber Möbel zum Beispiel werden von russischen Schreinern hier aufbereitet – und dann ist manche Schule froh darüber.« Bei jeder Hilfslieferung sind auch zentnerweise Medikamente dabei, deren Verfallsdatum nahe oder schon erreicht ist. Sie werden Krankenhäusern gegeben, wobei Spender und Empfänger davon ausgehen, dass die Haltbarkeit der Medikamente länger ist als das aufgedruckte Datum.

   | Ich ging als erster ins Zimmer – ein Fremder – und darauf war der Polizist nicht vorbereitet: er griff nach seiner Pistole. Dann erst sah er Galina und Igor. Galina Paschurina ist Oberärztin am *Städtischen Infektionskrankenhaus Kaliningrad*, Igor Iwanoff ist der Chefarzt. Der Patient, bei dem sie Visite machen, ist mit Handschellen ans Bett gefesselt – seinetwegen ist auch der Polizist im Raum. Die Polizei fürchtet, dass er wegläuft – oder von Komplizen befreit wird –, erklärt der Chefarzt die ungewöhnliche Situation.

Der einunddreißigjährige Patient, von Beruf Schlosser, war Drogendealer und selbst drogenabhängig. Er war schon fast tot, als er zu einer Entziehungskur eingeliefert wurde. Gesundheitlich ist er jetzt über den Berg. Doch wenn die Ärzte ihn entlassen, muss er ins Gefängnis. »Drogensüchtige und Aids-Kranke: Aus medizinischer Sicht sind das die größten Probleme in *Kaliningrad*«, sagt Dr. Iwanoff. »Und hinzu kommt noch Tuberkulose ...« Der Prozentsatz der an Tbc erkrankten Kinder ist in *Kaliningrad* viermal so hoch wie im übrigen Russland. Von den Drogenabhängigen sind 80 Prozent HIV-positiv. Die Zahl der Aidsinfizierten in *Kaliningrad* ist die höchste in Europa.

Dr. Igor Partulejew leitet die chirurgische Abteilung am *Städtischen Zentralkrankenhaus Pionersk*, 50 Kilometer nördlich von *Kaliningrad*. *Pionersk* war früher der größte Fischereihafen, Arbeitgeber für praktisch die ganze Stadt. Nach *perestroika* und Privatisierung sind 80 Prozent der Arbeitsplätze verschwunden. Die Stadt muss jetzt für das Krankenhaus aufkommen, das früher der Staat unterhielt. Aber die Stadt hat nichts.

Als ich dort war, konnte das einzige Röntgengerät des Krankenhauses nicht benutzt werden – wegen eines fehlenden Ersatzteiles, das 700 Euro gekostet hätte. Diesen Betrag hatte man nicht. Erst nach sechs Wochen konnte das Geld aufgetrieben werden. Die chirurgische Abteilung hat zwei Toiletten für 60 Patienten. Klopapier müssen die Leute selber mitbringen.

Auf dem Gang lag, allein, ein zehnjähriger Junge, Alexander Jessin, Sascha genannt. In ein Zimmer mit lauter Erwachsenen wollte er nicht. Nach einem Fahrradunfall und einer kleinen Operation musste er noch ein paar Tage bleiben. Ich wollte einen Teddybär für Sascha besorgen. »Kaufen Sie ihm lieber Joghurt und gutes Obst, das sich ein paar Tage hält«, riet mir der Arzt.

Krankenhäuser und Polikliniken sind das A und O in *Kaliningrad* – niedergelassene Ärzte gibt es kaum. Aber das in Russland neue System der Krankenversicherung funktioniert noch nicht und die Gelder reichen bei weitem nicht – nicht für das Krankenhaus und nicht für die Patienten, sagt Dr. Partulejew.
Muss deshalb jemand vor der Tür bleiben, frage ich. »Nein«, antwortet der Chirurg. »Entweder bezahlt die Krankenversicherung, oder der Patient. Oder er geht mit Gott hier kostenlos raus …«

Bei meinem Besuch wurde ich auch der Direktorin des Krankenhauses vorgestellt. Sie erzählte mir den Witz von einem neureichen Russen, der mit einer Armverletzung in einer Klinik erscheint. Nach dem Röntgen sagt ihm der Arzt: »Sie haben einen Bruch, da müssen wir einen Gipsverband anlegen«. Antwortet der Russe: »Gips? Ein einfacher Gipsverband? Nein! Ich will Marmor haben!« »Viele reiche Leute«, sagt die Klinikchefin, »haben sich bei uns behandeln lassen und sich mit einem Dankeschön verabschiedet – auf die Idee, dem Krankenhaus eine Spende zu geben, kämen die nie. Mit ihrem Geld sponsern sie lieber Modeschauen oder Miss-Wahlen.«

| Verlassen wirkt er. Majestätisch und verlassen. Ein wuchtiger Bau, bald 700 Jahre alt. Im Krieg zerstört, und erst in jüngster Zeit restauriert: der Dom von *Königsberg*. Das muss man sich mal vorstellen, dachte ich, dass

dieser trutzige Vorposten des Abendlandes da schon stand – Jahrhunderte, bevor die Neue Welt, Amerika, überhaupt entdeckt wurde. Das Geläute der Abendglocke des Doms war kläglich. Irgendwie hatte ich eine mächtigere Glocke erwartet.

Ohne Ostpreußen gäbe es kein Preußen. Und ohne Preußen kein Deutschland. Viel mehr als dieser Satz ist mir aus der Schulzeit nicht haften geblieben. Dass Ostpreußen die erste protestantische Universität hatte ... dass es das erste Gebiet Europas mit Allgemeiner Schulpflicht und Religionsfreiheit war ... dass grundlegende Reformen des 19. Jahrhunderts – die Abschaffung der Leibeigenschaft etwa – von Ostpreußen ausgingen ... und dass es dieses Ostpreußen war, wo bei Wahlen die Nazis am wenigsten Fuß fassen konnten – das habe ich nicht gewusst.

Und erst in *Kaliningrad* habe ich vom Schicksal *Königsbergs* erfahren: Der Gauleiter Koch – an dessen Haus ich vorbeigekommen war, ohne es zu wissen – hatte die Evakuierung der Stadt verboten. So kamen im April 1945 – Deutschland war schon besetzt, Ostpreußen aber nicht – in der Schlacht um *Königsberg* 150.000 Soldaten und Zivilisten ums Leben ... in vier Tagen! Und 90.000 deutsche Soldaten traten von *Königsberg* den Weg in die Gefangenenlager an, drei Wochen vor Kriegsende.

Das erste Ehrenmal überhaupt, das die Sowjetunion ihren Gefallenen des *Großen Vaterländischen Krieges* setzte, ist im eroberten *Königsberg* errichtet worden. Deutsche Kriegsgefangene wurden zur Arbeit herangezogen. Das Ehrenmal steht im Zentrum *Kalinigrads*. Sergej macht mich auf eine Plakette aufmerksam, die einer Frau gewidmet ist: Jelena Kowaltschuk, Sanitätsschwester, fünfunddreißig Jahre alt. Ausgezeichnet mit dem höchsten Militärorden der Sowjetunion. Am letzten Tag der Schlacht um *Königsberg* gefallen und inmitten von 1.200 Soldaten und Offizieren bestattet – mehr Tote fanden an dem Ehrenmal nicht Platz. Eine Ewige Flamme brennt am Denkmal. Als ich mit Sergej dort herumlief, wärmte sich ein junger Mann mit Walkmanstöpseln im Ohr die Hände an der Ewigen Flamme. Frische Kränze und Blumen lagen da.

Frische Blumen sah ich auch am Grab von Immanuel Kant, dem berühmtesten Sohn der Stadt. Der Philosoph, der weltweit bekannt wurde, ohne selber je herausgekommen zu sein aus seiner Heimatstadt, ist an der Nordseite des Doms bestattet. Der Dom fiel im Bombenhagel zusammen – nur Kants Grabmal blieb unversehrt.

| Bis 1985 führten die russisch-orthodoxen Gemeinden in der früheren Sowjetunion ein Schattendasein, denn offiziell gab es keine Kirchen. Der Neuanfang fand hier statt: die *Nikolai-Kirche* in *Kaliningrad* war 1985 die erste, die ihre Pforten wieder öffnen durfte.

Sergej und Natascha kommen öfter hierher. Selten war ich so berührt von einer Stimmung. Und einem Bild ... Wie Natascha, Sergejs Frau, sich den Schleier überzog – sie hatte Tränen in den Augen. Nicht, weil sie eine besonders fleißige Kirchgängerin wäre, oder besonders gläubig. Aber hier hatten sie damals Inga taufen lassen, ihre jetzt achtjährige Tochter. Die wollte an diesem Sonntag eigentlich nicht mit in die Kirche, wusste aber, dass sie hinterher ein Eis bekommen würde. Jetzt trug auch Inga ein Tuch. Und klammerte sich ganz fest an die Mama.

Wenn es an allem anderen hapert: am Geld für neue Kirchen offenbar nicht. In *Bagratijonovsk*, einer heruntergekommenen Grenzstadt zu Polen, ist der einzige Blickfang eine nagelneue orthodoxe Kirche mit weißem Marmor und vergoldeten Kuppeln. Im Zentrum von *Kaliningrad*, nahe dem Nordbahnhof, entsteht eine gewaltige Kathedrale, bei deren Grundsteinlegung der frühere Präsident Jelzin Pate stand – sein einziger Besuch in *Kaliningrad*. Ursprünglich waren 100 Millionen Euro für den Bau der Kathedrale veranschlagt, inzwischen ist von 200 Millionen die Rede.

Als wir zum Gottesdienst in die *Nikolai-Kirche* kamen, standen draußen alte Frauen – *babuschkas*, Großmütter –, die um ein paar Kopeken bettelten ...

| Das System der Kindergärten – noch aus alter Zeit – wird in *Kaliningrad* als optimal empfunden: Betreuung der Kleinen von acht Uhr morgens bis acht Uhr abends, drei Mahlzeiten. Die Kosten dafür – kaum sieben Euro im Monat – gelten als eher symbolisch. Aber das, wo ich jetzt bin – in der Turgenjew-Straße – das ist kein Kindergarten.

Anastasia wird bald neun, ihren Vater kennt sie nicht, die Mutter, Alkoholikerin, hat sie misshandelt ... Tadjana, acht Jahre alt, und Anna, zwölf: Vater unbekannt, Mutter im Krankenhaus, Entziehungskur. Anna, die ein Jahr mit einer Straßengang umherzog, ist positiv auf Tbc getestet und musste ihrerseits erst einmal eine Entziehungskur machen, um vom Schnüffeln wegzukommen. Zwei Vollwaisen – ein Junge und ein Mädchen –, die vom Jugendamt aufgegriffen und hierher gebracht wurden, sind nicht aus *Kaliningrad*: sie waren aus einem Heim in *Wladiwostok* ausgerissen, 12.000 Kilometer entfernt, am anderen Ende Russlands.

Das Städtische Kinderobdachlosenheim in der Turgenjew-Straße wird von Ludmilla Koronevskaja geleitet. Sie arbeitet seit 42 Jahren in der Kindererziehung. »Tausende Straßenkinder«, sagt Ludmilla, »gehören heute zum Bild *Kaliningrads*. Vor fünfzehn Jahren, in sowjetischer Zeit, gab es das nicht. Das Problem ist: Jeden Tag kommen neue Kinder, jeden Tag gehen Kinder weg. Wir dürfen sie nicht länger als sechs Monate behalten – da können sie nicht Fuß fassen …«

Sechs Waisenhäuser gibt es in *Kaliningrad*, und drei provisorische Heime, in Containern – wo die Kinder nur tagsüber, nicht nachts betreut werden. 46 Rubel, eineinhalb Euro pro Tag, hat der Staat – hat die Atommacht Russland – für ein Waisenkind pro Tag. Vom Zahnbecher bis zu Waschbecken in Kinderhöhe, von Teddybären und Puppenwagen bis zu den Drahtbetten aus Bundeswehrbeständen: Praktisch die gesamte Einrichtung des Hauses in der Turgenjew-Straße wurde von der deutschen Hilfsorganisation *Hamburger Freundschaftsbrücke* organisiert oder bezahlt. Zusätzlich geben die Hamburger Geld für Lebensmittel. »Ohne das«, sagt Ludmilla, »kämen wir nicht über die Runden …« Die Kinder in der Turgenjew-Straße verehren die Heimleiterin wegen ihrer mütterlichen Wärme, nennen sie *koroljowa*, Königin.

Ihr Mann, erfahre ich später, ist bei einem Autounfall ums Leben gekommen. Und ihr einziger Sohn wurde bei einer Militärübung getötet …

Es gibt Fischsuppe und Fisch, gebacken in Teig, und Weißkohlsalat, Brot, Apfelsaft und eine Tafel Schokolade. Eine Suppenküche. Die Frauen und Männer, die hier eine kostenlose Mahlzeit erhalten, kommen und gehen durch die Hintertür. Aus Scham. Es sind durchweg Leute, die früher in angesehenen Berufen tätig waren – Lehrer, Ärzte, Ingenieure, Wissenschaftler, Künstler: Russlands frühere »Intelligenzia«. Heute haben diese Menschen eine sehr geringe Rente – umgerechnet 50 Euro im Monat. Die Initiative, speziell für diesen Personenkreis etwas zu tun, kam vom Sozialamt der Stadt *Kaliningrad* und die Hamburger Hilfsorganisation *Freundschaftsbrücke* beteiligte sich finanziell auch an diesem Projekt. Auch russische Sponsoren konnte man dafür gewinnen.

Es gibt fünf Städte in ganz Russland, die so was machen, sagte man mir – und *Kaliningrad* war die erste. 60 bis 70 ältere Menschen können täglich in der Freiküche einkehren. Aber nur für zwei Monate – danach kommt eine andere Gruppe dran: »Weil wir nur eine Übergangs-Hilfe sind und nicht die ganze Stadt verköstigen können«, sagt der Leiter.

Mieten schienen mir billig in *Kaliningrad*. Taja Kostina, eine Studentin, die mich ein paar mal begleitet und für mich gedolmetscht hat, wohnt mit den Eltern in einer Drei-Zimmer-Wohnung, die einschließlich Strom und Heizung 20 Euro im Monat kostet. Na ja, dachte ich. Bis ich erfuhr – ich hatte Taja gebeten, zu Hause zu fragen, sie selbst wusste es nicht –, dass die Drei-Zimmer-Wohnung ganze 36 Quadratmeter misst.

Ein Telefonanschluss in *Kaliningrad* gehört zum Luxus: zwei Monatsgehälter sind dafür fällig, nur für die Installation. Handy ist was anderes: das hat fast jeder. Und bei jungen Leuten ist SMS sehr populär, wie bei uns – es heißt auch russisch so. Nur: auch die Gebühren sind fast wie bei uns. Und das heißt: Taja kann sich ihr Handy eigentlich gar nicht leisten – dauernd muss sie schauen, wo sie das Geld herkriegt für eine neue Karte.

Taja hatte mich mit zehn Studentinnen an der Universität zusammengebracht. Die meisten von ihnen waren noch nie aus *Kaliningrad* weggekommen, kannten Russland gar nicht, sagten sie. Alle sprachen davon, später nach Europa reisen zu wollen, um dort Arbeit zu finden. Nach *St. Petersburg* oder *Moskau* würden sie auch gehen, aber nicht ins zentrale Russland. »*Kaliningrad*«, sagte eine der jungen Frauen, »empfinden wir wie eine Insel: nicht Russland, nicht Europa.« Und alle nickten.

| Ein einzelner Lkw darf vorrücken am Grenzübergang *Bagratijonovsk*, er schert aus der Kolonne von Hunderten wartender Pkws aus, muss rangieren auf der schmalen Straße. 300 Meter bis zum russischen Grenzposten. Es geht schubweise voran, mit Nummern. Die 300 Meter können zehn Minuten Wartezeit bedeuten oder auch zwei Stunden. Und nach hinten zieht sich die Autoschlange drei Kilometer. Zwei Dutzend Grenzübergänge zu Polen und Litauen hat *Kaliningrad*. Hüben wie drüben ist der Übergang visumfrei. Allein zwischen *Kaliningrad* und Polen fahren jeden Tag 10.000 Menschen hin und her. Die Erklärung: Zigaretten, Wodka, Benzin.

Eine Stange Marlboro kostet in *Kaliningrad* knapp acht Dollar, in Polen 17 Dollar. Auch Wodka ist in Polen mehr als doppelt so teuer. Also hat sich ein florierender kleiner Grenzverkehr entwickelt – eine durchorganisierte Augenwischerei mit der Maxime »Leben und leben lassen.« Zahllose Kioske auf russischer Seite – nur Schritte weg von der Grenze – verkaufen Zigaretten und Alkohol; und an russischen Tankstellen können polnische Autofahrer volltanken – das Benzin ist um die Hälfte billiger als bei ihnen zu Hause. Zigaretten und Alkohol werden nicht groß versteckt, sondern unter Planen und Sitzen so verstaut, dass sie nicht offen sichtbar sind. Zu den Spielregeln gehört, dass 20 Prozent vom Wert des Schmuggelgutes die polnischen Zöllner kriegen, damit sie gar nicht erst nachschauen.

Einen Kilometer weiter in Polen warten Großhändler, die die Zigaretten und den Alkohol aus *Kaliningrad* sofort aufkaufen – auch hier ist ein Abschlag fällig. Und auf der Rückfahrt 20 Prozent an die russischen Grenzposten, die nichts von dem Schmuggel haben, aber immer die Übertrittsformulare bearbeiten müssen: damit auch die nicht leer ausgehen. Am Ende bleibt ein Gewinn von 30 oder 40 Dollar pro Fahrt. Wer das dreimal im Monat macht, hat einen halben Monatslohn zusätzlich. »Die Grenze ernährt«, sagt man in *Kaliningrad*.

Die russische Mafia kontrolliere die halbe Stadt, heißt es in Berichten immer wieder. Ich kann das nicht beurteilen. Nur so viel: Mit meinem Visum hatte ich kein Problem bei der Einreise. Doch die Polizei in *Kaliningrad* wollte mich nicht registrieren – ohne Registrierung im Reisepass aber drohten Schwierigkeiten bei der Ausreise. Sie müssen nach Moskau wegen der Registrierung, hieß es bei der Polizei. Geht das nicht per Fax oder Telefon? »Ausgeschlossen. Fliegen Sie nach Moskau!«

Natürlich. Flieg ich nach Moskau und lass mir dort bescheinigen, was hier jedermann sehen kann: dass ich in *Kaliningrad* bin ... »Ein geschlossener Kreis«, meinte Sergej, »wie bei den Kommunisten.«
Schließlich bin ich an einen der reichsten – und das heißt einflussreichsten – Männer *Kaliningrads* verwiesen worden, so jedenfalls beschrieb man ihn mir. Ihn selber habe ich gar nicht gesprochen, sondern seine Sekretärin. Und hatte die Registrierung für den Pass in zwei Minuten ...

| *Cranz* und *Rauschen*, die mondänen Seebäder der Vorkriegszeit, die jetzt *Selenogradsk* und *Swetlogorsk* heißen: Jedes Flair ist weg. Aber die

Ostsee ist noch da – von *Kaliningrad* eine bis anderthalb Autostunden entfernt. Wenn man am Strand entlangläuft, kann man in kurzer Zeit eine Handvoll Bernstein einsammeln. Das machen viele. Aber die winzigen Splitter – 60 Millionen Jahre alt – sind wertlos: hundert Gramm bringen einen Euro. Der *Oblast* besitzt 95 Prozent der weltweiten Bernsteinvorkommen, aber ein Wirtschaftsfaktor wie früher sind sie nicht mehr. Der industrielle Abbau ist um die Hälfte zurückgegangen, die Bergwerke sind veraltet oder bankrott.

Samland hieß die rechteckige Halbinsel zwischen *Kaliningrad* und der Ostsee früher, den russischen Namen weiß ich nicht. Es ist ein Land von Gräbern: russische und deutsche Soldatenfriedhöfe überall. So viele, dass man tiefsinnig werden kann.
In einer Bucht direkt am Strand der Ostsee steht ein schlichter Gedenkstein, mit russischer und hebräischer Inschrift, zur Erinnerung an 7.000 jüdische KZ-Häftlinge, die an dieser Stelle von den Nazis 1945 bestialisch ermordet wurden. *Auschwitz* war von den Alliierten schon befreit, als dieses Verbrechen noch geschah; verantwortlich dafür war der NS-Gauleiter Erich Koch, an dessen Haus ich in *Kaliningrad* vorbeigekommen war. Er hatte es einer jüdischen Familie weggenommen, im Krieg blieb das Haus unbeschädigt.

An Bord des Eisbrechers »Ostpreußen« konnte Koch entkommen und unter falschem Namen in *Hamburg* untertauchen. Erst vier Jahre nach Kriegsende gelang es der britischen Militärpolizei, ihn zu identifizieren. Er wurde verhaftet, an Polen ausgeliefert und dort zum Tode verurteilt. Das Urteil wurde wegen seiner »angegriffenen Gesundheit« nicht vollstreckt. In einer polnischen Gefängniszelle wurde er 90 Jahre alt ...

Eine 47 Kilometer lange Chaussee führt von *Kaliningrad* hinaus an den westlichsten Zipfel des *Samlandes*, zum Hafen *Baltisk*, dem früheren *Pillau*. »Auf dieser Straße«, sagte Sergej, »ist bei Kriegsende um jeden Meter gekämpft worden«. *Königsberg* war gefallen. *Pillau* noch nicht. Für die Flüchtlingstrecks aus ganz Ostpreußen versuchte die Deutsche Wehrmacht den Weg in die Hafenstadt freizuhalten. Hunderttausende konnten von dort auf Schiffen noch über die Ostsee evakuiert werden.

In *Baltisk* liegen heute die Kreuzer und U-Boote der Baltischen Flotte Russlands. Sergej musste eine Sondergenehmigung besorgen, dass wir dorthin konnten. Mitten in der Stadt ein großes Transparent über der Straße: »Wir sind stolz auf unser Vaterland. Wenn Russland hier endet, ist genau hier auch der Anfang Russlands« ... Dann ein Denkmal für russische Soldaten – aber nicht des Weltkrieges, sondern der Gefallenen in Afghanistan und Tschetschenien.

Am Hafen Geschwader von Kormoranen: Jeder frisst sieben Kilogramm Fisch am Tag. Mit einem Marinekutter sind wir einmal hin und her über die Hafenbucht. Vor dem Krieg verkehrte hier eine alte Holzfähre mit einem Fährmann: Der war berüchtigt dafür, dass er nie Wechselgeld hatte.

Gusseiserne Kanaldeckel habe ich in einer Seitenstraße entdeckt mit deutscher Herstellerbezeichnung, 80 Jahre alt ... Schließlich die Kaserne der 336. Marine-Infanterie-Division: »Wo wir sind, da ist der Sieg«, verkünden große Lettern am Eingang ...

Saschas Vater – der Junge, dem ich Obst ins Krankenhaus gebracht hatte – ist Unteroffizier. Wir haben die Familie in ihrer Militär-Wohnsiedlung besucht. Plattenbauten. Haus Nummer acht, vierter Eingang, Wohnung Nr. 70, vierter Stock. Zwei Zimmer. Eins für Sascha und seinen Bruder. Das andere ist der Wohnraum; abends wird die Couch ausgezogen, dann schlafen die Eltern da. Der Sold von Saschas Vater bei einer Helikopter-Einheit der Armee beträgt umgerechnet hundert Euro im Monat. Genauso viel erhält die Mutter, die Funkerin ist. Bei zwei Kindern reicht das nicht.

Deshalb hat der Unteroffizier Jessin außerhalb der Dienstzeit einen Nebenjob – er fertigt Grabsteine. Das bringt mehr als sein Gehalt. Und die von Präsident Putin versprochenen Solderhöhungen für Russlands Armee? Jessin lacht nur: »Was die eine Hand gibt, nimmt die andere wieder weg. Dann wird die Dienstwohnung teurer, dann werden die kostenlosen Busfahrten fürs Militär gestrichen. Und so weiter ...«

Außerhalb der Militärsiedlung steht auf einer Klippe über der Ostsee ein schöner roter Leuchtturm – den wollte ich fotografieren. »Lieber nicht«, meinte Sergej, »das kann Ärger geben. Man kann sie zwar nicht sehen: Aber irgendwo hier ist eine Raketenstellung – und da verstehen die Militärs keinen Spaß.«

Immer wieder habe ich nach einem Telegraphenmast Ausschau gehalten – mit einem Storchennest oben drauf. Nicht, dass man in *Kaliningrad* lange suchen müsste nach Störchen – 40.000 gibt es. Auf jedem Kamin und jedem

Mauervorsprung sieht man die Nester; und in jedem Feld, wo immer ein Traktor mäht, staksen gleich ein halbes Dutzend Störche hintendrein, auf der Suche nach Mäusen, Schlangen und anderem kleinen Getier.

Aber dass sie sich ein Nest auf einem dünnen, hölzernen Telefonmast bauen können, das hab' ich Sergej nicht geglaubt. Das kann doch nicht halten: Wenn die kleinen Störche da rumturnen oder die großen einschweben, muss das Ding doch runterfallen, dachte ich. Bis ich es schließlich mit eigenen Augen gesehen habe – ein Storchennest auf einem dünnen Telefonmast. »Die Störche verstehen was von Statik«, hatte Sergej immer gesagt, »glaub mir.«

Das Nest hielt tatsächlich.

—

Erstsendung 2003.

I Wenn ein Paradies ist auf Erden ...

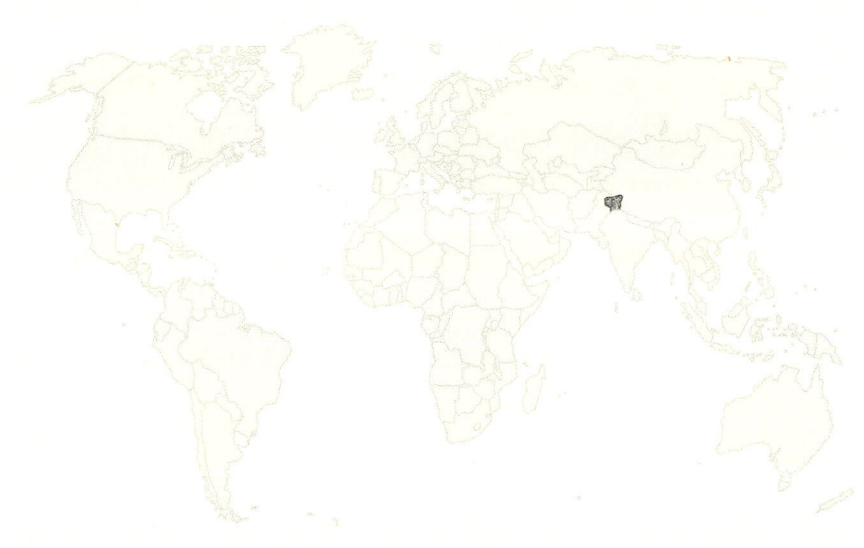

Kaschmir: Unterwegs auf beiden Seiten der Front

| Fast 3.700 Meter hoch liegt das Feld, auf dem der Bauer arbeitet. Die Yaks, seine Rinder, zieht es im Sommer noch viel höher hinauf, bis auf 5.000 Meter, bis an den Rand der Gletscher.

Als Junge hat er noch erlebt, wie Karawanen hier Halt machten – große Handelskarawanen, zehn oder fünfzehn pro Jahr, damals die einzige Verbindung zur Außenwelt. Als er längst erwachsen war, wurde die erste Straße gebaut, von Süden her; nicht für Handel oder Besucher, sondern für den Nachschub des Militärs. Vor zwölf Jahren kam eine zweite Straße hinzu, von Westen: Auch sie eher für das Militär, denn zur Landesentwicklung. Die Heimat des Bauern – die Hochwüste von *Ladakh*, im östlichen Teil von *Jammu und Kaschmir* – ist das Aufmarschgebiet Indiens gegen China und Pakistan: Eine der am geringsten erschlossenen und am wenigsten zugänglichen Regionen der Erde.

Die Errungenschaften des 20. Jahrhunderts sind nicht für den Bauern und seine Familie. Die weiße Kuppel der Satellitenstation, die er auf einer Bergspitze sehen kann: militärische Fernaufklärung. Die endlosen Lkw-Kolonnen auf der Passstraße: Nachschub für die Armee – wo die Lkws nicht weiterkommen, fliegen Helikopter. Der militärische Aufwand kostet Milliarden. Der *ladakhische* Bauer bringt es, für sich und die zehnköpfige Familie, auf vielleicht 6.000 *rupee* im Monat – 200 Dollar.

»Für Frieden und Wohlstand« lautet die Inschrift auf einer kleinen Tafel an der großen *Stupa*, einem der zahlreichen Tempel und Klöster in *Ladakh*. *Ladakh* gilt als die Wiege des Buddhismus, von hier aus wanderte die sanfte Lehre nach Osten, nach Tibet.

Doch Frieden und Wohlstand haben die Dörfer in dieser kargen, braunen Hochwüste zu beiden Seiten des *Indus* nie gesehen. Stattdessen vier Kriege

Indiens – einen mit China, drei mit Pakistan –, jahrzehntelange Schließung der Grenzen und die fortdauernde Präsenz der Armee. Die Gründe der Zwietracht reichen weit zurück in die Zeit der britischen Herrschaft. Denn *Jammu und Kaschmir* war auf dem Papier kein Kolonialgebiet, sein Maharadscha war formal ein Bundesgenosse des Vizekönigs in *Delhi*. Als der Subkontinent 1947 in die Unabhängigkeit entlassen wurde, votierte der letzte Maharadscha Hari Singh – ein Hindu, der über eine muslimische Bevölkerungsmehrheit gebot – für den Anschluss an Indien. Die Folge: eine Intervention Pakistans und die Teilung.

1965 und 1972 mündete der Streit um *Kaschmir* erneut in Kriege. Noch heute ist es der brisanteste Krisenherd des Subkontinents: dort *Azad-Kaschmir* (»Freies Kaschmir«) im pakistanisch verwalteten Teil, hier der indische Bundesstaat *Jammu und Kaschmir*. Den Indern wurde *Ladakh* zugeschlagen, obwohl sich diese Region von beiden Seiten – Hindus und Moslems – in Sprache, Abstammung und Kultur fundamental unterscheidet.

So viele Einwohner *Ladakh* hat, so viele indische Soldaten stehen dort, vor allem im *western sector*, wie die indischen Medien vage die 1949 von den *UN* ausgehandelte Waffenstillstandslinie zu Pakistan und die Front am *Siachen-Gletscher* umschreiben ... Keine Industrie, keine Rohstoffe, zu wenig Strukturhilfen aus *Delhi* – so ist in *Ladakh* die indische Armee der wichtigste Arbeitgeber, mit Jobs für Küchenhilfen und Träger.

| »Lasst uns zu Allah dem Allmächtigen beten, wie Mohammed, sein Prophet, das vor Antritt jeder Reise tat«, hatte der Pilot die Passagiere vor dem Start aufgefordert. Das ist üblich an Bord aller pakistanischen Flugzeuge. Am *Nanga Parbat* vorbei, 8.126 Meter, und in Sichtweite des *K2*, 8.611 Meter. In einer zweimotorigen Maschine, die der Pilot im Slalom um die Berge steuern muss, weil sie nur bis auf 5.500 Meter steigen kann. Selbst der größte Ort, die 25.000-Seelen-Gemeinde *Skardu*, nimmt sich in dieser gigantischen Landschaft wie eine Nagetierkolonie aus.

Ob man *Skardu* in *Baltistan* überhaupt erreicht (oder wieder verlassen kann), hängt auch vom Wetter ab. Man kann tagelang festsitzen. *Baltistan* liegt an der Grenze zu China, wie *Ladakh* – genauso unzugänglich und fast genauso groß; nur eben weiter westlich, in Pakistan gelegen, im Hochgebirge des *Karakorum*.

Auch *Baltistan* ist arm wie *Ladakh* und scheint im 19. Jahrhundert stehen geblieben zu sein. An der Siedlungsgrenze sind die Vegetationszeiten kurz, die Ernten gering. Die Analphabetenrate beträgt 85 Prozent.

Als die ersten Autos – Militärlaster und Jeeps – hierher kamen, haben die Menschen ein Bündel Heu vor sie hingelegt und einen Eimer mit Wasser: So füttert man Kamele. Das war vor 40 Jahren.

Seit Ende der siebziger Jahre ist die Straße freigegeben, die von der pakistanischen Hauptstadt *Islamabad* heraufführt: der *Karakorum Highway*. Die einzigen modernen Fahrzeuge, die man sieht, sind die des Militärs. Für sie wurde die Straße gebaut: *Baltistan* ist Pakistans Aufmarschgebiet gegen Indien. Es reicht bis zum *Siachen*, einem der größten Gletscher der Welt, 6.000 Meter hoch. Selbst in den Sommermonaten bleibt die Temperatur dort unter dem Gefrierpunkt, im Winter fällt sie auf minus 40 Grad.

In diese Eiswüste, in der nie zuvor ein Mensch gelebt hat, sind indische Truppen erst Anfang der achtziger Jahre vorgedrungen. Und Pakistan zog nach. Heute hausen Tausende Soldaten das ganze Jahr hindurch auf diesem Terrain, das so hoch liegt, dass kein Nachschub mehr mit Trägern und Maultieren hingebracht werden kann, sondern nur noch mit Helikoptern. Soldaten auf Patrouillen bekämpfen sich in diesem eisigen Niemandsland oder liefern sich Artillerieduelle. Die Kanonen dafür mussten eigens entwickelt werden. Doch keinen Zentimeter, tönt die Propaganda beider Seiten, werde man vor dem Feind weichen, koste es, was es wolle! Die Toten holt dann der Hubschrauber ...

200 Gäste, meist Trekkingtouristen aus Amerika und Europa, finden Platz im *Shangri-la*, einer märchenhaften Hotelanlage außerhalb von *Skardu*, in der Mitte von Nirgendwo. Der Eigentümer des Hotels ist ein pakistanischer General. 200 Gäste, sagt man mir – im Sommer, in der Hochsaison, die nur drei Monate dauert. Und wenn die Zeiten normal sind?
Mit mir waren es fünf Gäste. Am Nebentisch Italiener, die sich – über eine Karte gebeugt – mit ihrem pakistanischen Führer auf Englisch unterhielten. »Und wo ist *Baltistan*?«, wollte einer wissen. Worauf der Pakistani entgeistert guckte: »Hier«, sagte er schließlich, »hier.«

Ich habe mich auch vertan, wochenlang, mit *Northern Area*, *Azad Kaschmir* und *Ladakh*, mit den Gebirgsketten und dem Verlauf der Flüsse. Dass ich mich vertan habe, hängt auch mit den Karten zusammen: detailgenaue gibt es kaum. Und auf denen, die es gibt, wird der *Neelum* zum *Kishan-ganga*, liegt *Ladakh* auf einmal in Pakistan und *Baltistan* in Indien. Da werden Gebiete vereinnahmt so groß wie die alte Bundesrepublik. Und sie heißen *IoK* oder *PoK*, *Indian occupied Kashmir* oder *Pakistan occupied Kashmir*, je nachdem … Der Verlauf der Waffenstillstandslinie ist nur auf Militärkarten wiedergegeben und in den Zeitungen ist vom Gebiet des jeweils anderen in »Anführungszeichen« die Rede. Und bis ich schließlich hinkam, lagen zwei Monate und 3.000 Kilometer hinter mir.

Am Airport von *Skardu* habe ich mit einem alten *Balti*-Bauern gesprochen, der Äpfel verkaufte, einzeln und in Säcken. Viele *Baltis* kaufen gleich 20 oder 30 Kilo, wollen sie als Handgepäck in die pakistanische Hauptstadt *Islamabad* mitnehmen, wo sie mit dem Weiterverkauf den halben Flugpreis wieder hereinholen können und verstehen nicht, wenn sie beim Einchecken die Äpfel zurücklassen müssen, weil die Maschine sonst nicht mehr abheben könnte. Ich musste vor der Rückreise aus *Skardu* Stunden warten, bis die, die überhaupt mitdurften nach *Islamabad*, aussortiert waren. Bis alle Wortgefechte und alles Feilschen ein Ende hatten.

Ich saß im Freien vor der Abfertigungsbaracke, habe mir im Sonnenschein die Nase verbrannt und einem Soldaten zugeschaut, der auf ein Schild pinselte: »Dieser Flugplatz wird von der glorreichen pakistanischen Armee verteidigt.« Und ich habe ein Gespräch versucht mit dem Bauern mit den Äpfeln. Der zählte an den Fingern auf, dass er drei Kinder hat – neun Kinder eigentlich, aber sechs sind gestorben. Und jetzt ist wieder eins unterwegs, und – die rechte Hand ging zur Brust – wird hoffentlich überleben, *Inschallah*. Er konnte nicht mal sein Alter sagen: »Nur wenige von uns wissen ihren Geburtstag«, habe ich seiner Gestik entnommen.

Drei Kriege haben Indien und Pakistan gegeneinander geführt – mit Hunderttausenden von Opfern, ohne dass es eine der beiden Seiten im Konflikt um *Kaschmir* weitergebracht hätte. Zusammen haben Indien und Pakistan eine Milliarde Einwohner – die in den Dörfern großenteils keine Brunnen haben, keine Schulen, keinen Gesundheitsdienst. Ein Sechstel der Erdbevölkerung ist in seiner Entwicklung blockiert, weil beide Staaten 40 Prozent ihrer Staatshaushalte ins Militär stecken.

Da, wo zum Zeitpunkt des Waffenstillstandes im ersten Krieg beider Länder – 1949 – die Truppen standen, ist *Jammu und Kaschmir* seither geteilt: zu zwei Dritteln in indischer, zu einem Drittel in pakistanischer Hand. Die

Waffenstillstandslinie sollte eigentlich von *UN*-Beobachtern kontrolliert werden, die das aber gar nicht können, weil nur die pakistanische Seite *UN*-Patrouillen in Grenznähe erlaubt, nicht aber die indische. Ganz zu schweigen davon, dass das gesamte *UN*-Kontingent aus einer halben Hundertschaft besteht.

8.000 Menschen leben in *Athmugam*, zu beiden Seiten des Flusses *Neelum*, der stellenweise kaum Platz lässt für die Hütten und Lehmhäuser in einem Tal zwischen hoch aufragenden Bergketten, 4.000 Meter im Osten, 3.000 Meter im Westen. Wo es eng ist, sind die Reisfelder terrassiert, die – kaum mannshohen – Häuser bizarr übereinander geschachtelt, förmlich in den Hang gemauert.
Im Sommer und Herbst blühen Obsthaine und Walnussbäume, im Winter werden die Ziegen- und Schafherden von den Höhen heruntergeholt, dann liegt auch mal im Tal eine dünne Schneedecke. *Athmugam* selbst liegt 1.300 Meter hoch. Mehr als das bisschen Landwirtschaft ist Holz die Erwerbsquelle. Holzeinschlag sieht man überall, Wiederaufforstung fast nirgendwo.

Das Besondere an *Athmugam* ist, dass es direkt an der *LoC* liegt – der »Line of actual Control« – die Waffenstillstandslinie. Kein Zaun markiert sie, kein Grenzpfahl. Sie ist einfach da und jeder im Tal kennt ihren Verlauf: Sie führt entlang der Ostseite des *Neelum* bis kurz vor die ersten Häuser von *Athmugam*, zweigt da im rechten Winkel ab, um sich dann im Zickzack die Hänge hinauf zu winden. Die kleinen Punkte, die man mit bloßem Auge auf den Hügeln jenseits der Waffenstillstandslinie erkennen kann, sind indische Bunker, alle 200 Meter einer. In Schussdistanz davon, nur weniger zahlreich, liegen die pakistanischen Stellungen. Auf sieben Kilometer – so lang ist das Tal von *Athmugam* – stehen drei indische Bataillone einem pakistanischen gegenüber.

Viele der Nachbardörfer im indischen Teil, erzählen die Leute, sind verwaist. Immer mehr ihrer Bewohner sind auf die pakistanische Seite geflüchtet. Zu denen, die drüben geblieben sind, ist der Kontakt so schwierig wie zwischen Deutschland-Ost und Deutschland-West in den schlechtesten Zeiten.

1990 begann es, dass moslemische Untergrundkämpfer von pakistanischer Seite aus einen Teil des indischen *Kaschmir* infiltrierten: *Mujahedin*, die in Afghanistan nach dem Abzug der Sowjets beschäftigungslos geworden waren und den *Jehad*, den Heiligen Krieg, in das indische *valley* trugen –

ein Gebiet von der Hälfte der Schweiz, 70 Kilometer jenseits der Waffenstillstandslinie, in dem ausschließlich Moslems leben, dreieinhalb Millionen. Die Inder schickten eine ganze Armee, sie versuchten, die Infiltration zu unterbinden – auch mit Schlägen gegen die Zivilbevölkerung auf pakistanischer Seite.

Das erste, was einem Besucher in *Athmugam* gezeigt wird, sind die Überreste von Artilleriegeschossen. Und was sie angerichtet haben. Zerfetzte Wellblechdächer und eingestürzte Hauswände, überall im Dorf. »Um uns einzuschüchtern«, sagen die Leute, »die *Mujahedin* trifft es nicht, die spazieren doch hier nicht in der Gegend herum. Es trifft nur Zivilisten, uns.« Oft ist es tagelang ruhig. Und tagelang dann wieder so, dass sich die Menschen nicht mehr auf die Felder trauen. In jeder zehnten Familie in *Athmugam* ist einer durch das Artilleriefeuer getötet oder verwundet worden.

Ich wollte zur Waffenstillstandslinie. Dazu musste ich vom Westufer des *Neelum*-Flusses an sein Ostufer. Am Ostufer bin ich anfangs mit einem Trupp pakistanischer Soldaten marschiert. Sie hatten Maultiere mit Nachschub für ihre Stellungen dabei. Auf ihrer Seite gibt es nur Trampelpfade. Später ein Haus, völlig allein stehend am Berghang, niemand zu sehen. Wovon leben die – wenn da jemand lebt? Ich habe ein Foto gemacht und konnte gar nicht so schnell schauen, wie plötzlich vier, fünf erwachsene Männer aus dem Haus stürzten und mit Steinen nach mir warfen. Der Zugführer hinter mir gibt einen Befehl, Soldaten stellen sich schützend um mich, andere drängen die aufgebrachten Männer ab.
»Sie hätten nicht fotografieren sollen«, erklärt der Offizier, »das sind strenggläubige Moslems, sie wollen nicht, dass eine Frau mit aufs Bild kommt. Kein Fremder darf sie anschauen!« Dabei hatte sich gar keine Frau blicken lassen ...

Das letzte Stück bin ich allein weiter gegangen. Vor mir ein kristallklarer Bach, da musste ich durch und dann über einen Hügel. Und da stand ich. In meinem Rücken, links und rechts, die Forts der Pakistaner, und einen halben Kilometer weiter und 300 Meter über mir, die erste Stellung der Inder. In Reichweite eines Karabiners. Auf dem Dach stand ein *Sikh*-Soldat – ich erkannte das an seinem Turban – musterte mich durch sein Fernglas. Dann hob er die Hand und winkte herunter. Ich winkte zurück ...

Nur eine Handvoll Pass-Straßen verbindet den pakistanischen Teil *Kaschmirs* mit dem Kernland Pakistans. Wenn eine Route durch einen Bergrutsch blockiert ist, muss man umkehren. Und wenn du nach 20 Minuten auf die Uhr schaust und die Kilometeranzeige ist gerade einmal vier Kilometer weitergerückt, dann weißt du, was es heißt, mit zwölf Stundenkilometern zu fahren ...

| 70 Kilometer – oder 90 – sind es von *Athmugam* (Pakistan) bis *Srinagar* (Indien). Ich musste, um auf die indische Seite zu kommen, einen Umweg von 2.000 Kilometern machen, per Jeep und Flugzeug.

Das Tal um *Srinagar* oder einfach das *valley*, wie es die Briten nannten, ist das Herzstück von *Kaschmir*. »Wenn es ein Paradies gibt auf Erden, dann ist es hier«, schrieb vor vier Jahrhunderten der Mogulenkaiser *Dschehangir* über das idyllische Tal inmitten hoher Berge, mit langen Baumalleen und üppigen Feldern, kristallklaren Flüssen und verschwiegenen Seen.
Doch das Paradies ist in Aufruhr, der Garten Eden im Belagerungszustand, seit seine Bewohner nur noch die Parole kennen: *Asadi* – Freiheit! *Asadi* – weg von Indien! Im *valley* mit seinen dreieinhalb Millionen Einwohnern ist eine Armee aufmarschiert, so groß wie die halbe Bundeswehr.

Srinagar ist, wo der Welt feinste Teppiche herkommen und wo das Rohmaterial für Kaschmirwolle gesammelt wird. Eine 1.700 Meter hoch gelegene Stadt, die Besuchern anmutet wie ein kleines Venedig: mit vielen Kanälen, schwimmenden Märkten und den *Shikaras*. Die *Shikaras* sind gondelartige Boote, die – mit nur einem Paddel bewegt – den Verkehr auf dem *Dal See* besorgen und auf den anderen Seen, die die Stadt umschließen. Das war das Bild damals.

Heute fallen in *Srinagar* die Mauern mit Stacheldraht auf, um ganze Wohnviertel. Sandsackbunker mit Maschinengewehrposten alle paar hundert Meter und Straßensperren aus Steinen, die Autos zum Anhalten zwingen: Durchsuchung auf Waffen und Sprengstoff, Fragen nach dem Woher und Wohin – beinah jeder ist verdächtig.

In *Srinagar* kommt ein Soldat auf drei Einwohner. Es gibt Rationskarten für die Bevölkerung. Strom nur zu bestimmten Zeiten. Ausgangssperren. Bombenexplosionen und Raketeneinschläge mitten in der Stadt, selbst am helllichten Tag. Hausdurchsuchungen und willkürliche Verhaftungen, Internierungslager für Tausende. Sondergerichte.

Das Parlament im indischen *Jammu und Kaschmir* war lange aufgelöst. Der Ausnahmezustand wurde erklärt und alle Befugnisse einem Gouverneur übertragen, den die Zentralregierung in *Neu Delhi* eingesetzt hat.

Das ist unzulässig und ein Bruch der Verfassung, sagte mir *Chief Justice* Mufti Farooqi, oberster Richter des Landes, bevor er aus Protest gegen die Politik *Delhis* zurücktrat. Die indische Verfassung, beschrieb er, räumt *Jammu und Kaschmir* einen Sonderstatus ein: ein Referendum über die Verfassung, gekoppelt an die Frage der Zugehörigkeit des Landes zu Indien. Dieses Referendum habe es nie gegeben – von der Resolution der *Vereinten Nationen* über eine Volksabstimmung in *Kashmir* gar nicht zu reden ...

Zum *Wullar*-Damm wollte mich der indische Militärbefehlshaber nicht fahren lassen. »Da ist nichts zu sehen«, meinte er. Da ist nichts *mehr* zu sehen, hätte er sagen sollen – aber davon wollte ich mich selbst überzeugen, und bin auf eigene Faust hingefahren. Es geht um Wasser und seine Aufteilung – eine Existenzfrage der verfeindeten Nachbarn, für Pakistan mehr noch als für Indien. Denn Indien sitzt am Wasserhahn.

Von der indischen Seite – von *Ladakh* – kommt der Fluss *Indus*. In einem großen Bogen windet er sich um das nördliche Kaschmir nach Baltistan, und von da nach Süden, wo er zum mächtigsten Wasser-Reservoir Pakistans wird. Sein wichtigster Nebenfluss – der *Jhelum* – durchquert das *Kaschmir-Tal* von Süden her, speist den riesigen *Wullar-See* nördlich von *Srinagar* und fließt dann nach Pakistan, wo er sich mit dem *Indus* vereinigt.

Nun kamen die Inder auf die Idee, an der Stelle, an der der *Jhelum* aus dem *Wullar*-See austritt, einen Staudamm zu errichten – und hatten damit die Hand an der Gurgel von Pakistan. Während noch offizielle Noten zwischen beiden Regierungen gewechselt wurden, drangen *Mujahedin* vor und sprengten den Staudamm kurzerhand in die Luft.

Zu sehen war da tatsächlich nichts mehr.

—

Erstsendung 1993.
Von 1991 bis 2001 war Friedrich Schütze-Quest dreimal in Kaschmir.

I Rita und Laura sind keine Schwestern

Notizen aus Mikronesien

| *Majuro*. Einer der ödesten Flecken der Erde, den man sich nur vorstellen kann: schwül, heiß und abgelegen. Der Rest der Welt findet dort nicht statt. Ich war sieben Tage in *Majuro*.

Eigentlich wollte ich nach *Bikini*, einem winzigen Atoll im nordwestlichen Pazifik, das zu den *Marshall-Inseln* gehört. In den Jahren von 1946 bis 1958 brachten die Amerikaner auf den *Marshall-Inseln* insgesamt 66 Atom- und Wasserstoffbomben zur Explosion – und der größte dieser Nukleartests fand auf *Bikini* statt.

Bei den Atomversuchen damals sind durch den radioaktiven Niederschlag auch Menschen zu Schaden gekommen – versehentlich. Außerdem flogen einige Teile der einzigen Ressource in die Luft, die die *Marshall-Inseln* haben: ihr Land nämlich. Gemessen an der schier unendlichen Weite des Pazifiks, der mehr als ein Drittel der geographischen Erdoberfläche einnimmt – alle Kontinente zusammen hätten bequem Platz in ihm –, war der Schaden gering. Aber für die Menschen in Mikronesien, die Bewohner der kleinen Inseln waren die Atomwaffenversuche verheerend: Es gab keine Ausweichmöglichkeit für sie. Wohl gab es Platz zum Überleben – andere Inseln, auf die man sie ausquartiert hatte –, aber dort gab es nicht genügend Ressourcen zum Weiterleben. Jahrzehntelang waren die Evakuierten auf Versorgung von außen angewiesen und immer wollten sie auf ihre Heimatinseln zurück.

Auf meiner Reise wollte ich sehen, was aus den vielen kleinen Robinson-Inseln geworden ist, die seit damals buchstäblich »strahlen«. Kann man sie wieder bewohnen?

Um *Bikini* zu erreichen, musste ich über *Majuro*. *Majuro*, die Hauptinsel des gleichnamigen Atolls, ist das Verwaltungszentrum der *Republic of the*

189

Marshall Islands, wie dieser halbautonome Staat heute heißt, und der Ort mit der höchsten Einwohnerzahl auf den *Marshalls*: 13.000. Von Hauptstadt kann man da eigentlich nicht reden.

Flüge von Australien gehen einmal die Woche dorthin. Oder alle vierzehn Tage. Keine Airline im Pazifik nimmt die Flugpläne so genau. Wenn keine Passagiere da sind, dann kommt die Maschine einfach nicht. Dann muss man eben drei Tage warten, oder auch sieben Tage. Geduld und Improvisation sind gefragt. AMI – Airline of the Marshall Islands – unterhält mit kleinen Propellermaschinen einen Bedarfsflugverkehr zu den Außeninseln, die manchmal 1.000 Kilometer auseinander liegen.

Mit einem dieser Flüge will ich nach *Bikini*. Aber der Manager ist gerade in Amerika, sein Stellvertreter ist auf *Hawaii* und dessen Vertreter tagelang nicht auffindbar. Bleibt eine Dame mit schönem langen Haar und schönen langen Fingernägeln. Damit pult sie irgendwelche Tierchen aus ihren Haaren, während sie in einem Haufen von Papieren herauszufinden sucht, zu welcher Insel welches Flugzeug gerade unterwegs ist und wann es – vielleicht – in *Majuro* verfügbar wäre. Mein Taxifahrer gibt den Dolmetscher. Denn die Dame von der Airline versteht kein Englisch und auch nicht Französisch. Aber warum sollte sie auch: Die einzigen Kunden sind Insulaner, die wie ich auf eine Chartermöglichkeit aus sind. Touristen verirren sich nicht nach *Majuro*.

Heute jedenfalls geht kein Flugzeug – morgen vielleicht. Oder übermorgen.

Für die 120 Mark, die man umgerechnet pro Übernachtung hinblättern muss, ist das Hotel eine lausige Absteige. Doch es liegt direkt an der Lagune. Nur: Den Abfall aus Küche und Restaurant häufen die Zimmermädchen geradewegs am Strand auf, wo er alle paar Tage verbrannt wird. Bis dahin machen sich streunende Hunde und Katzen darüber her ... Und noch etwas verleidet den Badegenuss. Nur 200 Meter vom Ufer entfernt, erzählt der Portier, hätten Taucher erst vor kurzem kistenweise Maschinengewehrmunition und Handgranaten vom Meeresgrund geholt – Überreste der Schlachten zwischen Japanern und Amerikanern, von denen kaum eine Inselgruppe im Pazifik verschont blieb.

Im Hotel treffe ich Nicki, eine resolute Reporterin aus San Francisco, die auch nach *Bikini* will. Sie wird von einem Fotografen begleitet, womit wir die Kosten für eine Chartermaschine schon durch drei teilen könnten – wenn wir nur eine hätten. Und dann ist da noch die Sache mit der *clearance* – ich will auf dem Rückweg von *Bikini* auch nach *Ebeye*, eine Insel nur wenige Kilometer neben einer amerikanischen Raketenbasis. Auf dem Stützpunkt der Amerikaner müssten wir ohnehin zum Auftanken zwischenlanden. Und von dort gibt es eine Fähre nach *Ebeye*. Aber dafür brauche ich die *clearance*, eine Genehmigung vom Innenminister.

Der Innenminister residiert in einer einstöckigen Baracke, mit einem handgeschriebenen Pappschild an der Tür. Ein Minister – auf einer Pazifikinsel einfach *chief* – ist nie beim ersten Anlauf zu sprechen. Dafür hat er einen Sekretär. Der Sekretär heißt Dr. James Ternent, ein Engländer. Er will von mir eine Bestätigung, dass ich ein Hotelzimmer auf *Ebeye* gebucht habe. Doch es gibt überhaupt kein Hotel auf *Ebeye* – das weiß er so gut wie ich. Und dass mein wirkliches Ziel auch nicht *Ebeye* war, sondern der US-Stützpunkt nebenan, das hätte ich ihm gar nicht verschweigen müssen, das war ihm vermutlich ohnehin klar.
Also: keine Genehmigung ohne eine Zimmerbuchung. In einem Hotel, das es gar nicht gibt. »Und überhaupt«, sagt der Sekretär, »was wollen Sie auf *Bikini*? Das ist doch ein alter Hut. Nichts zu sehen dort. Wenn Sie die Probleme der Marshallesen verstehen wollen, schauen Sie sich lieber *Rita* und *Laura* an.«

Rita und *Laura* sind keine Schwestern, sondern zwei Dörfer, die das jeweilige Ende von *Majuro* markieren. Eine asphaltierte Straße – die längste in allen Insel-Staaten des Pazifik – verbindet sie miteinander. Nach 49,5 Kilometern ist die Straße zu Ende und die Insel auch. In Sichtweite, ein paar Kilometer weiter, kommt die nächste Insel. Dazwischen das Meer mit hoch aufbrandenden Kreuzseen. Auf vier Fünftel seiner Ausdehnung ist *Majuro* manchmal so schmal wie ein Handtuch: auf der einen Seite der Pazifik, zehn Meter weg von der Straße – auf der anderen Seite die Lagune. Wo die Insel etwas breiter wird, leben einige hundert Menschen in armseligen Hütten. Wasser holen sie aus einer Zisterne, Toiletten gibt es nicht. Sie ernähren sich vom Fischen, von Kokosnüssen und der Brotbaumfrucht, halten vielleicht ein paar Haustiere.

Von *Laura* her sind die Orte *Rita* und *Majuro* am anderen Ende der halbkreisförmigen Insel nicht mehr auszumachen. Selbst die riesigen, weiß angestrichenen Wassertanks von *Majuro* – auf hohen Stützen, viel höher als die Palmen – kann ich aus dieser Entfernung nicht mehr sehen. Erst 40 Kilometer weg von *Laura*, zum anderen Ende hin, wird die Insel breiter.

Da ist auch Platz für die *runway*, parallel zur Straße, und dahinter fängt das eigentlich bewohnte Gebiet an.

Majuro, von Robert Louis Stevenson vor 100 Jahren noch als »Perle des Pazifiks« beschrieben, ist längst zu einem Slum verkommen. Tausende von Menschen sind während der letzten Jahrzehnte von den Außeninseln nach *Majuro* übergesiedelt – in der Hoffnung, dort Arbeit zu finden, ein besseres Auskommen und ein schöneres Dach über dem Kopf ... Für die meisten von ihnen ist diese Hoffnung unerfüllt geblieben und vom Ziel ihrer Träume sind sie weiter entfernt denn je. *Majuro* ist ein Alptraum.

Ich habe Armut gesehen – rund um die Welt. Aber ich habe nicht gewusst, wie entsetzlich Armut aussehen kann, wenn sie vor dem Hintergrund einer Idylle, wie der Landschaft einer Pazifikinsel, angesiedelt ist. Immergrüne Palmen, strahlender Sonnenschein und zauberhafte Mondnächte, mit kristallklaren Lagunen und aufschäumendem Meer bis an den Horizont – vor diesem Hintergrund wirkt *Rita*, das Elendsviertel von *Majuro*, doppelt erbärmlich. Nie vorher habe ich Autowracks gesehen wie hier: Autos, die man buchstäblich bis zur letzten Niete ausgeschlachtet hat, und aus denen auch noch das Blech herausgeschnitten wurde, um daraus Regenrinnen zu machen.

Der Yacht-Klub befindet sich in einer Wellblechbaracke auf der Pazifikseite. An der Bar sitzt man auf umgedrehten Ölfässern, sonst auf Gartenstühlen. Flippergeräte ringsum und Videorekorder mit amerikanischen Fernsehshows und Nachrichten, die zwei Wochen alt sind. Vom Segeln ist hier keine Rede, der Klub ist zum Saufen da. Und er ist das Kommunikationszentrum von *Majuro*: Dort treffe ich den Innenminister, der mich im ersten Anlauf nicht empfangen mochte, und seinen Sekretär. Und den Bankier, der meine australischen Dollars nur zu einem hundsmiserablen Kurs einwechseln wollte. Und Joe Murphy, Amerikaner, Vietnamveteran und jetzt Herausgeber des »Journal«, eines Blättchens, das zweimal die Woche erscheint.

Auch Mike sitzt an der Bar, ein Schotte, der hier gestrandet ist, nachdem er seine Yacht im Riff verloren hat; er schlägt sich mit Gelegenheitsarbeiten durch. Und David, ein Brite, auch hier hängen geblieben, irgendwie, vor 13 Jahren schon; mit zwei Frauen und einem halben Dutzend Kindern haust er in einem umgebauten Container. Er ist Laienprediger, der neben den vorhandenen acht Religionen auf *Majuro* gerade die neunte etabliert.

Und Kirt Pinho trifft man im Yacht-Klub. Es ist nicht unfair, zu sagen, dass Kirt Pinho von anderer Leute Hinterlassenschaft lebt: Er macht sein Geschäft mit Schrott – ein gutes Geschäft. Den Schrott, vornehmlich schweres Kriegsgerät, haben die Deutschen hinterlassen, die Australier, die Japaner und die Amerikaner, die die *Marshalls* – in dieser Reihenfolge – über die letzten 100 Jahre besetzt hielten. Heute sind die *Marshalls* fest in der Hand der Brauerei *Annhäuser & Busch,* die den Marshallesen *Budweiser* bescheren, die Dose zu einem Dollar. Zehn davon trinkt Kirt am Tag mindestens, und das seit Jahren. Doch es gibt andere hier, die noch mehr zum Umsatz der amerikanischen Brauerei beitragen.

Kirt Pinho, in *Hawaii* geboren, mit einer Marshallesin verheiratet, neun Kinder, acht davon Mädchen, mit denen er sich in ihrer Muttersprache nicht einmal verständigen kann, weil er den Dialekt der Einheimischen nie gelernt hat: Kirt Pinho hat seine Hände überall im Spiel, er kennt alles und jeden auf den *Marshalls.* Mit der Airline hat er für mich über den Charterflug verhandelt, und beim Innenminister hat er für mich gebürgt: Wenn ich es richtig überschlage, für fünfzig Dosen Bier und einige Dutzend Wodka pur ... Dann war das Flugzeug klar und meine Genehmigung hatte ich auch.

Am sechsten Tag konnte ich nach *Bikini* fliegen. »Good luck« hatte mir der Innenminister noch gewünscht, als würde ich mich auf eine Reise zu einem fremden Planeten machen.

| Als in den fünfziger Jahren die bislang größte Wasserstoffbombe dort explodierte, wurde der Name über Nacht in aller Welt bekannt: *Bikini* – ein paradiesisches Atoll im nordwestlichen Pazifik. Zwei Dutzend Inseln und Inselchen, die fast kreisförmig eine Lagune bilden. Ihr Durchmesser: gut 30 Kilometer. Nach der Explosion der H-Bombe mit dem Code-Namen »Bravo« – mit einer Sprengkraft, die eintausend Mal stärker war als die der Atombombe, die *Hiroshima* zerstörte – war eine der Koralleninseln buchstäblich von der Landkarte verschwunden. Den Widerschein der Explosion konnten Fischer noch in einer Entfernung sehen, so weit wie von Köln nach Hamburg.

Es war nicht der erste Test einer Wasserstoffbombe und nicht der einzige im Gebiet der *Marshall-Inseln,* zu dem das *Bikini*-Atoll gehört. Aber es war dieser Test, der die Weltöffentlichkeit aufrüttelte, wie kein anderer zuvor und keiner danach. Zwar waren die Bewohner des *Bikini*-Atolls zu dieser Zeit längst evakuiert, aber dennoch hatte das *Bravo*-Experiment fatale Folgen. Denn der Wind stand anders als vorausberechnet, und mit ihm kam radioaktiver Niederschlag nach *Rongelap*, einer Inselgruppe 200 Kilometer östlich von *Bikini*. Die 68 dort lebenden Menschen erkrankten unheilbar und mit ihnen 23 japanische Fischer, die in diesem Seegebiet unterwegs waren. Der erste von ihnen starb nur wenige Tage später.

Die USA zahlten jeder Familie der 23 japanischen Fischer nach langem Hin und Her schließlich 100.000 Dollar Entschädigung. Die Gesundheit der 68 Mikronesier war ihnen nur jeweils 10.000 Dollar wert.

Dass mit der neuen Waffe aber noch etwas anderes schief gelaufen sein musste, wurde den Amerikanern erst ein Vierteljahrhundert später klar. Anfang der siebziger Jahre glaubten die US-Wissenschaftler, dass die Strahlenschäden im Ökosystem des *Bikini*-Atolls überwunden seien, und sie erlaubten den Insulanern die Rückkehr auf die Insel – ein fataler Irrtum.

Schon 1946 waren die Bewohner von *Bikini* ausgesiedelt worden, ebenso wie die Menschen von *Eniwetok*, einer Inselgruppe westwärts davon. Bis 1958 dauerten die Nukleartests der Amerikaner auf *Bikini* und später auf *Eniwetok*. Danach begannen die Amerikaner mit Aufräumarbeiten: Einige Tausend Soldaten und viele Millionen Dollar wurden aufgeboten, um *Bikini* und *Eniwetok* zu entseuchen und zu rekultivieren. 170.000 Kubikmeter radioaktiv verseuchter Boden wurden allein auf dem *Eniwetok*-Atoll entfernt – genug, um zum Beispiel das Ruhrgebiet mit einer mehrere Zentimeter hohen Erdschicht zu bedecken ...

Auf *Bikini* waren Hunderttausende neuer Palmen angepflanzt und kleine Steinhäuser gebaut worden, in denen die Rückkehrer leben sollten. Doch alles vergebens. Denn im tieferen Boden waren noch immer radioaktive Substanzen vorhanden und die wurden von den Palmen aufgenommen.

Zwar versorgten die Amerikaner die Menschen, die nach *Bikini* zurückgekehrt waren, lange Zeit vorsichtshalber mit Büchsennahrung, aber sie hatten die Mentalität der Insulaner falsch eingeschätzt. Die aßen nämlich lieber ihre Brotfrucht und die Kokosnüsse – die sahen schließlich aus, wie sie immer ausgesehen hatten, und man konnte sie ja auch nicht ticken hören.

Das Ergebnis war niederschmetternd. Bis 1978 hatten sich in den Organismen der Insulaner so viele radionuklide Stoffe angesammelt, die Krebs erzeugen und zu genetischen Veränderungen führen können, dass sich die Amerikaner genötigt sahen, alle Männer, Frauen und Kinder, die mittlerweile wieder auf *Bikini* lebten – 146 Menschen – ein zweites Mal zu evakuieren.

| Ich bin auf *Bikini* gewesen. Mit an Bord der zwölfsitzigen Propellermaschine vom Typ *Nomad* waren zwei Piloten, Nicki, die amerikanische Reporterin, und ein Sicherheitsbeamter. Nickis Kollege, der Fotograf, hatte keine Erlaubnis bekommen.

Von oben, vom Flugzeug aus, ist *Bikini* die Sorte Insel, die sich viele von uns erträumen, aus Erzählungen und Bildern irgendwoher: Robinson, *island in the sun*, abgelegen, von paradiesischer Schönheit und Ruhe. Nur, dass dies eine Art Friedhofsruhe ist. Außer ein paar Wissenschaftlern, die sporadisch auf die Insel kommen, lebt heute niemand auf *Bikini*. »Solange Sie nichts von dem essen, was hier wächst«, sagt einer der Wissenschaftler, »solange können Sie sich unbesorgt hier aufhalten.«

Der Strand von *Bikini*, der idyllischen Lagune zugewandt, ist perlweiß und sauber. Die Flora auf der Insel ist üppig. Nichts ist zu hören außer dem steten Donnern, mit dem sich die Wellen des Pazifik am Riff brechen, auf der anderen Seite der Insel. Keine sichtbare Spur der Zerstörung, der Urgewalt der ersten Bombenexplosion vor nunmehr 30 Jahren.

Ein einfaches Schild haben die Bewohner von *Bikini* am Strand zurückgelassen: »Wir sind wie die Kinder Israels«, heißt es da in Englisch, »die aus Ägypten auszogen und vierzig Jahre durch die Wüste wanderten. Wir haben *Bikini* vor einem halben Menschenalter verlassen müssen, sind über den Ozean gewandert und zurückgekehrt. Wenn wir jetzt wieder gehen, wird es wohl für immer sein.«

| Die *Republic of the Marshall Islands* hat sich in einem Plebiszit im September 1983 für ein Assoziationsabkommen mit den USA entschieden. Das bedeutet: volle Autonomie nach innen, aber Anbindung an die Vereinigten Staaten in allen äußeren Angelegenheiten. Ganze 33.000 Einwohner zählt die Republik, zu der genau 1.152 Inseln gehören, die sich über eine

Wasserfläche erstrecken, die fünfmal so groß ist wie die Bundesrepublik. Die Inseln selber sind oft nicht größer als ein Fußballfeld – links oder rechts die tosende Brandung des Pazifiks, auf der anderen Seite die ruhige Lagune, je nachdem. Insgesamt weniger als 180 Quadratkilometer Landfläche – so viel wie eine mittlere deutsche Stadt.

Doch diese Landflecken nördlich des Äquators, auf halbem Wege zwischen Australien und *Hawaii*, waren schon immer von enormer strategischer Bedeutung. Entdeckt wurden sie von den Spaniern im 17. Jahrhundert, die damals auf Sklavensuche in ihren überseeischen Kolonien waren. Später kamen deutsche Missionare und mit ihnen deutsche Kanonenboote: Von 1888 bis zum Ersten Weltkrieg waren die *Marshalls* Teil des deutschen Reiches – auf viele Namen deutscher Klangfärbung stößt man überall.

Bis zum Ende des Zweiten Weltkrieges mussten die Marshallesen dann eine fernöstliche Nationalhymne singen – Japan hatte sich die Inseln einverleibt. Von dort aus konnten die Japaner die Hauptschifffahrtslinien zwischen Asien und Amerika kontrollieren. Und von *Kwajalein* aus, einem Stützpunkt im geographischen Zentrum der *Marshalls*, 500 Kilometer südöstlich von *Bikini*, starteten die Japaner Richtung *Pearl Harbor*. Als die Amerikaner drei Jahre später *Kwajalein* zurückeroberten, hat nicht ein einziger der japanischen Verteidiger überlebt.

Von einer anderen Insel in Mikronesien aus beendeten die Amerikaner den Zweiten Weltkrieg: Auf *Tinian*, damals der größte Militärflugplatz der Welt, starteten amerikanische B-29-Bomber nach *Hiroshima* und *Nagasaki*: Das Atomzeitalter hatte mit einer grausigen Premiere begonnen. Aber nur ein Jahr nach Kriegsende fielen schon wieder Bomben auf mikronesischen Boden: Da fing es an mit den A-Bomben- und später den H-Bomben-Tests über *Bikini* und *Eniwetok*.

Parallel dazu bauten die USA die Insel *Kwajalein* zu einem ihrer wichtigsten Stützpunkte im gesamten Pazifik aus: *Kwajalein*, Hauptinsel des gleichnamigen Atolls mit einer Lagune von den Ausmaßen Schleswig-Holsteins, wurde amerikanisches Raketentestgelände. Allein in dieses Raketentestgelände wurden mittlerweile zwischen ein und zwei Milliarden Dollar investiert. Es war und ist Zielgebiet für die amerikanischen Interkontinentalraketen, abgeschossen von der Luftwaffenbasis *Vandenberg* in

Kalifornien, 6.800 Kilometer entfernt. Von *Kwajalein* aus können aber auch Abfangraketen in die Luft gebracht werden, und von hier aus können die USA elektronisch – über die Erdkrümmung hinaus – sowjetische und chinesische Stützpunkte in Asien überwachen.

Die *Marshall-Inseln* liegen weit westlich der internationalen Datumsgrenze. Weil dadurch den Amerikanern aber immer zwei Wochentage für ihre Raketentests verloren gingen – Freitag in Kalifornien war schon Samstag auf den *Marshalls*, und der Montag auf *Kwajalein* war noch der Sonntag in Amerika – haben sie das Atoll kurzerhand eingemeindet. Auf *Kwajalein* – und nur dort – gehen die Uhren nun wie im fernen Amerika.
In der Praxis heißt das: Wer von *Majuro* mit einer der kleinen Maschinen am Montagmittag nach *Kwajalein* fliegt, kommt dort am Sonntag Ortszeit an; hält er sich nur eine Stunde in *Kwajalein* auf und kehrt dann umgehend zurück, kommt er in *Majuro* in der Nacht zum Dienstag wieder an. Flugstrecke hin und zurück: 1.000 Kilometer.

Etwa 3.000 Amerikaner sind auf *Kwajalein* stationiert: mit *aircondition*, drei Kinos, zwei Schulen, einem Krankenhaus; sie haben ihren Golfplatz und eine lokale Fernsehstation; aus den Vereinigten Staaten werden zweimal wöchentlich frische Lebensmittel eingeflogen. Nach außen haben die Amerikaner sich streng abgeschirmt. Von der sechs Kilometer entfernten Nachbarinsel *Ebeye* dürfen täglich 500 Marshallesen herüberkommen – Küchenhilfen, Gärtner, Straßenfeger und Toilettenfrauen. Doch abends müssen sie *Kwajalein* mit der Fähre wieder verlassen. Diese 500 Marshallesen versorgen mit ihrem Einkommen 10.000 Menschen auf *Ebeye*.

Ebeye misst weniger als einen halben Kilometer im Quadrat, es gibt keine gepflasterte Straße und keine ausreichende Kanalisation. Es stinkt dort. *Ebeye* wird die »Kloake des Pazifiks« genannt.

Unglücklicherweise hatte die Abendfähre nach *Ebeye*, mit einigen hundert Menschen an Bord, mehr als eine Stunde warten müssen – auf mich. Deshalb waren sie wohl auch alles andere als hilfsbereit, mir eine Unterkunft zu besorgen. Ich musste schließlich in einem unglaublichen Verlies übernachten: Temperatur weit über 30 Grad, keine Klimaanlage – nur ein kümmerlicher Ventilator – und kein Wasser in der Toilette. Kein Abendessen, kein Frühstück. Nichts, das einem Restaurant gleichkäme, gibt es auf *Ebeye* – nur Sandwich-Buden und Stehschuppen mit Dosenbier.

Aber eine hochmoderne Erde-Satelliten-Funkstation gibt es auf der Insel. Die wurde der Regierung der *Marshall Islands* von Japanern, von *Nippon Electric Company Limited, Tokyo*, für einige Millionen Dollar angedreht – ich war seit Jahren der erste Kunde, der sich ein Telefongespräch nach Europa vermitteln ließ.

Verglichen mit dem, was die Amerikaner in *Kwajalein* für ihre Militärs investiert haben, fehlt auf den *Marshalls* nahezu alles und an allen Enden. »Das mit den Raketen ist eine andere Geschichte«, sagt Joe Murphy, früherer amerikanischer Offizier, der eine *Marshallesin* geheiratet und den Armeedienst quittiert hat. »Aber wenn Sie die Hunderte Millionen Dollar nehmen, die investiert wurden und noch investiert werden sollen, nur um *Bikini* wieder bewohnbar zu machen – dann sind Sie beim Kern der Sache: Was könnte mit diesem Geld hier alles aufgebaut werden?!«

Noch für 15 Jahre hatten die Amerikaner den Stützpunkt *Kwajalein* von den *Marshalls* gepachtet. Dann musste neu verhandelt werden – aber nicht über die Insel, nur über die Pachtsumme. Die ist inzwischen siebenstellig, aber dieses Geld geht an nur 20 Familien, die Landrechte auf *Kwajalein* hatten. Merkwürdigerweise sind unter ihnen der Staatspräsident und das halbe Kabinett zu finden.

Solange die Amerikaner auf *Kwajalein* sind, werden wohl auch andere ungebetene Gäste dort bleiben: schätzungsweise 60 Russen und Nordkoreaner, die auf Trawlern – vollgepackt mit Elektronik – ständig in Sichtweite der Inseln kreuzen. Sie stehen über Funk mit Kollegen in Verbindung, die ihrerseits vor der kalifornischen Küste operieren. Aber wenigstens das ist für die Fischer von *Ebeye* von Vorteil: Sie wissen umgehend, wann die Luft rein ist, wann keine Raketen aus Kalifornien unterwegs sind. »Alles, was wir tun müssen«, sagen sie, »ist, die sowjetischen Schiffe zu beobachten. Wenn sich die Hektik bei denen legt, können wir wieder rausfahren.«

Das Flugzeug, das mich von den *Marshall-Inseln* nach Australien zurückgebracht hat, kam in *Majuro* mit nur einer Handvoll Passagieren an. Unter ihnen muss derjenige gewesen sein, der in den Ablagetaschen vor jedem Passagiersitz eine Zeitschrift deponiert hatte, die man in dieser Ecke der Welt am allerwenigsten erwarten würde: die »New Times«, ein sowjetisches Wochenmagazin in englischer Sprache, Heft Nummer 36, Titelstory: »Mikronesien und *Kwajalein* – Opfer imperialer Machenschaften.«

Gemeint sind die Amerikaner. Laut Impressum wird die »New Times« in den Maschinen der sowjetischen Fluggesellschaft *Aeroflot* ausgelegt. Die aber fliegen gar nicht im Pazifik ...

—

Erstsendung 1985.
Von 1981 bis Ende 1986 war Friedrich Schütze-Quest mehrmals in allen
Insel-Staaten des Südpazifik und in Neuseeland. Den US-Stützpunkt Kwajalein
im Pazifik gibt es noch immer – und er ist so geheim und so wichtig für die
USA wie seit je.

I Whalers Bay

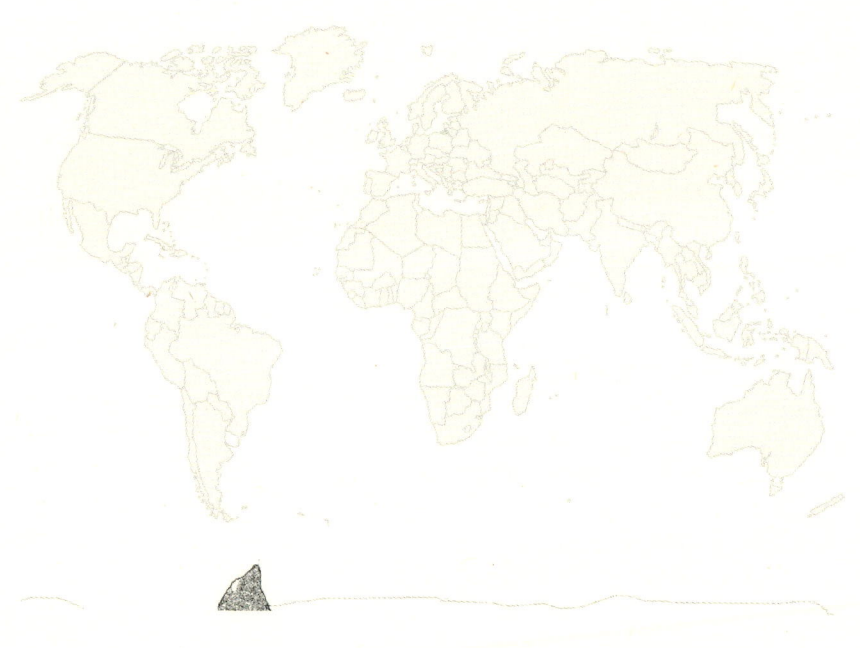

| Einen Ort gibt es in der Antarktis, der mir stärker haften geblieben ist als andere. Mit dem Schiff ist es nur eine Tagesreise von da zu den Stationen der Chilenen, der Argentinier oder der Russen – aber in seiner trostlosen Abgeschiedenheit und Stille ist dieser Ort viel weiter weg von der Welt als jeder andere – *Whalers Bay* auf *Deception Island*, im Zweiten Weltkrieg und noch 20 Jahre danach Stützpunkt des *British Antarctic Survey*.

Die Station liegt am Fuß eines Vulkans, der nie ganz erloschen ist: Als er 1968 das letzte Mal ausbrach, glühende Lava ausstieß, war dies das Ende für *Whalers Bay* – aber gestorben ist dieser Ort schon viel früher, in den zwanziger Jahren nämlich, als die Walfänger abzogen von *Deception Island*.

Ein riesiges Felsenriff, das ringförmig eine Bucht umschließt und nur eine schmale, kaum hundert Meter breite Einfahrt freilässt – hier fanden die Walfänger aus aller Herren Länder Schutz vor den Stürmen und dem Eismeer rundherum.

Die Lava hat nicht alles begraben und vielleicht wirkt deshalb alles noch viel mehr kaputt. Die riesigen, jetzt verrosteten Tanks der früheren Walkocherei, so groß und so hoch wie die Tanks der Ölraffinerien heute ... Die alte Dampfwinde, an der die Wale zum Ausschlachten hochgezogen wurden ... Die Tausende anderer, verrotteter Eisenteile überall auf dem Areal der Bucht, vom Vulkanmassiv auf der einen bis zur lang gezogenen Ebene auf der anderen Seite.

Dort hatten die Engländer eine Landebahn für Propellermaschinen abgesteckt – rechts und links markiert mit leeren Öltonnen, 100 Fuß breit, 3.000 Fuß lang, das Ende genau unten am Wasser. Die zurückgelassenen Windsäcke zeigen noch immer die Windrichtung. Im Flugzeughangar nebenan stehen noch Dutzende von Treibstoffkanistern, verschlossen und gefüllt. Draußen, neben dem Hangar, das Wrack einer einmotorigen *De Havilland*

Aircraft, Baujahr 1958. Fünfzig Schritte davor ein Grab mit einem verkohlten Lederhandschuh auf einem einfachen Holzkreuz. Keine Inschrift ...

Der Boden – schwarze Vulkanasche – federt bei jedem Schritt. Man hat Angst, einzusinken wie die Hütten und Häuser ringsum, von denen manche nur noch ab der Fensterbrüstung aufwärts aus dem Erdreich ragen. Drinnen, wo der Wind sich verfangen hat, hohe Schneeverwehungen in den Zimmern. Ein Lager voller Holzkohle, in Leinensäcken verpackt. Bettgestelle, manche noch mit Matratzen, und Konservendosen findet man drinnen. Einige der Fenster sind mit Teerpappe vernagelt – als wollten sie wiederkommen, als seien sie nur eben mal weg ... die Engländer? ... die Walfänger? Wer früher da war und wer später, lässt sich nur an den Grabstellen ablesen, an den wenigen, die eine Inschrift tragen. »Hans A. Culliksen«, lautet eine, »geboren am 7. April 1871, gestorben am 4. Januar 1928«. Sonst nichts.

Nur wenige Meter weiter eine andere Inschrift, die ein Drama andeutet, von dem keiner mehr berichten kann. In weißer Ölfarbe, mit großen, ungelenken Schriftzügen steht an der Wand einer Hütte: »Me llamo Fernando Apablaza« – Mein Name ist Fernando Apablaza. Ich bin Chilene. Gestrandet auf dieser Insel, seit sechs Monaten schon. »Este es mi ultimo viaje« – dies ist meine letzte Reise.

–

Ausschnitt aus einer Sendung von 1979.

202

I Goldbergwerk

Ein Schacht in der Erde so tief, wie die Zugspitze hoch ist

| Südafrika ist der größte Goldproduzent der Welt: rund 700 Tonnen werden dort jedes Jahr gefördert und auf den internationalen Umschlagplätzen verkauft – Gold in Barren oder als Münzen, als *Krugerrand*.

Eine Maschine, mit der dieser geprägt wird, steht in Pretoria, der Hauptstadt Südafrikas – in einem hermetisch abgeriegelten und für normale Sterbliche unzugänglichen Gebäudekomplex, der staatlichen Münzprägeanstalt. Hinein kommt das Gold in vorgefertigten Stücken, aus Barrengold gestanzt und gewalzt, immer wieder gewalzt, bis auf die genaue Dicke und den genauen Durchmesser.
Ununterbrochen spuckt die Maschine Münzgold aus: 3.300 Mark in der Sekunde ... 200.000 in der Minute ... 12 Millionen pro Stunde ... 100 Millionen Mark am Tag ... zwei Milliarden im Monat ... 24 Milliarden im Jahr ...
Anschließend wird der *Krugerrand* poliert, gerändert und geprägt, Verkaufspreis: 1.350 deutsche Mark oder 500 südafrikanische Rand oder 600 amerikanische Dollar ... Oder ist das schon wieder der gestrige Kurs? Zu niedrig? Zu hoch?

| Angefangen hat es am *Blyde River* und seinen vielen Nebenarmen, wo noch heute am Fluss Gold gewaschen wird: *Barberton-Mountain-Land*, 500 Kilometer nordöstlich von Johannesburg. Vor mehr als hundert Jahren, 1873, waren Alex »Wheelbarrow« Patterson und William Trafford, beide *digger* und Abenteurer, in einem Canyon 1.400 Meter hoch in den Bergen, auf eine freiliegende Goldader gestoßen. »Now the pilgrim must come to rest«, soll William Trafford ausgerufen haben – »Hier werde ich mich zur Ruhe setzen!« Und damit hatte der Ort seinen Namen weg – *Pilgrim's Rest*, Pilgers Ruhestätte.

Mit der Ruhe freilich war es erst einmal vorbei: am 14. Mai 1873 wurde die Nachricht von dieser ältesten Goldlagerstätte Südafrikas bekannt; ein Jahr später hatten bereits 1.500 *digger* ihre *claims* abgesteckt. Die ersten Jahre wurde Gold hauptsächlich über Tage gewonnen, angeschwemmt und ausgewaschen, wie heute noch. Dann nahm eine Mine ihren Betrieb auf, grub Stollen um Stollen in die Erde, tiefer und tiefer. Ochsengespanne waren die einzigen Transportmittel des Menschen, bis dann die Eisenbahn kam – 1897.

Förmlich hingeduckt liegt der Ort im Canyon: einstöckige Holzhäuser im Stil der Jahrhundertwende auf der einen Seite, der kleine Fluss auf der anderen Seite. Der Pub war vormals ein Gotteshaus; es war die einzige Kirche, aber nicht der einzige Pub. 17 Läden gab es einst, einen deutschen Bäcker und zwei walisische Hufschmiede, zwei Limonadefabriken und eine Rollschuh-Bahn. Das war zu der Zeit, als das erste Benzinfahrzeug nach *Pilgrim's Rest* kam, ein *Hispano-Suiza*, Baujahr 1913. Ein Ochsengespann musste ihn über den Berg ziehen!

Unterhalb der südlichen Passhöhe – die nördliche Zufahrt ist noch immer nicht asphaltiert –, geht es links eine Schlucht hinunter, die sich der *Blyde River* gegraben hat. In seinem Bachbett wird heute noch Gold gewaschen, wie es die *digger* damals taten: Mit Spitzhacke und Schaufel wird das Gestein zerkleinert und beiseite geschafft; größere Brocken müssen mühsam weggewuchtet werden, um besser heranzukommen an den Fluss-Sand, der das Gold anschwemmt.

Die Männer, die hier arbeiten, werden kaum mehr fündig. Und das Wenige, das sie rausholen, gehört nicht ihnen allein. Sie müssen teilen mit der Mine, die die Schürfrechte hat und dem örtlichen Museum, in dessen Auftrag und für dessen Finanzierung die drei arbeiten: Chris Markus, ein weißer Südafrikaner und zwei schwarze Helfer.

»*Ground sloughing* heißt das, was wir machen«, erklärt Chris Markus, »wir waschen das Gold raus: Wir schütteln das Ganze hier im Sieb herum, die schweren Teile fallen nach unten, das wertlose Zeug wird weggespült. Wir drehen das Sieb weiter – das muss man mit Gefühl machen – und das, was oben bleibt, tun wir wieder weg; jetzt kommen wir langsam zum schwarzen Sand, da sind noch alle möglichen Mineralien drin, aber man kann schon sehen, dass Gold zum Vorschein kommt, allerdings nur Goldstaub und sehr, sehr fein.« Was er in seinem Schüttelsieb hat, sind Bruchteile eines Gramms. Nach stundenlanger Arbeit.

Der rüstige Siebziger Chris Markus, 1907 in *Pilgrim's Rest* geboren, ist Zeit seines Lebens hinter dem Gold her gewesen – ohne je daran reich geworden zu sein: erst als *digger*, dann als Minenarbeiter in einem der großen Goldbergwerke, die um Johannesburg entstanden sind, als er ein junger Mann war. Mit 42 kam er zurück nach *Pilgrim's Rest*, »weil hier die Luft besser ist als in den Minen unter Tage«, sagt er. Seither hat er auf eigene Faust Gold gesucht – es hat ihm immerhin zum Leben gereicht und zum Bau des kleinen Holzhauses, in dem er mit seiner Frau heute lebt. Jetzt hat er den eigenen *claim* verpachtet – »eine bescheidene Rente«, sagt er.

Den ganz großen Wurf, erzählt Chris Markus, den haben in *Pilgrim's Rest* nur wenige gemacht: Russel Lily, der ein Nugget von sieben Pfund gefunden hat und Mapiusz, der Ungar – der mit nichts gekommen und mit Taschen voller Gold gegangen ist. Und erst Monroe und Burnam: »Es war das Jahr 1909, da fanden Monroe und Burnam auf der Passhöhe im Süden ein Nugget, das 23 Zentimeter lang und 11 Zentimeter breit war. Und 9 Zentimeter dick. Können Sie sich das vorstellen? Ich kann es nicht genau sagen, aber ein Nugget von der Größe – das muss ein Gewicht von 60 oder 70 Pfund gehabt haben. In heutiger Währung wären das eine halbe Million US-Dollar. Für diesen einen Klumpen Gold! Die Stelle, an der sie es rausholten, kann ich Ihnen zeigen – das sind keine 300 Meter von hier ...«

| 700 Kilometer südwestlich von *Pilgrim's Rest* wird heute das wirklich große Gold gemacht: rund um das *Witwatersrand*-Becken, das vor Milliarden Jahren ein riesiger Binnensee war, mit einer Ausdehnung von 500 mal 300 Kilometern. Von dort kommt heute der überwiegende Teil der südafrikanischen Goldförderung, die mehr als die Hälfte der Weltproduktion ausmacht. Seit ihrer Entdeckung vor knapp 100 Jahren – oder richtiger: seit dem Beginn ihrer industriellen Ausbeutung vor gut 50 Jahren – hat diese größte Goldlagerstätte der Welt den Gegenwert von 1,1 Billionen Mark erbracht – 1.100 Milliarden.
Rund 40 Goldbergwerke sind da angesiedelt, darunter die größte und vielleicht modernste Goldmine der Welt: *Vaal Reefs*. Hier bohren sich Schächte in Tiefen bis zu 3.000 Meter, türmen sich riesige Abraumhalden, eine höher als die andere, ziehen sich scheinbar endlose Asphaltbänder von Irgendwo nach Nirgendwo. Kaum Häuser und schon gar keine Stadt, keine Menschen, keine Tiere und nur spärliche Flora. Nichts als diese apokalyptische Landschaft – soweit das Auge reicht.

Peter Jobst Brinkmann ist der Chefgeologe von *Vaal Reefs*. Warum gibt es gerade in Südafrika soviel Gold, frage ich ihn, und warum gerade hier, im *Witwatersrand*-Becken? »Gold gibt's überall in der Welt«, antwortet Brinkmann, »geologisch gesehen. Was die Sache aber wirtschaftlich erst interessant macht: Es muss eine bestimmte Gesteinsschicht mit einer bestimmten Konzentration von Gold vorhanden sein.« Und während diese Formationen, drei Milliarden Jahre alt, in anderen Teilen der Welt gewissermaßen verschüttet sind – in großen Tiefen, unerreichbar –, liegt diese Gesteinsschicht im *Witwatersrand*-Becken obenauf, es hat sich darüber kein jüngeres Gestein mehr abgelagert. »Ungefähr zwölf Kilometer dick sind die goldhaltigen Gesteinsschichten im *Witwatersrand*-Becken«, erläutert Brinkmann. »Mit der heutigen Technologie können wir aber nicht weiter als vier Kilometer gehen. Ursprünglich war dieses Becken sehr flach – indem durch Ablagerungen aber immer mehr Sedimente hineingekommen sind, hat sich die Schale nach unten gekrümmt … Wenn Sie sich eine flache Wanne mit einem Durchmesser von anderthalb Metern und einer Tiefe von einem Viertelmeter vorstellen, dann schürfen wir nur den Rand bis zu einer Tiefe von – sagen wir mal – drei bis vier Zentimetern ab. Mit anderen Worten: es wird nur ein bisschen am Rand gebuddelt!«

| Es ist sieben Uhr morgens, als sich die ersten Minenarbeiter vor dem *Shaft Number five* einfinden – Beginn der Frühschicht. Der Hauptschacht hat einen Durchmesser von sechs Metern und ist zweigeteilt: Im vorderen, größeren Teil hängt der *cage*, ein mehrstöckiger Aufzugskorb für Menschen und Material; außerdem wird hier auch die einziehende Luft nach unten geführt; im anderen Teil – durch eine Wand abgetrennt – kommt sie wieder raus.

Neun solcher Schachtanlagen hat *Vaal Reefs*. Über Tage sind sie meilenweit voneinander entfernt – unter Tage verbindet sie ein Netz von Stollen, die sich, Polypenarmen gleich, über Hunderte von Kilometern hinziehen. 2.900 Meter reicht dieser Schacht in die Erde hinab. Ein Loch so tief, wie die Zugspitze hoch ist …

In dieses Labyrinth fallen, stürzen wir, nachdem die schweren Gitter des Aufzugskorbes geschlossen sind, die Klingelzeichen des *banksman* die Abfahrt freigegeben haben. Stockfinster ist es in dem Höllenschacht, den wir hinabsausen. Ohne Zwischenhalt. Nur hin und wieder ein kurzer Lichtschein, der nach oben verschwindet: wieder ein Stollen, den wir passieren.

Weiter in die Tiefe. Es knackt in den Ohren, da hilft nur schlucken oder Nasezuhalten und kräftig blasen. Wir fallen zehn Meter in jeder Sekunde.

Ich muss an die Stahlseile denken, an den Förderturm, an die *winder*: Ob die wohl halten? Der Förderturm, durch den die armdicken Stahlseile laufen, ist so hoch wie ein zwölfstöckiges Haus; und die *winder*, die Trommeln im Maschinenhaus, auf denen das Tragseil aufgespult wird – mit jeder Umdrehung, die sie machen, saust der Aufzug 36 Meter hinunter. »Wollen Sie meine Jacke haben?«, ruft einer, als von irgendwoher plötzlich Wasser kommt. Und dann wird der Aufzug langsamer. Schiebt sich – wie von Geisterhand – zentimeterweise an die Ausstiegsluke. Hält. Das Geräusch der Turbinen ist das erste, was man wahrnimmt: Atemluft.

Feuchte Hitze schlägt dir entgegen, wie Blei sind die Glieder. Deine Stimme kommt dir so hohl vor wie in einer Grabkammer – der Hall ist hier unten gefangen, wie du selbst. Diffuses Licht, das die Enge noch enger macht – Maschinen, Rohrleitungen, Gleise und Kabel überall. Und Wasser: kleine Rinnsale, die sich gurgelnd verziehen, manchmal ein richtiger Bach, durch den du waten musst. Glitschiger Stein, auf dem man sich mühsam vorwärts tastet, immer wieder Halt suchend an den Wänden; Wände, die mit Stahlgittern verschraubt sind – metertief sind die Befestigungsanker ins Gestein getrieben, einzementiert.
Irrlichternde Punkte, die sich in der Ferne verlieren, dann wieder dünne, zitternde Lichtfinger, die näher kommen: Grubenlampen. Jeder hier trägt sie an seinem Helm. Es sind gleichzeitig Testlampen, die anzeigen, ob genügend Sauerstoff da ist und die vor explosiven Gasen und giftigen Dämpfen warnen. Die Lichter der Lampen kannst du sehen, lange vor den Menschen, die sie anhaben: Minenarbeiter, die in einem Quergang verschwinden, Minenarbeiter, die dir entgegenkommen. Schweißnass die Gesichter – schwarze Gesichter – über den weißen Overalls.

Auf dem Weg zum Stollenende, dahin, wo das goldhaltige Gestein herausgesprengt wird, musst du immer wieder durch Wettertüren. Sie halten die Frischluft weg vom Schacht, durch den sie eingepumpt wird, hin zur Arbeitsstätte. Das Dröhnen der riesigen Ventilatoren begleitet dich überall – mal etwas leiser, zwischen zwei Wettertüren, dann wieder so laut, dass du dein eigenes Wort nicht mehr verstehen kannst. Es fällt schwer, sich vorzustellen, dass es hier unten noch viel heißer wäre – unerträglich heiß – würden nicht ständig frische Luft und kaltes Wasser nach unten gepumpt und zu den Arbeitsplätzen geführt.

Die Temperatur des Gesteins in diesen Tiefen erreicht 60 Grad und mehr – Hitze, die in die Stollen abstrahlt und von dort abgezogen werden muss: Knapp dreißig Grad dürfen es sein, mehr nicht.

Leiter des *ventilation department* in *Vaal Reefs* ist Werner Gebier, ein gebürtiger Deutscher, Hamburger, fünfzig Jahre alt. 1953 ist er nach Südafrika ausgewandert. 46 Ingenieure hat er in seiner Abteilung. »Die baulichen Anlagen für die Ventilation«, sagt Gebier, »sind technisch das Aufwendigste und Schwierigste überhaupt im Goldbergbau. Und das Teuerste ... Auf dieser Mine zirkulieren wir 3.600 Kubikmeter Luft in jeder Sekunde, oder mit anderen Worten: für jede Tonne Erz, die wir hier fördern, müssen wir zehn Tonnen Luft nach unten und wieder nach oben pumpen. Die gesamten Kosten für die Bewetterung dieser Mine machen allein 6,3 Millionen Mark im Monat aus.«

Wieder eine Wettertür. Und noch eine, die letzte. Dann ist das Dröhnen der Ventilatoren plötzlich weg. Wir sind am Ende des Stollens. Drei Kilometer, sagt man mir, sind wir gelaufen, gestolpert, weg vom Schacht. Zwei Arbeiter schlagen einen Kettenbolzen ab. Und dann läuft er wieder, der *scrapper* – ein Räumbagger, der an einem Flaschenzug hängt. Er kratzt das Gestein zusammen, das durch Sprengung losgekommen ist, zieht es zu einem Loch im Boden, wo es auf Loren fällt in einen darunter liegenden Stollen, von wo es weiter befördert wird.

Ein langes Signal sagt dem Mann an der Maschine, dass der Bagger nicht mehr richtig greift, erst muss wieder Gestein losgesprengt werden. Das geschieht erst in der übernächsten Schicht, wenn die Arbeiter mit den Bohrlöchern fertig sind. Bis zu eineinhalb Meter tief frisst sich der Bohrer in das Gestein – *jackhammer* nennen sie ihn. Mit seinem ganzen Körpergewicht drückt der Arbeiter gegen den Pressluftbohrer, stemmt sich gegen den Berg. Ein Kollege stützt ihn, sichert ihn: Jeden Augenblick, glaubt man, muss die überlange Bohrspindel abbrechen.

Die Stellen, an denen sie bohren, hat ein Vermesser in der Nachtschicht davor mit Farbe gekennzeichnet – eine rote Linie, erst waagrecht, dann schräg nach unten und wieder waagrecht: So verläuft das *Reef*, die Gesteinsschicht, in der sich das Gold abgelagert hat. Mit dem bloßen Auge kann man nichts sehen – die Konzentration des kostbaren Metalls ist mikroskopisch fein, rund acht Gramm je Tonne.

Wenn das *Reef* schräg verläuft, dann muss man erst Berge von totem Gestein heraussprengen und abtragen, um an die goldführende Schicht überhaupt ranzukommen. Das sind die Stollen, die – von einem Förderschacht ausgehend – in Richtung der Goldlagerstätte vorangetrieben werden. Die Schwierigkeit dabei ist nicht allein, dass die goldführenden Gesteinsadern mehr oder weniger schräg nach unten verlaufen; kompliziert wird die Sache auch noch dadurch, dass es nicht nur ein *Reef* gibt, sondern dass – in der Senkrechten gesehen – Hunderte von *Reefs* übereinander liegen, mit jeweils verschiedenen Neigungswinkeln und unterschiedlich hohem Goldgehalt.

Und weil sich ein *Reef* über Hunderte von Quadratkilometern ausdehnen kann, geht auch der Stollenvortrieb entsprechend weit. In jedes Bohrloch kommt ein Kilo Sprengstoff und jedes Kilo Sprengstoff löst eine Tonne Gestein: 8.000 Tonnen Sprengstoff, acht Millionen Bohrlöcher im Jahr, acht Millionen Tonnen Gestein – und 67 Tonnen Gold.

Wenn sie sprengen, muss jeder raus sein aus dem Bergwerk und vier Stunden lang fährt anschließend niemand in die Mine ein: Staub und Dämpfe müssen erst abgesaugt werden. Danach wird der Abraum der Sprengung mit einer kleinen Eisenbahn zum Förderschacht gefahren. Hier wird das Gestein in die *skips* abgeladen, große Eisenbehälter, die es ans Tageslicht bringen. Totes Gestein, das weder Gold noch sonstige Minerale enthält, wird ausgeschieden. *Unpayed* sagen sie dazu – Gestein, das sich nicht bezahlt macht; das sind die großen Abraumhalden, die man oben überall sieht. Jedes Jahr graben sie sich 240 Kilometer weiter in alle Richtungen, jeder Stollen drei Meter breit und drei Meter hoch. Dabei werden 1,8 Millionen Kubikmeter Gestein abgetragen. Das sind 150.000 Kubikmeter im Monat, nur um neue *Reefs* bloßzulegen.

Wenn sie so weitermachen, denke ich mir, hocken sie dann mit ihrem ganzen Bergwerk nicht bald auf einer Insel über einem gigantischen Loch? Ringsum 1.000 Kilometer ins Bodenlose? »Nein«, sagt Werner Gebier, »wir haben Computer und *rockmechanics* – Leute, die genau berechnen, wie und wo und wie viel abgetragen werden darf. Wir passen schon auf, dass uns nicht plötzlich hier alles zusammenkracht!«

Wir gehen zum Aufzugschacht zurück. Als wir hinunter kamen, ging die Sonne gerade auf – wenn wir wieder oben sind, geht sie bald unter. Acht bis neun Stunden dauert die Arbeitsschicht; wenn man lange warten muss am Aufzug, werden es auch mal zehn. Die Männer warten geduldig, die meisten hocken auf dem Boden, einige schlafen, andere sind ausgelassen, diskutieren. Ich verstehe nicht, worum es geht.

Es gibt Pausen in der Schicht, aber keine Gelegenheit zum Mittagessen, wie wir das kennen: Eine halbe bis eine Stunde würde es dauern, alle Arbeiter hinaufzuholen und genauso lange, sie wieder hinunterzubringen. »Tote Zeit«, sagt Gebier. »Mit dem Ein- und Ausfahren am Beginn und am Ende jeder Schicht wäre das fast der halbe Tag. Das geht nicht.« Neun Stunden jede Schicht, einmal fünf Tage, einmal sechs Tage die Woche. Freilich: Die Mehrzahl der 4.000 Weißen in *Vaal Reefs* arbeitet über Tage, die 35.000 Schwarzen fast ausschließlich unter Tage. Der Unterschied ist: Die Weißen sind ausgebildete Wissenschaftler, Mineningenieure und haben kaufmännische Berufe, die Schwarzen dagegen sind ungelernte Arbeiter, zehn Prozent sind Analphabeten. Sie kommen aus allen Teilen des südlichen Afrikas, sind weitgehend noch dem traditionellen Stammesleben verhaftet, sprechen nicht einmal eine gemeinsame Sprache.

Die müssen sie erst lernen, Schwarze wie Weiße. Es ist eine Art *lingua franca* des Bergbaus, die *Fanakalo* genannt wird. Dieses Minen-Esperanto ist eine Mischung aus Afrikaans, Englisch und Zulu. Ursprünglich war es die Sprache, in der sich Weiße mit Schwarzen und Schwarze untereinander auf den Zuckerrohrfeldern in *Natal* verständigt haben. Dort wie hier kommen die Arbeiter aus Gebieten Afrikas, die in ihrer kulturellen Entwicklung und Sprache soviel Gemeinsames haben, wie sie verschieden sind – wie Portugal, Spanien und Italien.

Wer will, kann auf der Mine einen Beruf erlernen oder einen Schulabschluss machen: Auf *Vaal Reefs* gibt es eigene Lehrwerkstätten für nahezu alle technischen Handwerksberufe und eigene Schulen. Allerdings macht nur ein verschwindend kleiner Teil der Arbeiter Gebrauch von diesem – kostenlosen – Angebot: Gerade fünf Prozent von ihnen erwerben den Berufsschulabschluss, lassen sich zu Mechanikern und Facharbeitern ausbilden; und weniger als ein Prozent der Schwarzen nutzt die Möglichkeit und schafft den Aufstieg in Ingenieurstätigkeiten.

Die meisten lassen sich als einfache Minenarbeiter einweisen; sie wollen hier nur eine Zeit lang arbeiten, dann gehen sie zurück zu ihrer Familie, zu ihrem Stamm. Schwarze erhalten ohnehin nur Arbeitsverträge für längstens

18 Monate. Zwischen drei und sechs Wochen bezahlter Urlaub im Jahr ist inbegriffen.

Doch an denen, die sich aus- oder weiterbilden lassen, ist die Mine interessiert, sie können nach dem Urlaub an ihren Arbeitsplatz zurück. Diese Männer – so versichert das Management – würden auch dann noch weiterbeschäftigt, in anderen Bereichen, wenn sie der Arbeit unter Tage körperlich einmal nicht mehr gewachsen sind. Das ist in der Regel mit 45 Jahren der Fall, älter ist keiner der Minenarbeiter unter Tage; 18 Jahre sind die jüngsten.

Einmal jede Woche ist Zahltag. In einer Box, hinter Panzerglas, sitzen zwei Kassierer, sortieren Geldscheine, zählen Münzen ab. Ein dritter schaut ihnen über die Schulter, kontrolliert sie. Vor der Box stehen in langer Reihe die schwarzen Arbeiter. Jeder hat einen Blechteller in der Hand. Und eine Bescheinigung, auf der der Name eingetragen ist und die Höhe des Lohnes. Gegenüber einem Buchhalter an einem einfachen Holztisch haben sich die Arbeiter vorher ausgewiesen. Die Lohnbescheinigung mussten sie – zusätzlich zu ihrer Unterschrift – mit einem Abdruck ihres rechten Daumens quittieren; die Farbe des dunkelblauen Stempelkissens, das dabei verwendet wird, geht erst nach ein paar Stunden wieder ab. Also schaut sich der Buchhalter zuerst die Hände der Arbeiter an: Wäre einer dabei, der einen blauen Daumen hat, wüsste er, dass der Mann zweimal kassieren will.

Der Mindestlohn eines ungelernten Minenarbeiters liegt bei umgerechnet 270 Mark im Monat, im Durchschnitt verdienen sie 400 Mark. Ein weißer Ingenieur bringt es auf 1.600 bis 2.000 Mark. Und mehr. Unterkunft und Verpflegung sind für die Schwarzen frei. Sie wohnen in so genannten Hostels, werkseigenen Siedlungen, einer Kaserne nicht unähnlich. Vier bis sechs Mann auf einem Zimmer, Essen in der Gemeinschaftsküche. Für die Mehrzahl der Weißen hat die Minengesellschaft in der Umgebung des Bergwerks eigene Häuser und Wohnungen bereitgestellt. Golfplätze, Schwimmbäder und Tennisclubs gehören auch dazu.

Die Schwarzen, die unter Tage arbeiten, haben den sicherlich härteren Job; die Weißen verdienen mehr Geld und haben das angenehmere Leben. Diskriminierung also? So einfach ist es nicht. Die weißen Facharbeiter, Ingenieure und Wissenschaftler verdienen in Südafrika nicht mehr, als sie überall sonst auf der Welt auch bekommen würden – eher weniger sogar. Und: So wenig man an den riesigen Gewinnen der Minengesellschaften vorbeikommt, so wenig kommt man an der Tatsache vorbei, dass die Löhne der Bergarbeiter in Südafrika deutlich höher liegen als alles, was in anderen Ländern des schwarzen Kontinents gezahlt wird. In Sambia zum Beispiel, in Zaire oder in Mozambique. Würden die südafrikanischen Minengesellschaften die Löhne ihrer schwarzen Arbeiter kräftig anheben, dann würden sie wahrscheinlich auch rationalisieren – Menschen durch Maschinen ersetzen. Und das würde bedeuten, dass die Anrainerstaaten Südafrikas – aus denen zwei Drittel der schwarzen Arbeitskräfte kommen – an den Goldbergwerken nicht mehr in gleichem Maße profitieren würden wie bisher. Annähernd 400 Millionen Mark beispielsweise haben allein die 35.000 schwarzen Arbeiter von *Vaal Reefs* in einem Jahr in ihre Heimatländer überwiesen.

»In Deutschland könnten Sie das Gold – wenn es welches gäbe – gar nicht fördern, bei Ihren Löhnen wäre das nicht mehr rentabel«, sagt Werner Gebier. Und er fügt die Standardfrage an, die man in diesem Zusammenhang in Südafrika immer wieder hört: »Should we pay a few people a lot of money or should we pay a lot of people a little money – sollen wir einigen Leuten viel oder vielen Leuten etwas geben?«

| Zwischen 30 und 50 Prozent der *Reefs* im *Witwatersrand*-Becken enthalten Gold *free milling*: Das heißt, beim Mahlen oder Zertrümmern des Quarzgesteins kommt das Gold sofort zum Vorschein – winzig kleine Körnchen, im Höchstfall drei Millimeter groß, die sich in den Gesteinszwischenräumen abgelagert haben; beim Extrahieren fallen sie von selbst heraus. Der Rest – mikroskopisch feines Gold – muss in einem komplizierten chemischen Verfahren aufgelöst werden.

Tag und Nacht kommt das goldhaltige Gestein aus der Tiefe. Wo es abgeladen wird – ein Dutzend Kilometer weg vom Grubenschacht – empfängt dich ein unüberschaubares Netz von Förderbändern, die turmhoch verschiedene Hallen miteinander verbinden – eine größer als die andere; drinnen riesige Eisentrommeln, Rüttelsiebe, Pumpanlagen. Meterdicke Rohrleitungen führen von dort zu Stahlbottichen, die wie Öltanks aussehen – nur, dass sie oben offen sind. Ein graubrauner Schlammsee wird in diesen Tanks umgewälzt, wieder und wieder, und weitergepumpt. Auf den ersten Blick hat das Ganze viel Ähnlichkeit mit dem Gewirr großer Raffinerieanlagen.

Und etwas Ähnliches ist es auch: die *Goldplant* von *Vaal Reefs*. Aus ganzen Güterzugladungen von Erzgestein werden hier ein paar hundert Kilo Barrengold gewonnen. Tag für Tag.

214

Auf großen Rüttelsieben sind die Gesteinsbrocken in vier verschiedene Größen sortiert worden, dann treten die *crasher* in Aktion – riesige Rohrmühlen, in denen Eisenkugeln rotieren. Hier wird das Erz bis zu einer Teilchengröße von etwa einem Millimeter zermahlen. Das Fauchen der Pressluftleitungen und jedes andere Geräusch geht unter im ohrenbetäubenden Krach, wenn Stein auf Metall trifft. Vier Kilogramm wiegt jede der Eisenkugeln. Wenn sie ihr Zerstörungswerk getan haben, wenn sie aus dem *crasher* herauskommen, sind die Eisenkugeln nur mehr halb so groß und haben nur noch ein Drittel ihres ursprünglichen Gewichts.

Und von den Felsbrocken ist ein grober Gesteinsbrei übrig geblieben. Ihm wird Wasser zugefügt, damit ein transportabler Schlamm entsteht. Dieser Schlamm wird über ein Rüttelsieb geführt – *James*-Tisch genannt –, auf den eine Art Filzschicht gespannt ist. Durch einen Vibrator wird die Anlage zum Schütteln gebracht und das Gold – neun bis zehn Mal schwerer als Wasser und noch siebeneinhalb Mal schwerer als das Quarzgestein, in dem es vorkommt – rollt in den Filzrillen entlang, setzt sich ab und wird aufgefangen. Danach wird es – mit Hilfe von Quecksilber – von Unsauberkeiten getrennt oder es geht direkt zum Schmelzprozess.
Aber höchstens 60 Prozent des Goldes können auf diesem Wege gewonnen werden. In dem Schlamm, der über den *James*-Tisch hinweg läuft, bleiben noch bis zu 40 Prozent der ursprünglichen Goldkonzentration erhalten: Diesem Teil rückt man jetzt mit einer Cyanidlauge auf den Leib. Dann geht auch er in die Schmelzanlage.

In der Schmelzanlage ist Endstation für das Gold. Sie ist in einem schwer bewachten Gebäude untergebracht: eine lange, zweigeschossige Halle, in die der Besucher nur durch ein Eisengitter gelangt, unter dem er hindurch kriechen muss. Drinnen, auf zwei Seiten der Halle, reiht sich ein Schmelzofen an den anderen. An der gegenüberliegenden Wand Pumpanlagen und Wassertröge, an der Stirnseite ein Schreibpult und eine überdimensionale Waage. Dahinter, durch schwere Stahlgitter abgetrennt, ein kleiner Nebenraum, kalt und kahl und ohne jede Einrichtung: Dort wird das Gold später eingeschlossen.

Nur wenige Menschen sind in der Halle. Ein halbes Dutzend Schwarze in Schutzanzügen, Hitzeschild vor dem Gesicht, hantieren mit langen Eisenzangen an den Schmelzöfen. Einer schlägt Schlacke ab, ein anderer karrt sie weg. Wiegearbeiten und Buchführung werden von drei weißen Aufsehern erledigt. Gelangweilt stehen zwei Wachmänner herum, Gurt um die Hüfte, schwere Revolver im Halfter.

Erst ist es ein dünnes Rinnsal, das aus dem Schmelzofen kommt, es schwillt dann an zu einem kleinen Bach, der träge und langsam, wie in Zeitlupe, in die übereinander liegenden Graphitformen fließt. Zu hören ist gar nichts, es ist ein Schauspiel nur für die Augen: Gebannt beobachtest du, wie die gleißend gelbe Flüssigkeit die unterste Form erreicht; du kannst regelrecht sehen, wie das Gold erstarrt – fünf Meter weg von dir, näher kannst du wegen der Hitze nicht ran. Nach zwei, drei Minuten ist das Ganze vorbei.

Aus den Graphitformen wird das Gold in ein Wasserbad gekippt, um abzukühlen. Anschließend werden die Barren gereinigt, mit Nummern versehen und gewogen – auf ein Zehntel Gramm genau.

Und da liegt dann das vor dir, wofür 40.000 Menschen geschuftet haben: jeweils 24 Zentimeter lang, 13 Zentimeter breit und 7 Zentimeter hoch – sechs Barren zu je 30 Kilogramm und ein kleinerer noch dazu. Rund vier Zentner Gold, die Ausbeute eines Tages in der größten Goldmine der Welt. »Diese Barren hier«, erklärt der Vorarbeiter der Schmelzanlage, »enthalten etwa neunzig Prozent Gold und acht Prozent Silber; der Rest sind Kupfer und andere Metalle. Diese Barren sind das Endprodukt jeder Mine. Wir verkaufen sie an eine zentrale Goldscheideanstalt, die *Rand Refinery*, wo die Barren wieder geschmolzen und durch elektrolytische Prozesse so lange gesäubert werden, bis das Gold eine Feinheit von 99,9 Prozent erreicht.«

Was sie dafür von der *Rand Refinery* gutgeschrieben bekommen, wissen sie genau, sagt der Vorarbeiter Frank Louwrins, sie haben es – auf vier Stellen hinter dem Komma – exakt ausgerechnet. Er zeigt auf einen der Goldbarren, die jetzt auf einem schäbigen Handwagen mit einer grünen Wachstuchplane liegen. »Dreißig Jahre mache ich diesen Job jetzt«, sagt er. »Ich glaube, ich habe in diesen dreißig Jahren nicht mal die Hälfte von dem verdient, was nur dieser eine Barren dort wert ist.«

Die beiden Wachmänner ziehen den Wagen mit dem Gold in den vergitterten Nebenraum, schließen ihn dort ein. Ich hätte mir nie vorstellen können, dass man sich von sieben Millionen in Gold so achtlos trennen kann. »Hier gibt's für Sie jetzt nichts mehr zu sehen«, sagt Louwrins, »wir machen hier keine Vorführung – wir machen Gold!«

| In *Pilgrim's Rest*, dem kleinen Goldgräbercamp hoch in den Bergen, hat man im ganzen Jahr nicht soviel Gold gesehen wie heute in *Vaal Reefs*

an drei Tagen gefördert wird. Mit dem Gold ist der Ort gewachsen, und als kein Gold mehr da war, sind die Leute wieder gegangen. Von den Tausenden, die es einmal waren, sind 120 geblieben. Alte Menschen zumeist, wie Chris Markus. Auf dem Friedhof gibt es mehr Gräber, als der Ort heute Einwohner zählt. Menschen aus aller Herren Länder waren hier, und besonders viele Waliser – die Grabinschriften zeugen davon ...

Um das Gold von *Pilgrim's Rest* müht sich heute nur noch Chris Markus. Immer wieder schüttet er eine Schaufel nach, schwenkt das Sieb. Bis an die Waden steht er im Wasser, die Ärmel seines karierten Baumwollhemdes hochgekrempelt, den braunen Stetson weit in die Stirn gezogen, zum Schutz gegen die tief stehende Sonne. Ein Arbeitstag geht zu Ende für ihn. Nur *ironstone* ist im Sieb, und schwarzer Sand. Gold hat er keines gefunden. Aber das macht dem alten Mann nicht viel aus, eine hohe Meinung vom Wert des gelben Metalls hat er sowieso nicht – obwohl er Zeit seines Lebens hinter ihm her war. »Für mich ist Gold nur ein Metall, aber es hat auch seine Faszination, wenn Sie ein Nugget in der Hand halten – das ist schon ein prickelndes Gefühl! Verstehen Sie? Und trotzdem ist es nichts! ... Wenn ich eine halbe Unze Gold hätte und ginge zu jemandem und fragte den: ›Gibst Du mir dafür dreihundert Rand?‹ Und wenn der ›nein‹ sagen würde, würde ich antworten: Ich würde es auch nicht bezahlen! Ich würde keine dreihundert Rand hergeben für eine halbe Unze Gold; und ich würde mir auch keinen von diesen *Krugerrand* kaufen!

Ich wünsche mir kein Gold, nur um es in ein Schmuckkästchen zu tun, wo ich es immer wieder anschauen kann – verstehen Sie? Die Menschen holen das Gold nur aus der Erde heraus, um es dann wieder tief in der Erde einzugraben – *Fort Knox* in Amerika! Sie graben das Zeug tatsächlich wieder ein!! Warum? Warum holen sie es denn überhaupt raus, warum kauft es überhaupt einer? Um es zu verstecken? Ich weiß nicht ...«

—

Erstsendung 1981.
Von 1979 bis 2003 war Friedrich Schütze-Quest viermal in Südafrika.

I Sonne, Mond, und Sterne

| Der Gregorianische Kalender – heute universal verbreitet – hat es schwer gehabt, sich durchzusetzen und der erste Kalender war er beileibe nicht. Die Zeitrechnung nach dem Mondkalender hat sich bei Chinesen bis heute erhalten, als Brauchtum. Milliarden Menschen feiern den Beginn des neuen Jahres noch immer nach dem Mondkalender, im Januar oder Februar.

In einem größeren Gebiet als von Island bis zum Ural, wo wir drei oder vier Zeitzonen haben, kennt das Riesenreich China nur eine einzige. Das heißt, man kann in China drei oder vier Stunden in Richtung Sonnenuntergang fliegen, und die Sonne bleibt quasi stehen, die ganze Zeit – was sie ja auch in Wirklichkeit tut, denn nicht sie – die Sonne – bewegt sich, sondern die Erde.
Nicht die Sonne »geht unter«, wie man so sagt, sondern unsere Erde dreht sich – abends – von der Sonne weg. Und dreht sich morgens, im Riesenreich China, viel länger zur Sonne hin, daher der berühmte Mao-Spruch: »Der Osten ist rot.«

Beinah 6.000 Jahre ist es her, es war in Ägypten, dass Menschen erstmals ihre Zeitrechnung nach der Sonne bestimmten, statt nach den Mondphasen. Und noch mal 4.000 Jahre gingen dahin, bis es zu der leidenschaftlichen Liaison kam von Julius Cäsar und Cleopatra, woraufhin Cäsar den Rat des ägyptischen Astronomen Sosigenes aus Alexandria beherzigte, die Sonne als Schiedsrichter irdischen Daseins zu nehmen. Was in die Reform des Römischen Kalenders mündete, 45 Jahre vor Christus.

Aber damit war die Sache längst nicht gelaufen. Denn immer wieder sah sich die Christenheit in Zweifel gestürzt über die Natur der Zeit. Bischof Augustinus von Hippo, dessen Schriften von größtem Einfluss auf die abendländische Theologie und Philosophie waren, forderte die Christen im 5. Jahrhundert auf, die profane weltliche Zeitrechnung einfach links liegen zu lassen und »Zeit« vielmehr nach der göttlichen Ewigkeit zu bestimmen ... Das war leichter gesagt als getan. Vor allem Seefahrer hatten bei der Orts- und Gezeitenbestimmung Probleme mit der Ewigkeit als Zeitmesser.

Und auch mit dem Sonnenkalender selbst hatte es seine Tücken. 1582 korrigierte Papst Gregor XIII. den alten Julianischen Kalender, weil der um zehn Tage hinter der Sonne »nachging«. Bis dahin hatte die katholische Kirche Astronomen wie den englischen Mönch Roger Bacon, der errechnet hatte, dass das Kalenderjahr gegenüber dem Sonnenjahr im Verlauf eines Jahrhunderts um einen (!) Tag vorging, noch als Ketzer gebrandmarkt.

| Unsere Sonne, unser Weltbild. Die moderne Astrophysik geht davon aus, dass es in unserer Milchstraße 100 Milliarden Sonnen gibt von der Art wie unsere, und dass es im Universum hundert Milliarden solcher Galaxien gibt wie unsere – jede von ihnen wiederum mit 100 Milliarden Sonnen.

Nun erwartet niemand von der Astrophysik, dass sie die Rätsel des Weltalls löst. Es erweist sich im Gegenteil, dass in dem Maße, in dem unser Wissen mit der immer größeren Reichweite und Empfindlichkeit unserer Teleskope und Raumsonden zunimmt, das Universum nur noch unbegreiflicher wird. Eins aber vermag die Astronomie zu leisten: nämlich der Menschheit bewusst zu machen, wie unvorstellbar klein ihr Platz und ihre Zeit im Universum ist. Alles, was der Mensch jemals erobern kann mit seiner Raumfahrt und allen überhaupt nur denkbaren technischen Exkursionen, kommt in den ungeheuren zeitlichen und räumlichen Dimensionen des Weltalls einem Punkt gleich.

| »Wenn man an die Unermesslichkeit des Universums denkt, haben wir mit dem Mondflug noch nicht einmal einen Zeh zur Tür rausgestreckt«, sagte mir in den USA der amerikanische Astronaut Fred Haise, Mitglied der Crew von Apollo 13, deren Mission zum Mond beinahe fatal geendet hätte.

»Hallo Erde, hier ist der Mond«, heißt ein kleiner Band mit englischen Versen, in dem ich den folgenden Text fand: »Von allem was ich sehen kann, ist dies das Schönste – und jetzt weiß ich, warum ich eigentlich hier bin: Ich bin nicht hier, um den Mond aus der Nähe zu sehen, sondern um zurückzuschauen auf die Erde: diese kleine Kugel im Universum, die unsere Heimat ist und unsere Zuflucht …«

Der Autor dieser Zeilen heißt Alfred Merill Worden, ehemals Testpilot und Oberst der US-Luftwaffe – und Mitglied der Crew von Apollo 15, die im Sommer 1971 zum Mond flog.
Worden ist drei Tage und Nächte mutterseelenallein um den Mond geflogen, was aber niemand weiß, weil alle Welt immer nur Notiz genommen hat von den Männern, die ihren Fuß auf den Mond gesetzt haben, nicht aber von denen, die das Raumschiff erst einmal dorthin und dann wieder zurückgeflogen haben: die Command Module Pilots.
Worden, und später die Astronauten Mattingly und Evans, sind die einzigen Menschen, die je frei schwebend – und das mit 30.000 Stundenkilometern – tief im Weltall flogen, anders als in einer »nur« 300 Kilometer hohen Umlaufbahn um die Erde, wo Aufenthalte außerhalb des Raumschiffes inzwischen zur Routine gehören.
Er musste eine Wartungsarbeit an einer Außenkamera durchführen, erzählte Worden, und flog dabei 38 Minuten neben seinem Raumschiff her – »und es war, als stünden das Raumschiff und ich auf der Stelle: Da ist nichts, woran man Geschwindigkeit messen könnte … keine Straßen-Schilder oder Telegrafen-Masten sausen vorbei … nichts, was dir sagt, dass du dich überhaupt bewegst. Ob man 100 Meilen schnell ist oder 50.000 Meilen pro Stunde, es macht keinen Unterschied.«

| Das Licht, das vom Mond bis zur Erde nur eine einzige Sekunde benötigt, braucht 100.000 Jahre, nur um quer durch unsere eigene Galaxie – von einem Rand unserer Milchstraße zum anderen – zu gelangen. Und die Distanz zu den entfernteren Galaxien lässt sich nur noch in Millionen und Milliarden Lichtjahren ausdrücken. Wobei *nur* ein Lichtjahr mehr als neun *Milliarden* Kilometer bedeuten.

Aufgrund statistischer Wahrscheinlichkeiten halten Astronomen es für vernunftwidrig, anzunehmen, wir seien die einzigen intelligenten Lebewesen im Kosmos. Die Chance aber, dass wir von der Existenz anderer Intelligenzen jemals Kenntnis erhalten, bewerten sie als verschwindend gering.

In einer der größten Sternwarten der Welt, dem *European Southern Observatory* in *La Silla* in den chilenischen Anden, durfte ich einmal einen Stern beobachten, dessen Masse 1.000 mal größer ist als die unserer Sonne. Der deutsche Astronom Professor Michael Grewing von der Universität Tübingen hat mir das ermöglicht.

Eine Zusammenballung von Sternen, wie sie unserem Auge gänzlich fremd ist; Sterne von einer Leuchtkraft, die die Augen nie erfahren haben, weil es das so nicht gibt an dem uns vertrauten Firmament – in einer Reinheit, die sich dem Vorstellungsvermögen und damit der Beschreibung ganz einfach entzieht: das ist der Anblick, der sich bietet im Okular eines großen Teleskops in einer Entfernung von 150.000 Lichtjahren, 5.000 Milliarden mal die Entfernung zum Mond. Unwirklich und schön – doch völlig undramatisch.

Die Dramatik spielt sich im Kopf ab, erst hinterher und noch lange danach: Obwohl unsere Sonne nur eine Kugel aus Gas ist – also kein fester Körper wie unsere Erde –, muss man sich ihre Masse, ihr Gewicht 300.000 mal größer vorstellen; in ihrem Volumen hätte die Erde gar 1,3 Millionen Mal Platz. Und hier nun dieser Stern, der noch tausendmal mehr Masse hat als die Sonne – 300 Millionen Mal das Gewicht des Planeten, auf dem wir leben. Und 150.000 Jahre war das Licht der Sterne unterwegs, die ich eben im Teleskop gesehen habe.

Existieren die denn überhaupt noch? Jetzt, 150.000 Jahre später? Und wie finden die Astronomen ihre Objekte eigentlich wieder, in einem Monat oder in einem Jahr – bei den ungeheuren Geschwindigkeiten, mit denen sich Sterne und ganze Galaxien im Kosmos fortbewegen? Fortbewegen wohin? Fragen an Professor Grewing. Seine Antwort:
»Angesichts solcher riesiger Geschwindigkeiten könnte man glauben, dass sich das Bild des Himmels ständig verändern muss. Das trifft auch zu! Nur sehen wir es nicht – zumindest nicht mit bloßem Auge, weil die Entfernungen im Weltall immens groß sind«, erklärte Grewing. »Dass wir diese Objekte in einem Jahr – und auch in hundert Jahren – scheinbar noch immer an der gleichen Stelle des Himmels sehen, dafür gibt es eine einfache Erklärung: Sie sind dann eben ›nur‹ ein Lichtjahr oder ›nur‹ hundert Lichtjahre weiter von uns weg – und das ist gar nichts im Vergleich zu den Milliarden Lichtjahren, die ohnehin zwischen ihnen und uns liegen.«

Warum er Astronomie überhaupt betreibt, wollte ich von Professor Grewing wissen. »Menschen machen sich ganz unvermeidlich ein Weltbild«, erwiderte er, »und um sich wirklich ein realistisches Weltbild machen zu können – um zum Beispiel sehen zu können, wo wir eigentlich mit unserer Erde sind; wie groß sie ist; was sie uns bietet; wie sehr wir sie eigentlich hüten müssten: dazu muss man schon hinausschauen, um ein solches Weltbild zu gewinnen. Und die Astronomie – neben den Beiträgen, die sie zur Physik leistet – prägt ganz wesentlich die Gesamtschau mit, die wir uns von unserer Welt machen.

Und ich glaube, eine der dramatischsten Erkenntnisse, die wir in den letzten Jahrzehnten gewonnen haben, ist – wirklich für alle von uns –, zum ersten Mal gesehen zu haben, dass die Erde wirklich nur ein runder, kleiner, blau schimmernder Ball im Weltall ist, der um die Sonne kreist – wie die Astronauten ihn gesehen haben, die zum Mond geflogen sind.

Die Amerikaner sind zum Mond geflogen«, wiederholte Grewing. »Und unbemannte Sonden haben Mars, Jupiter und Saturn erreicht. Aber das Gerede jetzt von der Eroberung des Weltraums – das ist doch blanker Unsinn. Sehen Sie sich nur diesen Stern an ... 150.000 Lichtjahre ... Den Weltraum selbst haben wir bisher überhaupt noch nicht betreten!«

Warum, fragte ich ihn, hält mit den großen Teleskopen eigentlich niemand Ausschau nach fremden Planeten?

»Weil es zur Zeit noch ohne Chancen wäre«, antwortete Grewing. »Wenn wir uns austauschen wollen mit anderen Zivilisationen auf anderen Planeten, dann ginge das nur mit Radiosignalen und es ginge auch dann nur, wenn diese andere Zivilisation sich in einer Entfernung von uns befände, die maximal vielleicht 30 Lichtjahre weg ist – das heißt, in unmittelbarer Sonnenumgebung eigentlich.

Denn ich muss ja berücksichtigen, dass, wenn ich jetzt irgendeine Meldung, ein Signal hinaus sende, dass dieses Signal dann zunächst mal – selbst wenn diese andere Zivilisation sich in nur 30 Lichtjahren Entfernung von uns befindet – dass dieses Signal 30 Jahre braucht, bis es dort ankommt! Dort muss es mit Interesse aufgenommen und verstanden werden, und es muss der Wille zur Antwort da sein. Und dann muss ich immer noch mal 30 Jahre warten – also insgesamt 60 Jahre – bis ich auf eine Antwort hoffen kann. Und ich glaube, eine solche Kommunikation verliert einfach ihren Sinn, ihr Interesse, wenn sie eine Zeitspanne überschreitet, die über die eines Menschenlebens hinausgeht.«

| Vielleicht ist das die Botschaft der Astronomie, welche die Selbsteinschätzung und die Wertmaßstäbe der Menschheit verändern könnte – indem sie ihr die Grenzen aufzeigt: ihre unaufhebbare Isolation in Raum und Zeit

nämlich und ihre Angewiesenheit auf den Planeten Erde. Und auf unsere Sonne, nach der wir den Kalender richten seit 2.000 Jahren – unsere Sonne, die aber schon seit Milliarden von Jahren strahlt.

Bei einer Sonnenfinsternis, bei der das Licht der Sonne für nur wenige Minuten durch den Mond quasi »ausgeblendet« wird, sinkt die Lufttemperatur auf der Erde schlagartig um fünf bis zehn Grad. Schon ein Nachlassen der Sonnenstrahlung auf die Erde um nur fünf Prozent hätte bei uns eine sofortige Eiszeit zur Folge.
Und ginge die Sonne eines Morgens gar nicht mehr auf, wäre die Erde nach drei Tagen ein riesiger Schneeball. Selbst Wüsten und tropische Landstriche wären mit einer dünnen Schneedecke überzogen. Nach zwei Wochen nur wäre alles Leben erloschen, wären Menschen, Tiere und Pflanzen bei minus 80 Grad erstarrt. Nach zwei Monaten wären die Ozeane und die Gesteinsmassen der Erde bis zu ihrem vorher glutheißen Kern regelrecht tiefgekühlt – als tote Eiswüste kreiste unser Planet durchs All ...

—

Auszüge aus Sendungen von 1982 bis 2000.